2025年版全国一级建造师执业资格考试辅导

港口与航道工程管理与实务

章节刷题

全国一级建造师执业资格考试辅导编写委员会　编写

中国建筑工业出版社
中国城市出版社

图书在版编目（CIP）数据

港口与航道工程管理与实务章节刷题 / 全国一级建造师执业资格考试辅导编写委员会编写. -- 北京：中国城市出版社，2025. 1. --（2025 年版全国一级建造师执业资格考试辅导）. -- ISBN 978-7-5074-3805-5

Ⅰ. U65-44；U61-44

中国国家版本馆 CIP 数据核字第 2025KS5104 号

责任编辑：李　璇
文字编辑：王子晗
责任校对：姜小莲

2025年版全国一级建造师执业资格考试辅导

港口与航道工程管理与实务章节刷题

全国一级建造师执业资格考试辅导编写委员会　编写

*

中国建筑工业出版社、中国城市出版社出版、发行（北京海淀三里河路9号）
各地新华书店、建筑书店经销
建工社（河北）印刷有限公司印刷

*

开本：787毫米×1092毫米　1/16　印张：21½　字数：520千字
2025年3月第一版　　2025年3月第一次印刷
定价：**68.00**元（含增值服务）
ISBN 978-7-5074-3805-5
（904817）

如有内容及印装质量问题，请与本社读者服务中心联系
电话：（010）58337283　QQ：2885381756
（地址：北京海淀三里河路9号中国建筑工业出版社604室　邮政编码：100037）

出 版 说 明

为了满足广大考生的应试复习需要，便于考生准确理解考试大纲的要求，尽快掌握复习要点，更好地适应考试，根据“一级建造师执业资格考试大纲”（2024 年版）（以下简称“考试大纲”）和“2025 年版全国一级建造师执业资格考试用书”（以下简称“考试用书”），我们组织全国著名院校和企业以及行业协会的有关专家教授编写了“2025 年版全国一级建造师执业资格考试辅导——章节刷题”（以下简称“章节刷题”）。此次出版的章节刷题共 13 册，涵盖所有的综合科目和专业科目，分别为：

- 《建设工程经济章节刷题》
- 《建设工程项目管理章节刷题》
- 《建设工程法规及相关知识章节刷题》
- 《建筑工程管理与实务章节刷题》
- 《公路工程管理与实务章节刷题》
- 《铁路工程管理与实务章节刷题》
- 《民航机场工程管理与实务章节刷题》
- 《港口与航道工程管理与实务章节刷题》
- 《水利水电工程管理与实务章节刷题》
- 《矿业工程管理与实务章节刷题》
- 《机电工程管理与实务章节刷题》
- 《市政公用工程管理与实务章节刷题》
- 《通信与广电工程管理与实务章节刷题》

《建设工程经济章节刷题》《建设工程项目管理章节刷题》《建设工程法规及相关知识章节刷题》包括单选题和多选题，专业工程管理与实务章节刷题包括单选题、多选题、实务操作和案例分析题。章节刷题中附有参考答案、难点解析、案例分析以及综合测试等。为了帮助应试考生更好地复习备考，我们开设了在线辅导课程，考生可通过中国建筑出版在线网站（wkc.cabplink.com）了解相关信息，参加在线辅导课程学习。

为了给广大应试考生提供更优质、持续的服务，我社对上述 13 册图书提供网上增值服务，包括在线答疑、在线视频课程、在线测试等内容。

章节刷题紧扣考试大纲，参考考试用书，全面覆盖所有知识点要求，力求突出重点，解释难点。题型参照考试大纲的要求，力求练习题的难易、大小、长短、宽窄适中。各科目考试时间、分值见下表：

序　号	科目名称	考试时间（小时）	满　分
1	建设工程经济	2	100
2	建设工程项目管理	3	130
3	建设工程法规及相关知识	3	130
4	专业工程管理与实务	4	160

本套章节刷题力求在短时间内切实帮助考生理解知识点，掌握难点和重点，提高应试水平及解决实际工作问题的能力。希望这套章节刷题能有效地帮助一级建造师应试人员提高复习效果。本套章节刷题在编写过程中，难免有不妥之处，欢迎广大读者提出批评和建议，以便我们修订再版时完善，使之成为建造师考试人员的好帮手。

中国建筑工业出版社
中 国 城 市 出 版 社

购正版图书　享超值服务

凡购买我社章节刷题的读者，均可凭封面上的增值服务码，免费享受网上增值服务。增值服务包括在线答疑、在线视频、在线测试等内容，使用方法如下：

1. 计算机用户

2. 移动端用户

读者如果对图书中的内容有疑问或问题，可关注微信公众号【建造师应试与执业】，与图书编辑团队直接交流。

建造师应试与执业

目　录

第一部分　单项选择题、多项选择题

第1篇　港口与航道工程技术

第 2 篇　港口与航道工程相关法规与标准

第 3 篇　港口与航道工程项目管理实务

第二部分 实务操作和案例分析题

第三部分 综合测试题及参考答案

第一部分

单项选择题、多项选择题

第1篇　港口与航道工程技术

第1章　港口与航道工程专业技术

1.1　港口与航道工程的水文和气象及其对施工的影响

微信扫一扫
在线做题＋答疑

复习要点

1. 波浪要素和常用波高特征值定义及波浪玫瑰图标示的含义。

2. 潮汐类型与常用的设计水位和常用的内河特征水位。

3. 近岸海流类型、外海海水流动形式和感潮河段内的水流特性。

4. 海岸带类型及其泥沙运动的一般规律和内河泥沙在水中的运动状态。

5. 风级与降水强度等级的划分和风玫瑰图的形式。

6. 波浪、潮位等水文要素和风、降水等气象要素对港口与航道工程施工船舶与设备、施工方法、施工工期、施工成本等的影响。

1.1.1　水文及其对施工的影响

一　单项选择题

1. 关于绘制波浪玫瑰图时波高和周期分级的说法，正确的是（　　）。

A．一般波高每间隔 0.1m 为一级、周期每间隔 0.5s 为一级

B．一般波高每间隔 0.1m 为一级、周期每间隔 1.0s 为一级

C．一般波高每间隔 0.5m 为一级、周期每间隔 0.5s 为一级

D．一般波高每间隔 0.5m 为一级、周期每间隔 1.0s 为一级

2. 关于波浪波长的说法，正确的是（　　）。

A．相邻的上跨点与下跨点之间的水平距离

B．两个上跨点之间的水平距离

C．两个下跨点之间的水平距离

D．相邻的两个上跨零点或下跨零点之间的水平距离

3. 关于海浪有效波高和有效周期的说法，正确的是（　　）。

A．连续记录中波高总个数的 1/3 个波的波高平均值和对应周期的平均值

B．连续记录中波高总个数的 1/3 个波的波高值和对应的周期值

C．连续记录中波高总个数的 1/3 个大波的波高平均值和对应周期的平均值

D．连续记录中波高总个数的 1/3 个大波的波高值和对应的周期值

4. 采用极坐标法绘制的波浪玫瑰图，极坐标的径向长度表示（　　）。

A．波浪的波长大小　　B．波浪的频率大小

C．波浪的波高大小　　D．波浪的周期大小

5. 关于波浪要素的说法，正确的是（　　）。

A．波陡是波长与波高之比

B．波高是相邻的波峰与波谷的高度差

C．波长是相邻的上跨零点与下跨零点之间的水平距离

D．波浪周期是波形从上跨零点传播到相邻下跨零点所需要的时间

6. 对于深水波，$H_{1/3}$的波高等于（　　）。

A．$2.03\overline{H}$　　B．$1.61\overline{H}$

C．$1.95\overline{H}$　　D．$1.60\overline{H}$

7. 规则波列中，波峰顶点及其邻近的上跨零点通过同一测波器的时间间隔为5.0s，则每分钟通过该测波器的完整波形为（　　）个。

A．3　　B．2

C．6　　D．12

8. 对于深水波，$H_{5\%}$的波高等于（　　）。

A．$1.61\overline{H}$　　B．$1.95\overline{H}$

C．$2.03\overline{H}$　　D．$2.66\overline{H}$

9. 日潮港湾在半个月中有多数天数在一个太阴日中只有一次高潮和低潮，其余天数为（　　）。

A．不正规日潮混合潮　　B．不正规半日潮混合潮

C．正规日潮混合潮　　D．正规半日潮混合潮

10. 关于半日潮特征的说法，错误的是（　　）。

A．两次相邻的潮差几乎相等

B．两次高潮的潮高几乎相等

C．两次相邻低潮之间的时间间隔也几乎相等

D．两次相邻高潮之间的时间间隔也几乎相等

11. 不正规半日潮混合潮在一个太阴日中有（　　）。

A．一次高潮和两次低潮

B．两次高潮和一次低潮

C．两次高潮和两次低潮，两次相邻的高潮或低潮的潮高几乎相等

D．两次高潮和两次低潮，两次相邻的高潮或低潮的潮高不相等

12. 海港工程的极端低水位应采用重现期为（　　）的年极值低水位。

A．25年　　B．30年

C．50年　　D．100年

13. 关于各种特征潮位关系的说法，错误的是（　　）。

A．大潮平均高潮位高于平均高潮位

B．大潮平均低潮位高于小潮平均低潮位

C．小潮平均高潮位低于平均高潮位

D．小潮平均低潮位高于平均低潮位

14．平均海平面是多年潮位观测资料中，取（　　）潮位记录的平均值，也称为平均潮位。

A．每半小时　　B．每小时

C．每 2 小时　　D．每 3 小时

15．位于海岸和感潮河段常年潮流段的港口，设计高水位应采用高潮累积频率（　　）的潮位。

A．5%　　B．7%

C．10%　　D．15%

16．海港工程的极端高水位应采用重现期为（　　）的年极值高水位。

A．25 年　　B．30 年

C．40 年　　D．50 年

17．位于海岸和感潮河段常年潮流段的港口，如已有历时累积频率统计资料，其设计高水位也可采用历时累积频率（　　）的潮位。

A．1%　　B．2%

C．5%　　D．10%

18．位于海岸和感潮河段常年潮流段的港口，如已有历时累积频率统计资料，其设计低水位也可采用历时累积频率（　　）的潮位。

A．95%　　B．99%

C．98%　　D．90%

19．不正规日潮混合潮，在半个月中出现（　　）。

A．日潮天数不到一半，其余的天数为不正规半日潮混合潮

B．日潮天数等于一半，其余的天数为不正规半日潮混合潮

C．日潮天数超过一半，其余的天数为不正规半日潮混合潮

D．不正规半日潮混合潮不到一半，其余的天数为日潮天数

20．周期为半个太阴日的潮汐叫半日潮，其特征是（　　）。

A．两次高潮（或低潮）的潮高相差很大，两次相邻的潮差几乎相等

B．两次高潮（或低潮）的潮高相差很大，两次相邻的潮差较大

C．两次高潮（或低潮）的潮高相差不大，两次相邻的潮差几乎相等

D．两次高潮（或低潮）的潮高相差不大，两次相邻的潮差较大

21．我国规定做为计算中国陆地海拔高度的起算面是（　　）。

A．黄海平均海平面　　B．渤海平均海平面

C．东海平均海平面　　D．南海平均海平面

22．关于累积频率法所选取的统计样本的说法，错误的是（　　）。

A．统计样本是各次高潮值　　B．统计样本是各次低潮值

C．统计样本是各整点潮位　　D．统计样本是各日平均水位

23．位于海岸和感潮河段常年潮流段的港口，设计低水位应采用低潮累积频率（　　）的潮位。

A．95%　　B．99%

C．90%　　D．98%

24. 综合历时曲线法所选取的统计样本是（　　）。

A．各次高潮位或低潮位　　B．各日高潮位或低潮位

C．各日平均水位　　D．各整点潮位

25. 关于近岸海流特征的说法，错误的是（　　）。

A．在某些情况下盐水楔异重流也相当显著

B．河口区的水流一般以径流为主

C．在潮区界内，不存在指向上游的涨潮流

D．潮流界以下，落潮流量大于涨潮流量

26. 关于感潮河段内的水流特性的说法，正确的是（　　）。

A．涨潮历时小于落潮历时，涨潮历时越向上游越短

B．涨潮历时等于落潮历时，涨潮历时愈向上游愈长

C．涨潮历时大于落潮历时，涨潮历时愈向上游愈短

D．涨潮历时小于落潮历时，涨潮历时愈向上游愈长

27. 河口区的水流一般以（　　）为主。

A．潮流和风海流　　B．潮流和径流

C．潮流和沿岸流　　D．潮流和离岸流

28. 沙质海岸一般指泥沙颗粒的中值粒径大于（　　），颗粒间无粘结力。

A．0.01mm　　B．0.5mm

C．0.1mm　　D．1.0mm

29. 关于粉沙质海岸的说法，错误的是（　　）。

A．水下地形无明显起伏现象

B．在水中颗粒间有一定的粘结力

C．干燥后粘结力消失、呈分散状态

D．海底坡度较平缓、通常小于1/100

30. 关于淤泥质海岸基本特征的说法，正确的是（　　）。

A．在水中颗粒间有一定的粘结力

B．海底坡度较平缓，通常小于1/400

C．泥沙颗粒的中值粒径小于0.03mm

D．从高潮线到低潮线，泥沙颗粒逐渐变细

31. 在淤泥质海岸，（　　）是输沙的主要动力。

A．船舶航行　　B．水下挖泥

C．波浪　　D．潮流

32. 海岸带的泥沙来源一般以（　　）为主。

A．当地崖岸侵蚀来沙　　B．河流来沙

C．邻近岸滩来沙　　D．海底来沙

33. 内河特征水位的正常水位是多年水位的（　　）。

A．最低值　　B．平均值

C．最高值　　D．极值

34. 河流中较大的沙砾受水流拖拽的作用在河床滚动或滑动，大体上常与河床相接触，这种运动的泥沙叫做（　　）。

A. 悬移质　　B. 推移质

C. 跃移质　　D. 河床质

二 多项选择题

1. 关于波浪对施工船舶影响的说法，正确的有（　　）。

A. 从横摇的角度考虑，横浪航行较顶浪航行更容易发生横谐摇

B. 从横摇的角度考虑，斜顺浪航行较斜顶浪航行更容易发生横谐摇

C. 从横摇的角度考虑，顶浪航行较横浪航行更容易发生横谐摇

D. 大风浪中，当船长与波长接近、波速与船速接近时顺浪航行危险最大

E. 从艉淹的角度考虑，当波长超过 2 倍船长、波速与船速接近时顺浪航行危险最大

2. 常用波高统计特征值有（　　）。

A. $H_{1/10}$　　B. $H_{1/3}$

C. H_{max}　　D. $H_{1/2}$

E. $\overline{H}$

3. 对于深水不规则波，波浪特征值换算正确的有（　　）。

A. $H_{1/100} \approx H_{0.4\%}$　　B. $H_{1/100} = H_{1\%}$

C. $H_{1/10} \approx H_{4\%}$　　D. $H_{1/10} = H_{10\%}$

E. $H_{1/3} \approx H_{13\%}$

4. 关于常用波高特征值的说法，正确的有（　　）。

A. $\overline{H}$ 是指海面上所有的波浪波高的平均值

B. H_{max} 是指某次观测中实际出现的最大的一个波

C. H_F 是指统计波列中小于此波高的累积频率为 F（%）

D. $H_{1/p}$ 是指海浪连续记录中波高总个数的 $1/p$ 个大波的波高平均值

E. H_S 是指海浪连续记录中波高总个数的 1/3 个大波的波高平均值

5. 关于波浪要素的说法，正确的有（　　）。

A. 波速是指单位时间内波传播的距离

B. 波高是指相邻的波峰与波谷的高度差

C. 波长是指相邻的两个上跨零点或下跨零点之间的水平距离

D. 波陡是指波高与波长之比

E. 波浪周期是指波传播一个波长所需要的时间

6. 不正规半日潮混合潮，其实质是不正规半日潮，其特征是（　　）。

A. 在一个太阴日中有两次高潮　　B. 在一个太阴日中有两次低潮

C. 两次相邻高潮的潮高不相等　　D. 两次相邻低潮的潮高相等

E. 两次相邻高潮的潮高相等

7. 混合潮可分为（　　）。

A．正规半日潮混合潮　　B．不正规半日潮混合潮
C．正规日潮混合潮　　D．不正规日潮混合潮
E．日潮混合潮

8. 周期为半个太阴日的潮汐叫半日潮，其特征是（　　）。
A．两次高潮（或低潮）的潮高相差不大
B．两次相邻的潮差几乎相等
C．两次相邻高潮（或低潮）之间的时间间隔几乎相等
D．每天高潮出现的时间基本相同
E．每天低潮出现的时间基本相同

9. 关于累积频率法和综合历史曲线法所选取的统计样本的说法，正确的有（　　）。
A．累积频率法所选取的统计样本是各次高潮值
B．累积频率法所选取的统计样本是各次低潮值
C．综合历史曲线法所选取的统计样本是各整点平均水位
D．综合历史曲线法所选取的统计样本是各日平均水位
E．累积频率法所选取的统计样本是各整点潮位

10. 关于各种特征潮位关系的说法，正确的有（　　）。
A．大潮平均高潮位高于平均高潮位
B．平均高潮位低于小潮平均高潮位
C．小潮平均高潮位高于平均潮位
D．平均潮位高于小潮平均低潮位
E．小潮平均低潮位高于平均低潮位

11. 在港口与航道工程中，通常所指的近岸海流主要有（　　）。
A．沿岸流和裂流　　B．潮流和河口水流
C．潮流和气压梯度流　　D．潮流和补偿流
E．风海流和密度梯度流

12. 关于近岸海流特征的说法，正确的有（　　）。
A．近岸海流一般以潮流为主
B．近岸海流一般以密度梯度流为主
C．河口区的水流一般以径流为主
D．河口区的水流一般以潮流为主
E．近岸海流一般以气压梯度流为主

13. 关于沙质海岸的说法，正确的有（　　）。
A．滩面宽广，坡度平坦
B．主要分布在渤海湾
C．泥沙颗粒的中值粒径大于 0.1mm
D．泥沙颗粒间无粘结力
E．在水中颗粒间有一定粘结力

14. 关于海岸带的泥沙来源的说法，正确的有（　　）。
A．海岸带的泥沙来源有河流来沙

B．海岸带的泥沙来源有邻近岸滩来沙

C．海岸带的泥沙来源有波浪掀沙来沙

D．海岸带的泥沙来源有潮流挟沙来沙

E．海岸带的泥沙来源有海底来沙

15．关于海岸带泥沙运动一般规律的说法，正确的有（　　）。

A．沙质海岸的泥沙运移形态有推移和悬移两种

B．淤泥质海岸的泥沙运移形态以悬移为主

C．粉沙质海岸的泥沙运移形态有悬移、底部高浓度含沙层和推移三种

D．沙质海岸的泥沙运移形态以悬移为主

E．海岸带泥沙运动方式可分为与海岸线垂直的横向运动和与海岸线平行的纵向运动

16．关于内河特征水位定义的说法，正确的有（　　）。

A．平均最高水位是指历年最高水位的算术平均值

B．中水位是均分平均高水位和平均低水位之差的居中水位

C．平均最低水位是指历年最低水位的算术平均值

D．正常水位是指在研究时期内水位的算术平均值

E．最高水位是指在研究时期内出现的最高水位

17．关于内河的特征水位和泥沙运动规律的说法，正确的有（　　）。

A．内河特征水位的平均最高水位为历年最高水位的算术平均值

B．内河特征水位的正常水位为一年水位平均值

C．内河特征水位的最低水位有月最低水位、年最低水位、历年最低水位

D．泥沙在水中的运动状态主要可分为悬移质运动和推移质运动状态

E．推移质中颗粒较小的部分与悬移质中颗粒较大的部分构成彼此交错状态

【参考答案】

一、单项选择题

1．D；　2．D；　3．C；　4．B；　5．B；　6．D；　7．A；　8．B；
9．B；　10．B；　11．D；　12．C；　13．B；　14．B；　15．C；　16．D；
17．A；　18．C；　19．A；　20．C；　21．A；　22．D；　23．C；　24．C；
25．B；　26．A；　27．B；　28．C；　29．D；　30．C；　31．D；　32．C；
33．B；　34．B

二、多项选择题

1．A、B、D、E；　2．A、B、C、E；　3．A、C、E；　4．A、B、D、E；
5．B、C、D；　6．A、B、C；　7．B、D；　8．A、B、C；
9．A、B、D、E；　10．A、C、D、E；　11．A、B；　12．A、C、D；
13．C、D；　14．A、B、E；　15．A、B、C、E；　16．A、C、E；
17．A、C、E

1.1.2 气象及其对施工的影响

一 单项选择题

1. 强风是指风力达到（　　）。

A．9 级的风　　B．8 级的风

C．7 级的风　　D．6 级的风

2. 风速用蒲福风级来表示，蒲福风级按风速大小不同范围将风分为（　　）级。

A．14　　B．18

C．16　　D．12

3. 风玫瑰图是指用来表达风的时间段、风向、风速和频率四个量的变化情况图，风玫瑰图一般按（　　）绘制。

A．16 个方位　　B．24 个方位

C．12 个方位　　D．36 个方位

4. 在最大风速玫瑰图中，某一方向的线段长度与图例中单位长度的比值表示该方向风的（　　）。

A．频率值　　B．统计值

C．代表值　　D．最大风速

5. 大风是指风力达（　　）的风。

A．8 级　　B．6 级

C．9 级　　D．10 级

6. 港口工程大型施工船舶的防风、防台是指防御（　　）级风力以上的季风和热带气旋。

A．6　　B．8

C．10　　D．12

7. 海上大风预警分为（　　）。

A．六个等级　　B．五个等级

C．四个等级　　D．三个等级

8. 中国气象局规定，中心最大风力为（　　）级的风暴称为强热带风暴。

A．6～8　　B．8～9

C．10～11　　D．≥ 12

9. 按照降水过程中某一时间段降下水量的多少即降水强度将降雨划分为（　　）。

A．5 个等级　　B．7 个等级

C．6 个等级　　D．8 个等级

10. 对大体积混凝土浇筑最有利的气温条件是（　　）。

A．夏季高温　　B．冬季寒冷

C．秋冬季较低的温度　　D．较小的日夜温差

二 多项选择题

1. 关于降雨强度等级的说法，正确的有（　　）。
   A．中雨是指 24h 降水量为 5.0～14.9mm
   B．大雨是指 24h 降水量为 25.0～49.9mm
   C．暴雨是指 24h 降水量为 30.0～69.9mm
   D．大暴雨是指 24h 降水量为 100.0～249.9mm
   E．特大暴雨是指 24h 降水量≥ 140.0mm
2. 关于风与降水的说法，正确的有（　　）。
   A．风速为 5.5～7.9m/s 或风力达 5 级的风称为劲风
   B．风速为 10.8～13.8m/s 或风力达 6 级的风称为强风
   C．风速为 17.2～20.7m/s 或风力达 8 级的风称为大风
   D．降水强度是指降水过程中某一时段降下的水量的多少
   E．降水强度通常取 1h 或 1d 为单位时间
3. 关于降雪强度等级的说法，正确的有（　　）。
   A．中雪是指 24h 降雪量为 1.0～2.9mm
   B．大雪是指 24h 降雪量为 3.0～5.9mm
   C．暴雪是指 24h 降雪量为 10.0～19.9mm
   D．大暴雪是指 24h 降雪量为 20.0～29.9mm
   E．特大暴雪是指 24h 降雪量≥ 30.0mm
4. 关于冬期施工利弊的说法，正确的有（　　）。
   A．不利于混凝土强度增长
   B．不利于大体积混凝土入模温度控制
   C．有利于模板周转
   D．有利于降低大体积混凝土入模温度
   E．一定会加大施工成本

【参考答案】

一、单项选择题

1. D；　2. D；　3. A；　4. D；　5. A；　6. A；　7. D；　8. C；
9. B；　10. C

二、多项选择题

1. B、D；　2. B、C、D、E；　3. C、D、E；　4. A、D

1.2 港口与航道工程勘察与测绘成果的应用

复习要点

1．工程地质勘察各阶段的任务、作用与勘察报告的内容组成和常用的勘察方法。

2．工程地质勘察成果的内容和常用岩土物理力学指标的定义与作用。

3．常用现场试验的方法与用途和各岩土及其状态的分类与判别指标。

4．地形图与水深图的基准面和测图比例尺选用应考虑的因素和港航工程施工测量的比例尺。

1.2.1 港口与航道工程地质勘察及成果的应用

一 单项选择题

1．关于港口工程施工图设计阶段勘探点布置要求的说法，错误的是（　　）。

A．应根据岩土性质等结合所需查明的问题综合确定

B．应根据基础类型等结合所需查明的问题综合确定

C．应根据工程类型等结合所需查明的问题综合确定

D．应根据地质条件等结合所需查明的问题综合确定

2．关于疏浚工程疏浚区勘探点布置要求的说法，错误的是（　　）。

A．应根据地形复杂程度等确定

B．应根据地貌复杂程度等确定

C．应根据水深大小等确定

D．应根据岩土层复杂程度等确定

3．港口工程施工图设计阶段，勘察应查明（　　）。

A．场地的工程地质条件　　B．场地的水文地质条件

C．建筑场地岩土工程条件　　D．建筑场地的地貌条件

4．港口工程施工图设计阶段取原状土的最少数量应不少于勘探点总数的（　　）。

A．1/5　　B．1/4

C．1/3　　D．1/6

5．航道工程施工图设计阶段勘察应进一步查明（　　）。

A．建筑场地岩土工程条件　　B．场地的水文条件

C．场地的工程地质条件　　D．建筑场地的地貌条件

6．下列岩土勘察报告的内容中，属于水文地质条件的是（　　）。

A．地形地貌　　B．地下水赋存条件

C．地震概况　　D．地层岩性

7．下列岩土勘察报告的内容中，属于工程地质条件的是（　　）。

A．场地土类型　　B．软土震陷

C．特殊性岩土　　D．地下水补给

8. 下列岩土勘察报告的内容中，属于场地地震效应评价的是（　　）。

A．场地土类型　　　　B．地震概况

C．地质构造　　　　D．岩土特征

9. 下列岩土勘察成果图表中，属于室内试验成果的是（　　）。

A．标准贯入试验表　　　　B．静力触探曲线

C．动力触探曲线　　　　D．颗粒级配曲线

10. 下列岩土勘察成果图表中，属于原位测试成果的是（　　）。

A．土工试验成果表　　　　B．静力触探曲线

C．固结试验数据表　　　　D．颗粒级配曲线

11. 高桩码头施工图设计阶段勘探线布置方法是（　　）。

A．按垂直码头长轴方向布置　　　　B．按垂直岸线方向布置

C．沿桩基长轴方向布置　　　　D．沿基础长轴方向布置

12. 在施工图设计勘察阶段，港口工程中的每一陆域单独建筑物应最少布置（　　）。

A．2 个勘探点　　　　B．4 个勘探点

C．1 个勘探点　　　　D．3 个勘探点

13. 对于密实砂地基，重力式码头施工图设计阶段勘探点应勘探至基础底面以下（　　）。

A．3～5m 深度　　　　B．2～3m 深度

C．1m 深度　　　　D．1～2m 深度

14. 对于一般性黏土地基，港口工程中的陆域条形基础建筑施工图设计阶段勘探点应勘探至基础底面以下（　　）。

A．6～12m 深度　　　　B．3～5m 深度

C．2～3m 深度　　　　D．1～2m 深度

15. 港口工程施工图设计阶段控制性勘探点的数量最少应不少于勘探点总数的（　　）。

A．1/3　　　　B．1/6

C．1/5　　　　D．1/4

16. 含水率 w（%）是土中水重与土颗粒重之比，用于确定（　　）。

A．淤泥性土的分类　　　　B．黏性土的分类

C．粉土的分类　　　　D．砂土的分类

17. 浅层平板荷载试验可用于测定浅层地基各类岩土的（　　）。

A．变形模量　　　　B．压缩模量

C．液化趋势　　　　D．灵敏度

18. 孔隙比 e 是土体中孔隙体积与土粒体积之比值，用于确定（　　）的分类和确定单桩极限承载力。

A．砂性土　　　　B．黏性土

C．粉土　　　　D．淤泥性土

19. 液限是指由（　　）的界限含水量，用于计算塑性指数和液性指数。

A．可塑状态转为半固体状态　　B．流动状态变成半固体状态
C．可塑状态转为固体状态　　D．流动状态变成可塑状态

20. 孔隙率 n（%）是（　　）。

A．土中孔隙体积与土粒体积之比
B．土中水体积与土体总体积之比
C．土中孔隙体积与土体总体积之比
D．土中水体积与土粒总体积之比

21. 塑性指数 I_P 是指土颗粒保持结合水的数量，说明可塑性的大小，用于确定（　　）的名称和确定单桩极限承载力。

A．砂性土　　B．黏性土
C．粉土　　D．淤泥性土

22. 液性指数 I_L 说明土的软硬程度，用于确定（　　）的状态和单桩极限承载力。

A．砂性土　　B．黏性土
C．粉土　　D．淤泥性土

23. 黏聚力 c 和内摩擦角 φ 用于土坡和地基的（　　）。

A．稳定验算　　B．承载力验算
C．结构计算　　D．强度计算

24. 标准贯入试验击数 N 值系指质量为 63.5kg 的锤，从（　　）的高度自由落下，将标准贯入器击入土中 30cm 时的锤击数。

A．36cm　　B．56cm
C．76cm　　D．96cm

25. 在砂土按密实度分类中，标准贯入击数 $10 < N \leqslant 15$ 的砂土是（　　）砂土。

A．松散　　B．稍密
C．中密　　D．密实

26. 港口工程地质勘察按岩石质量指标（RQD）对岩体分类时，RQD 值为 50 的岩体是属于（　　）。

A．差　　B．极差
C．较差　　D．较好

27. 某堆场地基黏性土样 Z1-1 的液性指数为 0.5，则可判定该土样的状态为（　　）。

A．硬塑　　B．可塑
C．软塑　　D．流塑

28. 在黏性土的天然状态中，标准贯入击数 N 值为 2～4 的土的天然状态为（　　）。

A．坚硬　　B．中等
C．软　　D．很软

29. 疏浚工程技术孔应分控制性钻孔和一般性钻孔，技术孔数量不得少于总钻孔数的（　　）。

A．15%　　B．20%
C．25%　　D．30%

30. 勘察点的布置应根据不同勘探阶段的要求和疏浚区的地形、地貌和岩土层的

复杂程度确定，孤立勘探区的钻孔应至少布置（　　）。

A．3个　　B．4个

C．5个　　D．6个

31．疏浚工程砂土类中的7级土的状态是（　　）。

A．密实　　B．松散

C．坚硬　　D．中密

二　多项选择题

1．航道工程施工图设计阶段勘察应（　　）等。

A．提供施工所需的岩土参数

B．对工程场地做出岩土工程评价

C．对建筑地基做出岩土工程评价

D．提出地基类型、基础形式设计

E．提供地基基础设计的岩土参数

2．港口与航道工程地质实施勘察时应根据技术要求和场地岩土特性，可选用的方法有（　　）等。

A．钻探　　B．试挖

C．井探　　D．洞探

E．物探

3．港口工程施工图设计阶段勘察应（　　）等。

A．提出工程降水设计

B．查明场地的工程地质条件

C．对建筑地基做出岩土工程评价

D．查明建筑场地岩土工程条件

E．对工程场地做出岩土工程评价

4．下列岩土勘察报告的内容中，属于水文地质条件的有（　　）。

A．地形地貌　　B．气象概况

C．地层岩性　　D．地下水赋存条件

E．不良地质作用

5．下列岩土勘察报告的内容中，属于工程地质条件的有（　　）。

A．地质构造　　B．特殊性岩土

C．地震概况　　D．不良地质作用

E．水文气象概况

6．下列岩土勘察报告的内容中，属于岩土工程评价的有（　　）。

A．岩土层性质评价　　B．场地土类型评价

C．地基均匀性评价　　D．水的作用评价

E．特殊性岩土评价

7．下列岩土勘察报告的内容中，属于场地地震效应评价的有（　　）。

A．场地类别评价　　B．场地土类型评价
C．地震液化评价　　D．稳定性评价
E．软土震陷评价

8．关于港口工程施工图设计阶段勘探线（点）布置方法的说法，正确的有（　　）。
A．斜坡式码头按平行岸线方向布置
B．高桩式码头沿桩基长轴方向布置
C．桩机栈桥沿栈桥中心线布置
D．墩式码头每墩至少 1 个勘探点
E．板桩式码头按平行码头长轴方向布置

9．关于港口工程施工图设计阶段的简单岩土层勘探线距或条数要求的说法，正确的有（　　）。
A．斜坡式码头勘探线距为 50～100m
B．重力式码头布置 2 条勘探线
C．防波堤布置 1～3 条勘探线
D．港口堆场勘探线距为 75～100m
E．港口道路勘探线距为 50～75m

10．关于港口工程施工图设计阶段的复杂岩土层勘探点距或点数要求的说法，正确的有（　　）。
A．桩基栈桥勘探点距为 30～50m
B．高桩式码头勘探点距为 30～50m
C．墩式码头至少 1 个勘探点
D．板桩式码头勘探点距为 10～20m
E．重力式码头勘探点距≤ 20m

11．关于港口工程施工图设计阶段的陆域建筑物勘探线、勘探点布置要求的说法，正确的有（　　）。
A．桩基建筑物的勘探线按柱列线方向布置
B．条形基础建筑物的勘探线按建筑物轮廓线布置
C．每一单独建筑物不少于 1 个勘探点
D．对于复杂岩土层，桩基建筑物的勘探线距为 25～50m
E．对于简单岩土层，条形基础建筑物的勘探线距为 20～30m

12．关于港口工程施工图设计阶段的密实碎石土勘探点深度要求的说法，正确的有（　　）。
A．重力式码头应勘探至基础底面以下 3～5m 深度
B．斜坡码头应勘探至基础底面以下 1～2m 深度
C．防波堤应勘探至基础底面以下 1～2m 深度
D．条形基础陆域建筑应勘探至基础底面以下 1～2m 深度
E．矩形基础陆域建筑应勘探至基础底面以下 1～2m 深度

13．关于岩土物理力学指标定义的说法，正确的有（　　）。
A．含水率 w（%）是指土中水重与土体总重之比

B．孔隙比 e 是指孔隙体积与土粒体积之比

C．孔隙率 n（%）是指土中孔隙体积与土体总体积之比

D．液限 w_L 是指由流动状态变成可塑状态的界限含水率

E．塑限 w_P 是指土从可塑状态转为半固体状态的界限含水率

14. 下列勘察成果图表中，属于室内试验成果图表的有（　　）。

A．土工试验成果表　　B．颗粒级配曲线

C．旁压试验数据表　　D．固结试验数据表

E．静力触探成果表

15. 工程勘察中的原位测试试验一般应包括（　　）。

A．标准贯入试验　　B．十字板剪切试验

C．静力触探试验　　D．颗粒级配试验

E．压缩系数试验

16. 圆锥动力触探试验分为轻型、重型和超重型三种，可用于（　　）等。

A．砂类土　　B．碎石类土

C．极软岩　　D．饱和软黏土

E．软岩

17. 孔隙比 e 是土中孔隙体积与土粒体积之比值，用于（　　）。

A．确定淤泥性土的分类　　B．确定砂土的分类

C．确定黏性土的分类　　D．确定粉土的分类

E．确定单桩极限承载力

18. 液限 w_L 是指土由流动状态变成可塑状态的界限含水量，塑限 w_P 是指土从可塑状态转为半固体状态的界限含水量。两者用于计算（　　）。

A．塑性指数 I_P　　B．液性指数 I_L

C．确定砂性土的分类　　D．确定砂性土的状态

E．确定砂土的名称

19. 塑性指数 I_P 是土颗粒保持结合水的数量，说明可塑性的大小，用于（　　）。

A．确定单桩极限承载力　　B．确定黏性土的名称

C．确定粉土的名称　　D．确定淤泥性土的分类

E．确定砂土的名称

20. 液性指数 I_L 说明土的软硬程度，用于（　　）。

A．确定单桩极限承载力　　B．确定砂土的名称

C．确定粉土的名称　　D．确定淤泥性土的分类

E．确定黏性土的状态

21. 关于砂土定义的说法，正确的有（　　）。

A．粒径大于 0.075mm 的颗粒含量大于总质量 50% 的砂是粉砂

B．粒径大于 0.075mm 的颗粒含量大于总质量 85% 的砂是细砂

C．粒径大于 0.25mm 的颗粒含量大于总质量 50% 的砂是中砂

D．粒径大于 0.5mm 的颗粒含量大于总质量 50% 的砂是粗砂

E．粒径大于 2.0mm 的颗粒含量大于总质量 50% 的砂是砾砂

22. 十字板剪切试验系指用十字板剪切仪在原位直接测定饱和软黏土的不排水抗剪强度和灵敏度的试验。十字板剪切强度值，可用于（　　）。

A．计算结构强度

B．地基土的稳定分析

C．检验软基加固效果

D．测定地基土的沉降量

E．测定软弱地基破坏后滑动面位置和残余强度值

23. 关于航道工程初步设计阶段工程地质勘察要求的说法，正确的有（　　）。

A．取原状土孔的数量不少于勘探点总数的 1/2

B．控制性勘探点的数量不少于勘探点总数的 1/3

C．勘探点布置应根据岩土性质等综合确定

D．控制性钻孔深度不宜超过 30m

E．大型航道标志工程的一般性勘探点勘探深度要到达强风化岩面

24. 港航工程地质勘察成果中，可用于确定单桩极限承载力的指标有（　　）。

A．含水率 w（%）

B．孔隙比 e

C．塑性指数 I_P

D．液性指数 I_L

E．孔隙率 n（%）

25. 航道疏浚工程吹填区内的钻孔深度应根据（　　）等因素确定。

A．吹填厚度

B．现场地质状况

C．岩土特性

D．围堰的作用和结构

E．吹填高程

【参考答案】

一、单项选择题

1．D；　2．C；　3．C；　4．C；　5．C；　6．B；　7．C；　8．A；
9．D；　10．B；　11．C；　12．A；　13．A；　14．A；　15．B；　16．A；
17．A；　18．D；　19．D；　20．C；　21．B；　22．B；　23．A；　24．C；
25．B；　26．A；　27．B；　28．C；　29．D；　30．A；　31．D

二、多项选择题

1．A、B；　2．A、C、D、E；　3．A、C、D；　4．B、D；
5．A、B、C、D；　6．A、C、D、E；　7．A、B、C、E；　8．B、C、D；
9．A、C、D；　10．C、D、E；　11．A、B；　12．B、C、D、E；
13．A、C、D、E；　14．A、B、D；　15．A、B、C；　16．A、B、C、E；
17．A、E；　18．A、B；　19．A、B；　20．A、E；
21．A、B、C、D；　22．B、C、E；　23．A、B、C；　24．B、C、D；
25．A、B、C、D

1.2.2 港口与航道工程地形图和水深图的应用

一 单项选择题

1. 关于港口与航道工程地形图和水深图的说法，错误的是（　　）。

A. 理论深度基准面即各港口或海域理论上可能达到的最低潮位

B. 一般说，测图比例尺越大反映测区的地形越不精确

C. 地形图测图比例尺应根据测量类别、测区范围选用

D. 等高线即地面上高程相等的地点所连成的平滑曲线

2. 地形图的比例尺，又称缩尺，是图上直线长度与地面上相应直线（　　）之比。

A. 长度　　B. 水平投影长度

C. 斜向长度　　D. 侧向投影长度

3. 航道工程竣工测量的测图比例尺应按（　　）进行。

A. 基本测量要求　　B. 检查测量要求

C. 施工测量要求　　D. 设计测量要求

4. 地形图测图比例尺应根据测量类别、工程类别等，按有关规范规定选用，施工测量的水工建筑物及附属设施测图比例尺为（　　）。

A. 1∶100～1∶1000　　B. 1∶200～1∶2000

C. 1∶300～1∶2000　　D. 1∶500～1∶2000

5. 地形图测图比例尺应根据测量类别、工程类别等，按有关规范规定选用，施工测量的航道测图比例尺为（　　）。

A. 1∶200～1∶1000　　B. 1∶500～1∶2000

C. 1∶1000～1∶5000　　D. 1∶2000～1∶10000

6. 地形图测图比例尺应根据测量类别、工程类别等按有关规范规定选用，施工测量的吹填区测图比例尺为（　　）。

A. 1∶100～1∶1000　　B. 1∶200～1∶2000

C. 1∶500～1∶2000　　D. 1∶500～1∶3000

7. 航道施工测量的测图比例尺可按（　　）比例尺要求进行。

A. 航道基本测量　　B. 航道检查测量

C. 可研阶段测量　　D. 初步设计阶段测量

8. 关于水运工程测图比例尺的说法，错误的是（　　）。

A. 比例尺越小，反映测区的地形越精确

B. 比例尺越大，反映测区的地形越详细

C. 测图比例尺应根据测量类别、工程类别和阶段等选用

D. 地形图的比例尺是图上直线长度与地面上相应直线水平投影长度之比

9. 当地潮汐表查得某时刻潮高的起算面是当地的（　　）。

A. 平均海平面　　B. 理论深度基准面

C. 高潮平均海平面　　D. 低潮平均海平面

10. 沿海和感潮河段港航工程及航运上常用的水深图（海图或航道图），其计量水深用比平均海平面低的较低水位或最低水位做为水深的起算面，称为（　　）。

A．理论深度基准面　　B．海拔基准面

C．高程基准面　　D．最低深度面

11. 关于地形海拔高度、水深与理论深度基准面之间关系的说法，错误的是（　　）。

A．某时刻的实际水深是指某时刻的实际海平面与海底面的高程差值

B．某时刻的潮高是指某时刻的实际海平面与理论深度基准面的高程差值

C．山的海拔高度是指黄海平均海平面以上山的高度

D．海图水深是指平均海平面以下的海水深度

12. 我国内河港口采用某一保证率的（　　）做为深度基准面。

A．中水位　　B．高水位

C．低水位　　D．最低水位

13. 对有通航要求的疏浚工程，宜采用（　　）。

A．2000 国家大地坐标系　　B．1980 西安坐标系

C．1954 北京坐标系　　D．WGS-84 坐标系

二 多项选择题

1. 关于等高线的说法，正确的有（　　）。

A．等高线是地面上高程相等的地点所连成的平滑曲线

B．两相邻等高线间的高程差称为等高距

C．两相邻等高线间的间距称为等高距

D．等高线的密度越大，表示地面坡度越小

E．等高线的密度越小，表示地面坡度越大

2. 水运工程测图比例尺根据（　　）选用。

A．测量类别　　B．工程阶段

C．工程类别　　D．测区范围

E．工程规模

【参考答案】

一、单项选择题

1. B；　2. B；　3. C；　4. B；　5. C；　6. C；　7. D；　8. A；

9. B；　10. A；　11. D；　12. C；　13. A

二、多项选择题

1. A、B；　2. A、B、C

1.3 港口与航道工程常用混凝土原材料

复习要点

1．港口与航道工程选用水泥时必须考虑的技术条件。
2．通用硅酸盐水泥的代号及组分。
3．不同品种水泥在港口与航道工程中的应用范围。
4．粗、细骨料的粒径规格、级配和质量要求及应用。
5．掺合料的种类、化学成分、物理特性、质量要求及对混凝土性能的影响。
6．外加剂的种类、功能和应用时对混凝土性能的影响。

1.3.1 水泥

一 单项选择题

1．普通硅酸盐水泥的最低强度等级是（　　）。
A．22.5 级和 22.5R 级　　B．32.5 级和 32.5R 级
C．42.5 级　　D．52.5R 级

2．早强型普通硅酸盐水泥的最低强度等级是（　　）。
A．32.5 级　　B．32.5R 级
C．42.5 级　　D．42.5R 级

3．硅酸盐水泥的最高强度等级是（　　）。
A．50.0　　B．52.5
C．62.5　　D．70.0

4．对于硅酸盐水泥可能包含的组分的说法，错误的是（　　）。
A．熟料＋石膏　　B．粒化高炉矿渣
C．火山灰质混合料　　D．石灰石

5．对于粉煤灰硅酸盐水泥，粉煤灰组分为（　　）。
A．>10 且 ≤ 30　　B．>21 且 ≤ 40
C．>10 且 ≤ 40　　D．>21 且 ≤ 50

6．对于复合硅酸盐水泥，矿渣、火山灰、粉煤灰及石灰石的组分为（　　）。
A．>21 且 ≤ 50　　B．>10 且 ≤ 50
C．>21 且 ≤ 60　　D．>10 且 ≤ 40

7．我国北方港口与航道工程有抗冻性要求的混凝土不宜采用（　　）水泥。
A．硅酸盐　　B．火山灰质硅酸盐
C．粉煤灰硅酸盐　　D．普通硅酸盐

8．在各种环境下的港口与航道工程混凝土中，（　　）均不得使用。
A．矿渣硅酸盐水泥
B．火山灰质硅酸盐水泥

C．粉煤灰硅酸盐水泥

D．烧黏土质火山灰质硅酸盐水泥

9. 采用普通硅酸盐水泥拌制大体积混凝土时，宜掺入粉煤灰、粒化高炉矿渣粉等（　　）掺合料。

A．碱性　　B．酸性

C．活性　　D．惰性

10. 高性能混凝土宜选用标准稠度用水量（　　）的硅酸盐水泥、普通硅酸盐水泥。

A．高　　B．低

C．适中　　D．较高

二 多项选择题

1. 对于普通硅酸盐水泥，可能包含的组分有（　　）。

A．熟料＋石膏　　B．粒化高炉矿渣

C．火山灰质混合料　　D．石灰石

E．粉煤灰

2. 港口与航道工程常用的水泥品种有（　　）。

A．硅酸盐水泥

B．普通硅酸盐水泥

C．烧黏土质火山灰质硅酸盐水泥

D．粉煤灰硅酸盐水泥

E．矿渣硅酸盐水泥

3. 港口工程中使用水泥应考虑的技术条件包括（　　）。

A．品种及强度等级　　B．凝结时间

C．早强性能　　D．耐久性

E．潮解性能

4. 普通硅酸盐水泥的强度等级分为（　　）。

A．22.5 级、22.5R 级　　B．32.5 级、32.5R 级

C．42.5 级、42.5R 级　　D．52.5 级、52.5R 级

E．62.5 级、62.5R 级

5. 高性能混凝土不宜采用（　　）。

A．硅酸盐水泥　　B．矿渣硅酸盐水泥

C．粉煤灰硅酸盐水泥　　D．火山灰质硅酸盐水泥

E．复合硅酸盐水泥

6. 以 45μm 方孔筛筛余表示细度的水泥品种有（　　）。

A．普通硅酸盐水泥　　B．硅酸盐水泥

C．粉煤灰硅酸盐水泥　　D．矿渣硅酸盐水泥

E．复合硅酸盐水泥

7. 拌制大体积混凝土的水泥宜采用（　　）。

A．矿渣硅酸盐水泥　　B．粉煤灰硅酸盐水泥

C．火山灰质硅酸盐水泥　　D．复合硅酸盐水泥

E．硅酸盐水泥

8. 拌制高性能混凝土的水泥宜选用（　　）。

A．硅酸盐水泥　　B．矿渣硅酸盐水泥

C．普通硅酸盐水泥　　D．火山灰质硅酸盐水泥

E．粉煤灰硅酸盐水泥

【参考答案】

一、单项选择题

1．C；　2．D；　3．C；　4．C；　5．B；　6．A；　7．B；　8．D；　9．C；　10．B

二、多项选择题

1．A、B、C、E；　2．A、B、D、E；　3．A、B、D；　4．C、D、E；　5．B、C、D、E；　6．A、C、D、E；　7．A、B、C、D；　8．A、C

1.3.2 骨料

一　单项选择题

1. 采用碎石粗骨料时，碎石需质地坚硬、颗粒密度不低于（　　）。

A．$2100kg/m^3$　　B．$2200kg/m^3$

C．$2300kg/m^3$　　D．$2400kg/m^3$

2. 采用石灰岩碎石配置 C50 混凝土时，石灰岩岩石立方体抗压强度的要求是大于等于（　　）MPa。

A．60　　B．70

C．75　　D．80

3. 采用片麻岩碎石配置 C40 混凝土时，片麻岩岩石立方体抗压强度的要求是大于等于（　　）MPa。

A．60　　B．80

C．90　　D．100

4. 对于砂的颗粒级配分区的应用，配置低流动性混凝土宜采用（　　）。

A．Ⅰ区砂且提高砂率　　B．Ⅰ区砂且降低砂率

C．Ⅲ区砂且提高砂率　　D．Ⅲ区砂且降低砂率

5. 港航工程≤ C40 有抗冻要求混凝土，其细骨料总含泥量（以重量百分比计）的限值是（　　）。

A．≤ 1.0　　B．≤ 3.0

C．≤ 5.0　　D．≤ 7.0

6. 港航工程 C30～C55 无抗冻要求的混凝土，其细骨料总含泥量（以重量百分比计）的限值是（　　）。

A．≤ 1.0　　B．≤ 3.0

C．≤ 5.0　　D．≤ 7.0

7. 港航工程＜ C30 的无抗冻要求混凝土，其细骨料总含泥量（以重量百分比计）的限值是（　　）。

A．≤ 1.0　　B．≤ 3.0

C．≤ 5.0　　D．≤ 7.0

8. 港航工程≤ C40 有抗冻要求混凝土，其粗骨料总含泥量（以重量百分比计）的限值是（　　）。

A．≤ 0.1　　B．≤ 0.7

C．≤ 3.0　　D．≤ 5.0

9. 港航工程 C30～C55 无抗冻要求混凝土，其粗骨料总含泥量（以重量百分比计）的限值是（　　）。

A．≤ 1.0　　B．≤ 0.5

C．≤ 2.0　　D．≤ 3.0

10. 港航工程＜ C30 的无抗冻要求混凝土，其粗骨料总含泥量（以重量百分比计）的限值是（　　）。

A．≤ 1.0　　B．≤ 2.0

C．≤ 3.0　　D．≤ 4.0

二 多项选择题

1. 以下机制砂指标中，和机制砂分类有关的指标有（　　）。

A．细度模数　　B．颗粒级配

C．坚固性　　D．母岩强度

E．压碎指标

【参考答案】

一、单项选择题

1. C；　2. D；　3. D；　4. A；　5. B；　6. B；　7. C；　8. B；
9. A；　10. B

二、多项选择题

1. B、C、E

1.3.3 掺合料

一 单项选择题

1. 混凝土中单掺粉煤灰的适宜掺量是（　　）。

A. 5%～10%　　B. 25%～50%

C. 30%～60%　　D. 50%～80%

2. 单掺粒化高炉磨细矿渣粉的适宜掺量是（　　）。

A. 5%～10%　　B. 10%～20%

C. 25%～50%　　D. 50%～80%

二 多项选择题

1. 粉煤灰对混凝土性能的影响有（　　）。

A. 减少泌水和离析　　B. 提高混凝土的早期强度

C. 降低混凝土的水化热　　D. 提高其抗渗性

E. 降低干缩变形

2. 粒化高炉矿渣粉对混凝土性能的影响有（　　）。

A. 增大浆体的流动性　　B. 提高混凝土的强度

C. 降低浆体的流动性　　D. 提高其抗渗性

E. 提高其抗蚀性

【参考答案】

一、单项选择题

1. B;　　2. D

二、多项选择题

1. A、C、D、E;　　2. A、B、D、E

1.3.4 外加剂

一 单项选择题

1. 对混凝土的水化热温升有明显影响的外加剂是（　　）。

A. 减水剂　　B. 促凝剂

C. 引气剂　　D. 防冻剂

二 多项选择题

1. 大体积混凝土应用缓凝剂可起到的作用有（ ）。

A. 补偿混凝土收缩　　B. 减慢水化热释放

C. 降低水化热温升峰值　　D. 降低混凝土内表温度

E. 降低混凝土温度应力

【参考答案】

一、单项选择题

1. B

二、多项选择题

1. B、C、D、E

1.4 港口与航道工程钢材的性能及其应用

复习要点

1. 港口与航道工程常用钢材、钢筋、钢丝与钢绞线的品种和主要物理力学性能指标值。

2. 港口与航道工程的水工建筑物及各种钢筋混凝土与预应力混凝土构件中常用钢筋、钢丝与钢绞线的应用范围。

3. 钢筋调直与接头的方法和调直、接头、弯钩或弯折与装设的具体技术要求。

1.4.1 港口与航道工程钢材的物理力学性能及其应用

多项选择题

1. 关于港口与航道工程常用的 Q235 碳素结构钢的力学性能的说法，正确的有（ ）。

A. 其抗拉强度为 370～500MPa

B. 其公称厚度≤ 16mm 的屈服强度不小于 235MPa

C. 其公称厚度＞ 16～40mm 的屈服强度不小于 215MPa

D. 其公称厚度≤ 40mm 的断后伸长率不小于 26%

E. 其公称厚度＞ 40～60mm 的断后伸长率不小于 24%

【参考答案】

多项选择题

1. A、B、D

1.4.2 港口与航道工程钢筋的品种及其应用

一 单项选择题

1. 下列钢筋牌号中，属于热轧光圆钢筋的是（ ）。

A. HRB400　　B. HPB300

C. CRB550　　D. RRB400

2. 港口与航道工程常用的消除应力钢丝的弹性模量是（ ）。

A. 1.95×10^5MPa　　B. 2.0×10^5MPa

C. 2.05×10^5MPa　　D. 2.1×10^5MPa

3. 港口与航道工程常用的热轧带肋钢筋的屈服强度 R_{eL} 不小于（ ）。

A. 195～275MPa　　B. 400～600MPa

C. 195～375MPa　　D. 400～500MPa

4. 下列钢筋中，不适用于港口与航道工程中的预应力混凝土结构的是（ ）。

A. 热轧带肋钢筋　　B. 余热处理钢筋

C. 热轧光圆钢筋　　D. 冷轧带肋钢筋

二 多项选择题

1. 关于港口与航道工程常用钢筋力学性能的说法，正确的有（ ）。

A. 热轧光圆钢筋的屈服强度 R_{eL} 为 300MPa

B. 热轧带肋钢筋的屈服强度 R_{eL} 不小于 400～600MPa

C. 余热处理钢筋的屈服强度 R_{eL} 不小于 400～500MPa

D. 热轧带肋钢筋的抗拉强度 R_m 不大于 435～540MPa

E. 余热处理钢筋的抗拉强度 R_m 不小于 540～630MPa

2. 港口与航道工程预应力混凝土结构中的预应力筋宜采用（ ）。

A. 碳素钢丝　　B. 余热处理钢筋

C. 钢绞线　　D. 热轧光圆钢筋

E. CRB800 冷轧带肋钢筋

【参考答案】

一、单项选择题

1. B；　2. C；　3. B；　4. C

二、多项选择题

1. A、B、C、E；　　2. A、B、C、E

1.4.3 港口与航道工程钢筋的加工和装设

一 单项选择题

1. HPB300 牌号钢筋末端需做 180° 弯钩时，其弯弧内径不应小于钢筋直径的（　　）。

A．1.5 倍　　B．2.5 倍

C．1.0 倍　　D．2.0 倍

2. 当设计无具体要求时，非焊箍筋端末端弯钩的弯折角度，对一般结构不应小于（　　）。

A．45°　　B．90°

C．30°　　D．60°

3. 受力钢筋的接头可采用绑扎接头，但绑扎接头的钢筋最大直径不宜大于（　　）。

A．25mm　　B．32mm

C．22mm　　D．28mm

4. 关于钢筋装设的垫块要求的说法，错误的是（　　）。

A．混凝土垫块的强度不应低于构件本体混凝土

B．垫块的密实性不应低于构件本体混凝土

C．垫块厚度的允许偏差为 0～＋2mm

D．垫块与模板的接触面宜尽量大

二 多项选择题

1. 关于钢筋加工要求的说法，正确的有（　　）。

A．冷轧带肋 CRB550 牌号钢筋末端可不制作弯钩

B．钢筋调直宜采用机械方法，也可以采用冷拉方法

C．HPB300 牌号钢筋弯后平直部分长度不应小于钢筋直径的 3 倍

D．HRB400 牌号弯起钢筋弯折点处弯曲直径不宜小于钢筋直径的 10 倍

E．非焊箍筋端末端应有弯钩，弯钩的形式应满足设计要求

2. 关于钢筋接头要求的说法，正确的有（　　）。

A．钢筋机械连接接头可用于 HRB400 牌号钢筋的连接

B．套筒冷挤压连接适用于直径为 20～40mm 的变形钢筋的连接

C．冷轧带肋 CRB550 牌号钢筋的连接宜采用焊接接头

D．钢筋绑扎接头受拉区段内的 HPB300 牌号钢筋的末端可不做成弯钩

E．钢筋接头末端与钢筋弯起点的距离不应小于钢筋直径的 10 倍

3. 关于绑扎及装设钢筋骨架要求的说法，正确的有（　　）。

A．绑扎钢筋的铁丝头不得伸入混凝土保护层内

B．箍筋弯钩的搭接点垂直构件轴线方向应交错布置

C．预制吊装的钢筋骨架或钢筋网还应具有足够的刚度

D．多层非焊接钢筋骨架的各层钢筋之间应保持层距准确

E．桩中骨架的箍筋除设计有特殊规定外应保持与主筋垂直

【参考答案】

一、单项选择题

1．B；　2．B；　3．A；　4．D

二、多项选择题

1．A、B、C、E；　2．A、B、E；　3．A、C、D、E

1.5 港口与航道工程土工合成材料的性能及其应用

复习要点

1．港口与航道工程常用土工合成材料的种类和土工织物的主要性能指标。

2．土工合成材料的主要功能及其在港口与航道工程中的应用情况。

1.5.1 港口与航道工程常用土工合成材料的种类及其性能

一 单项选择题

1．具有加筋、隔离、反滤和防护功能的土工织物是（　　）。

A．编织土工布　　B．无纺土工布

C．机织土工布　　D．针刺土工布

2．土工膜是港口与航道工程常用的土工合成材料之一，其具有（　　）功能。

A．排水　　B．加筋

C．防渗　　D．反滤

3．土工带是港口与航道工程常用的土工织物之一，其具有（　　）功能。

A．防护　　B．加筋

C．隔离　　D．反滤

4．土工网是港口与航道工程常用的土工合成材料之一，其具有（　　）功能。

A．加筋　　B．隔离

C．反滤　　D．排水

5．下列土工织物的性能指标中，属于产品形态指标的是（　　）。

A．织物厚度　　B．材质

C．有效孔径　　D．单位面积质量

6. 渗透系数是土工织物的（　　）。

A. 物理性能指标　　B. 力学性能指标

C. 水力学性能指标　　D. 产品性能指标

二 多项选择题

1. 下列性能指标中，属于土工织物的产品形态指标的有（　　）。

A. 材质　　B. 织物厚度

C. 幅度　　D. 每卷的长度

E. 有效孔径

2. 关于土工织物功能的说法，正确的有（　　）。

A. 编织土工布具有防护的功能

B. 机织土工布具有反滤的功能

C. 非织造土工布具有排水的功能

D. 土工带具有加筋的功能

E. 土工网具有隔离的功能

3. 非织造（无纺、针刺）土工布的功能主要有（　　）。

A. 反滤功能　　B. 隔离功能

C. 排水功能　　D. 防渗功能

E. 加筋功能

4. 机织土工布是港口与航道工程常用的土工织物之一，其具有（　　）功能。

A. 加筋　　B. 隔离

C. 排水　　D. 反滤

E. 防护

5. 港口与航道工程常用土工织物的主要性能指标有（　　）。

A. 产品形态指标　　B. 产品性能指标

C. 物理性能指标　　D. 力学性能指标

E. 水力学性能指标

6. 下列土工织物中，具有加筋与防护工程的有（　　）。

A. 土工网　　B. 土工膜

C. 针刺土工布　　D. 机织土工布

E. 土工带

7. 下列性能指标中，（　　）属于土工织物的力学性能指标。

A. 断裂抗拉强度　　B. 断裂伸长率

C. 撕裂强度　　D. 耐热性

E. 耐磨性

【参考答案】

一、单项选择题

1．C；　2．C；　3．B；　4．A；　5．B；　6．C

二、多项选择题

1．A、C、D；　2．A、B、C、D；　3．A、B、C；　4．A、B、D、E；

5．A、C、D、E；　6．A、D；　7．A、B、C、E

1.5.2　土工合成材料在港口与航道工程中的应用

一　单项选择题

1．土工织物滤层采用无纺土工织物时，其单位面积质量最小不宜小于（　　）。

A．$200g/m^2$　B．$300g/m^2$

C．$250g/m^2$　D．$350g/m^2$

2．防波堤的软弱地基可采用土工合成材料加筋垫层，加筋垫层土工合成材料铺设块的最小宽度不宜小于（　　）。

A．6m　B．8m

C．7m　D．10m

3．聚乙烯土工膜现场焊接时基底表面应平整干燥，基底含水率最大不宜大于（　　）。

A．15%　B．25%

C．10%　D．20%

二　多项选择题

1．关于土工织物滤层施工要求的说法，正确的有（　　）。

A．土工织物滤层铺设块的宽度不宜小于 6m

B．无纺复合土工织物作滤层铺设时，应使粗糙面与土体接触

C．土工织物滤层施工前，应核对土工织物品种规格和质量检验状态

D．铺设块之间缝接时，缝连线距离铺设块边缘不得小于 30mm

E．土工织物滤层有破损或孔洞时，陆上宜采用搭接，水下可用缝接

2．关于土工合成材料排水通道施工要求的说法，正确的有（　　）。

A．土工织物排水通道相邻片搭接长度不应小于 300mm

B．极软地基上打设深度不超过 5m 的塑料排水板可采用裸打

C．土工织物坡面上铺设宜自上而下进行，在顶部和底部应予以固定

D．塑料排水板需要接长时，每根塑料排水板不得多于 2 个接头

E．塑料排水板接长时，芯板搭接长度不应小于 150mm

3．关于加筋垫层施工要求的说法，正确的有（　　）。

A．水下加筋垫层的砂垫层顶面高差不应大于 150mm

B. 加筋垫层土工合成材料铺设块的宽度不宜小于 8m

C. 土工合成材料加筋垫层铺设前，应对砂垫层进行整平

D. 加筋垫层的上部抛填施工，应按先两侧后中间的顺序分层进行

E. 加筋垫层土工合成材料应铺设平顺，松紧应适度

【参考答案】

一、单项选择题

1. B；　2. B；　3. A

二、多项选择题

1. A、B、C；　2. A、B；　3. A、B、C、D

1.6 港口与航道工程混凝土的特点及其配制要求

复习要点

1. 港口与航道工程混凝土的特点。
2. 港口与航道工程混凝土建筑物环境类别与结构部位的划分及腐蚀特点。
3. 港口航道工程对混凝土材料的要求和限制。
4. 混凝土配置强度的确定方法。
5. 满足耐久性和施工操作要求的混凝土配合比设计方法。
6. 海上混凝土浇筑的施工措施。

1.6.1 港口与航道工程混凝土的特点

一 单项选择题

1. 某海港码头泊位顶面高程为＋3.0m，设计高水位＋1.2m，某浪溅区上界为（　　）。

A. ＋2.2m　　B. ＋2.7m

C. ＋3.0m　　D. ＋3.5m

2. 我国海水环境严重受冻港水位变动区钢筋混凝土及预应力混凝土的抗冻等级标准为（　　）。

A. F300　　B. F350

C. F400　　D. F450

3. 有抗冻性要求的混凝土必须掺入（　　），使其具有要求的含气量。

A. 抗冻剂　　B. 引气剂

C. 早强剂　　D. 减水剂

4. 港航工程海水环境预应力混凝土中氯离子的最高限值（　　）为 0.06。

A．按混凝土重量的 % 计　　B．按骨料重量的 % 计

C．按水泥重量的 % 计　　D．按拌合水重量的 % 计

二　多项选择题

1．混凝土结构物的环境类别划分为（　　）。

A．湿热环境　　B．海水环境

C．淡水环境　　D．冻融环境

E．化学腐蚀环境

【参考答案】

一、单项选择题

1．C；　2．B；　3．B；　4．C

二、多项选择题

1．B、C、D、E

1.6.2　港口与航道工程混凝土配制要求

一　单项选择题

1．港航工程混凝土的配制强度公式为：$f_{cu,0}=f_{cu,k}+1.645\sigma$，式中$f_{cu,0}$为（　　）。

A．混凝土的后期强度

B．混凝土的施工配制强度

C．混凝土的换算强度

D．设计要求的混凝土立方体抗压强度标准值

2．港航工程混凝土的配制强度公式为：$f_{cu,0}=f_{cu,k}+1.645\sigma$，式中$f_{cu,k}$为（　　）。

A．混凝土的后期强度

B．混凝土的配制强度

C．混凝土的换算强度

D．设计要求的混凝土立方体抗压强度标准值

3．港航工程混凝土的配制强度公式为：$f_{cu,0}=f_{cu,k}+1.645\sigma$，式中$\sigma$为混凝土的（　　）。

A．立方体抗压强度统计值

B．立方体抗压强度离差统计值

C．立方体抗压强度标准差的实际统计值

D．强度离差系数

4．港航工程混凝土的配制强度公式为：$f_{cu,0}=f_{cu,k}+1.645\sigma$，按该公式配制的混凝土，混凝土的施工配制强度不低于设计要求的混凝土立方体抗压强度标准值的保证率

为（　　）。

A．80%　　B．90%

C．95%　　D．100%

5．港航工程混凝土，按强度要求得出的水灰比与按耐久性要求规定的水灰比限值相比较（　　）做为配置混凝土的依据。

A．取较大值　　B．取较小值

C．取平均值　　D．任取一值

6．有抗冻要求的混凝土，骨料最大粒径 40mm，其含气量应为（　　）。

A．5.0%～8.0%　　B．3.5%～6.5%

C．4.0%～7.0%　　D．3.0%～6.0%

7．对于设计使用年限 50 年的工程，处于浪溅区、水位变动区和大气区的高性能预应力混凝土结构，其混凝土抗氯离子渗透性指标（电通量法）最高限值为（　　）。

A．2000C　　B．1200C

C．1000C　　D．800C

8．混凝土抗氯离子渗透性指标（电通量法）试验用的混凝土试件，对掺入粉煤灰或粒化高炉矿渣粉的混凝土，应按标准养护条件下（　　）龄期的试验结果评定。

A．14d　　B．28d

C．56d　　D．90d

9．当混凝土强度等级大于或等于 C30，计算的强度标准差小于 3.0MPa 时，计算配制强度用的混凝土立方体抗压强度标准差应为（　　）。

A．2.5MPa　　B．3.0MPa

C．3.5MPa　　D．所计算的标准差

二 多项选择题

1．港航工程有抗冻性要求的混凝土，在满足所要求的冻融循环次数后，做为抗冻性合格的指标有（　　）。

A．抗压强度损失≤ 20%　　B．抗渗性≥ P5

C．重量损失≤ 5%　　D．动弹性模量下降≤ 25%

E．抗拉强度损失≤ 20%

2．港口与航道工程混凝土配制的基本要求有（　　）。

A．强度满足设计要求　　B．轻质

C．和易性满足施工操作要求　　D．经济、合理

E．耐久性满足设计要求

【参考答案】

一、单项选择题

1．B；　2．D；　3．C；　4．C；　5．B；　6．D；　7．D；　8．C；

9. B

二、多项选择题

1. C、D；　　2. A、C、D、E

1.7 港口与航道工程大体积混凝土的温度裂缝控制

复习要点

1. 混凝土开裂的产生原因。

2. 大体积混凝土的定义。

3. 混凝土结构的约束、温升和温度应力作用下开裂等概念和原理。

4. 水泥水化热的估算方法。

5.《水运工程大体积混凝土温度裂缝控制技术规范》JTS/T 202—1—2022 要求的大体积混凝土防裂措施。包括：温控设计、混凝土原材料的选择和配合比的设计、温控措施及施工期温控检测等内容。

1.7.1 港口与航道工程大体积混凝土开裂机理

单项选择题

1. 港航工程大体积混凝土的开裂是由于（　　）造成的。

A. 承受的使用荷载过大　　B. 混凝土的膨胀

C. 温度应力超过抗裂能力　　D. 变形过大

2. 混凝土结构产生温度应力的条件是（　　）。

A. 外界环境温度有突然的变化

B. 承受过大的外荷载

C. 混凝土中水泥水化热温升变形受到约束

D. 混凝土的温度变形过大

【参考答案】

单项选择题

1. C；　2. C

1.7.2 港口与航道工程大体积混凝土裂缝控制措施

一 单项选择题

1. 为防止大体积混凝土发生温度裂缝，要控制混凝土施工期间的内表温差。规范规定混凝土的内表温差不大于（　　）。

A．30℃　　B．28℃

C．25℃　　D．20℃

2．大体积混凝土所选用水泥的铝酸三钙含量不宜大于（　　）。

A．15%　　B．12%

C．10%　　D．8%

3．大体积混凝土配合比设计中，在满足工艺要求的条件下，要选择（　　）。

A．较小的坍落度和较大的砂率

B．较小的坍落度和较小的砂率

C．较大的坍落度和较小的砂率

D．较大的坍落度和较大的砂率

4．大体积混凝土采用洒水养护时，养护水温度和混凝土表面温度之差（　　），蓄水养护时深度不宜小于200mm。

A．不宜大于25℃　　B．不宜大于20℃

C．不宜大于15℃　　D．不宜大于10℃

5．《水运工程大体积混凝土温度裂缝控制技术规范》JTS/T 202—1—2022对大体积混凝土的温度监测持续时间要求是（　　）。

A．至少14d　　B．至少18d

C．至少21d　　D．至少28d

二　多项选择题

1．下列属于大体积混凝土配合比设计要求的有（　　）。

A．绝热温升低　　B．选用引气剂

C．单掺硅灰　　D．选择较小的砂率

E．选择较大的坍落度

2．大体积混凝土在浇筑和振捣施工中正确的温控措施有（　　）。

A．热天施工时降低浇筑仓面温度

B．提高浇筑能力

C．尽量增大分层摊铺厚度

D．每层摊铺厚度不小于500mm

E．抹面后及时覆盖

【参考答案】

一、单项选择题

1．C；　2．D；　3．B；　4．C；　5．A

二、多项选择题

1．A、B、D；　2．A、B、E

1.8 港口与航道工程混凝土的耐久性

复习要点

1. 混凝土耐久性的含义。

2. 提高混凝土耐久性的措施。包括：选用优质的原材料、优化混凝土配合比、精心施工、应用高性能混凝土、对混凝土表面做涂层、防止混凝土开裂和钢筋锈蚀等内容。

3. 高性能混凝土的配合比特点、性能和技术指标。

4. 高性能混凝土的施工要点。

1.8.1 提高港口与航道工程混凝土耐久性的措施

一 单项选择题

1. 我国对永久性港口建筑物的结构设计使用年限现行规定是（　　）。

A. 30 年　　B. 40 年
C. 50 年　　D. 100 年

2. 保证混凝土的抗冻性，在搅拌混凝土时，必须掺加（　　），以保证混凝土达到要求的含气量。

A. 早强剂　　B. 引气剂
C. 微膨胀剂　　D. 缓凝剂

3. 混凝土中掺加硅灰时，硅灰的掺量不宜大于水泥质量的（　　）。

A. 3%　　B. 5%
C. 10%　　D. 15%

4. 下列各项中，不属于确定混凝土耐久性指标依据的是（　　）。

A. 建筑物的外形
B. 建筑物的部位
C. 建筑物的使用年限
D. 混凝土所处的工作环境

5. 为保证混凝土的耐久性，要求（　　）。

A. 水灰比有最大限制
B. 水灰比有最小限制
C. 水灰比无限制
D. 水灰比只要满足混凝土的强度要求

6. 为保证混凝土的耐久性，混凝土的水泥用量要求（　　）。

A. 有最低限制　　B. 有最高限制
C. 无限制　　D. 只要满足强度要求

7. 对实施涂装的混凝土龄期要求是（　　）。

A. 不宜少于 14d　　B. 不宜少于 21d

C．不宜少于 28d　　D．不宜少于 56d

8. 对混凝土采用外加电流阴极保护时正确的做法是（　　）。
   A．保护单元内的辅助阳极应满足电绝缘
   B．辅助阳极和阴极保护的钢筋之间应满足电连接
   C．不同保护单元的辅助阳极之间电绝缘
   D．混凝土中实施阴极保护的钢筋应进行电绝缘

二 多项选择题

1. 港口与航道工程混凝土的耐久性包括（　　）。
   A．抗冻性　　B．防止钢筋锈蚀性能
   C．抗氯离子渗透性能　　D．抗海水侵蚀性能
   E．高强度
2. 保证混凝土抗冻性的措施有（　　）。
   A．掺加引气剂　　B．保证足够的含气量
   C．降低水胶比　　D．提高混凝土坍落度
   E．提高混凝土的工作性能
3. 提高混凝土耐久性的措施有（　　）。
   A．选用优质原材料
   B．优化配合比设计
   C．延长混凝土振捣时间
   D．精心施工
   E．保证足够的钢筋保护层厚度
4. 为保证混凝土的抗冻性，用于混凝土的砂、石骨料应该（　　）。
   A．粒径均匀，尽量一致　　B．杂质含量低
   C．氯离子含量低　　D．压碎指标低
   E．尽可能选用针片状
5. 为保证混凝土的耐久性，混凝土应（　　）。
   A．搅拌均匀，时间尽可能长　　B．振捣时间尽可能长
   C．充分养护　　D．防止开裂
   E．杂质含量尽可能低

【参考答案】

一、单项选择题

1．C；　2．B；　3．C；　4．A；　5．A；　6．A；　7．C；　8．C

二、多项选择题

1．A、B、C、D；　2．A、B、C；　3．A、B、D、E；　4．B、C、D；
5．C、D、E

1.8.2 高性能混凝土的特性

一 单项选择题

1. HPC 是（　　）。

A. 高强混凝土　　B. 高流态混凝土

C. 高性能混凝土　　D. 高黏聚性混凝土

2. 高性能混凝土的特征之一是（　　）。

A. 必须采用特定的水泥　　B. 必须采用特定种类的骨料

C. 大量掺用特定的矿物掺合料　　D. 采用特定的密实方式

二 多项选择题

1. 高性能混凝土（HPC）的主要特性是（　　）。

A. 高耐久性　　B. 低水胶比

C. 高工作性　　D. 高体积稳定性

E. 高变形适应性

2. 高性能混凝土（HPC）的主要技术条件特征是（　　）。

A. 大量掺用特定的矿物掺合料　　B. 采用高效减水剂

C. 采用低水胶比　　D. 采用低砂率

E. 大尺寸粗骨料

3. 高性能混凝土拌制过程对拌合物分三批投料，正确的顺序包括（　　）。

A. 先投放粗骨料和掺合料

B. 先投放细骨料和掺合料

C. 再加水泥和部分拌合用水

D. 最后加粗骨料、减水剂溶液和余下的拌合用水

E. 最后加细骨料、减水剂溶液和余下的拌合用水

4. 高性能混凝土的胶凝材料包括（　　）。

A. 磨细矿石粉　　B. 磨细矿渣粉

C. 硅粉　　D. 优质粉煤灰

E. 水泥

【参考答案】

一、单项选择题

1. C;　　2. C

二、多项选择题

1. A、B、C、D;　　2. A、B、C;　　3. B、C、D;　　4. B、C、D、E

1.9 港口与航道工程预应力混凝土

复习要点

1. 预应力混凝土的工作原理及预应力混凝土结构的优点。
2. 预应力混凝土施工时预应力筋的制作、张拉设备和施加预应力的具体要求。
3. 先张法预应力的概念和施工具体要求。
4. PHC 桩的制作和应用。
5. 后张法预应力的概念和施工具体要求。
6. 后张法预应力大管桩的制作和应用。

一 单项选择题

1. 张拉预应力混凝土结构时，预应力筋应以（　　）进行控制。

A．张拉应力值

B．预应力筋的伸长率

C．总张拉力

D．张拉应力及预应力筋伸长值双控

2. 预应力混凝土中钢筋的张拉，应控制在其（　　）范围之内。

A．塑性变形　　B．弹性变形

C．屈服点左右　　D．极限拉伸变形

3. 预应力筋张拉锚固后，实际预应力值与工程设计规定检验值的相对允许偏差为（　　）。

A．±3%　　B．±5%

C．±15%　　D．±10%

4. 用应力控制法张拉时，应校核预应力筋的伸长值，当实际伸长值比计算伸长值长（　　）时，应暂停张拉，查明原因并采取措施予以调整后，方可继续张拉。

A．3%　　B．4%

C．5%　　D．6%

5. 为减少预应力筋松弛的影响，从零应力开始，张拉至（　　）倍预应力筋的张拉控制应力 σ_{con}，持荷 2min 后，卸荷至预应力的张拉控制应力。

A．1.03　　B．1.05

C．1.08　　D．1.10

6. 为减少预应力筋松弛的影响，从零应力开始，张拉至（　　）倍预应力筋的张拉控制应力 σ_{con}。

A．1.03　　B．1.05

C．1.08　　D．1.10

二 多项选择题

1. 预应力混凝土结构的优点是（　　）。

A．同样荷载下结构截面小　　B．结构抗裂能力强

C．同样荷载下结构的跨度大　　D．结构相同截面下钢筋保护层较薄

E．预应力钢筋抗腐蚀能力强

【参考答案】

一、单项选择题

1．D；　2．B；　3．B；　4．D；　5．B；　6．A

二、多项选择题

1．A、B、C

1.9.1 先张法预应力混凝土

一 单项选择题

1. 先张法预应力混凝土施工中，预应力筋的张拉是在（　　）之前。

A．锚固　　B．构件吊装

C．浇筑混凝土　　D．放松钢筋

2. PHC 管桩放张、拆模时混凝土强度不得低于（　　）。

A．40MPa　　B．45MPa

C．50MPa　　D．55MPa

3. PHC 桩（先张法预应力高强混凝土桩）高速离心成型、常压和高压蒸养，混凝土强度等级 C80，桩身混凝土有效预压应力为（　　）。

A．3MPa　　B．5MPa

C．8MPa　　D．12MPa

4. 先张法结构中钢绞线断裂或滑脱的数量严禁超过结构同一截面钢材总根数的（　　），且严禁相邻两根预应力筋断裂或滑脱。

A．3%　　B．5%

C．4%　　D．6%

5. 在先张法预应力中，预应力筋张拉后以（　　）为支点进行锚固。

A．混凝土构件本身　　B．预应力张拉台座

C．张拉千斤顶　　D．其他固定设备

6. 先张法预应力混凝土张拉钢丝（钢绞线）最大张拉应力允许值为（　　）。

A．$0.75f_{ptk}$　　B．$0.80f_{ptk}$

C．$0.85f_{ptk}$　　D．$0.90f_{ptk}$

二 多项选择题

1. 先张法张拉台座的长度应根据（ ）综合考虑确定。

A. 构件通用长度　B. 厂（场）区地形

C. 张拉力的大小　D. 每次张拉的构件件数

E. 混凝土的强度

2. 先张法预应力工艺（相对后张法）的优点是（ ）。

A. 工序少　B. 效率高

C. 质量易保证　D. 工艺较简单

E. 适用于大断面构件的现场预制

3. 先张法预应力张拉台座必须保证（ ）。

A. 有足够的强度和刚度　B. 抗倾稳定系数不得小于 1.5

C. 抗滑稳定系数不得小于 1.3　D. 台座区不得产生差异沉降

E. 足够的适应变形的能力

【参考答案】

一、单项选择题

1. C；　2. B；　3. C；　4. B；　5. B；　6. B

二、多项选择题

1. A、B、D；　2. A、B、C、D；　3. A、B、C、D

1.9.2 后张法预应力混凝土

一 单项选择题

1. 应用钢绞线的后张法预应力张拉，其张拉控制应力设计值应为预应力钢绞线抗拉强度标准值的（ ）。

A. 70%　B. 80%

C. 85%　D. 90%

2. 在后张法预应力中，预应力筋张拉后以（ ）为支点进行锚固。

A. 混凝土构件本身　B. 预应力张拉台座

C. 张拉千斤顶　D. 后张法预应力专用固定设备

3. 大管桩管节在蒸汽养护脱模后还应潮湿养护的时间是（ ）。

A. 不少于 5d　B. 不少于 7d

C. 不少于 10d　D. 不少于 14d

4. 在后张法预应力中，张拉时结构中钢丝（束）、钢绞线断裂或滑脱的数量，严禁超过结构同一截面总根数的（ ），且一束钢丝只允许发生 1 根。

A．1%　　　　B．3%

C．5%　　　　D．7%

5．在后张法预应力中，孔道灌浆可采用水泥浆或水泥砂浆，其强度不得低于（　　）。

A．20MPa　　　　B．30MPa

C．50MPa　　　　D．60MPa

二 多项选择题

1．后张法预应力预留孔道应保证（　　）。

A．尺寸及位置正确

B．走向平顺

C．孔道通畅

D．端部预埋垫板与孔道中心线平行

E．除两端口外孔道应密封

2．后张法预应力（较先张法）优点是（　　）。

A．施工安全性较高

B．不需要张拉台座

C．适用于结构断面大的长大型构件预制

D．适用于现场生产

E．工序较少

3．后张法预应力孔道灌浆应（　　）。

A．缓慢进行　　　　B．均匀进行

C．连续不停顿进行　　　　D．孔道除两端口外应密封

E．孔道应留排气孔

【参考答案】

一、单项选择题

1．A；　2．A；　3．C；　4．B；　5．A

二、多项选择题

1．A、B、C；　2．A、B、C、D；　3．A、B、C、E

1.10　港口与航道工程软土地基处理

复习要点

1．港口与航道工程常用的地基处理方法及其适用范围。

2．港口与航道工程常用的地基处理方法的原理、设计、施工和施工期监控要求。

1.10.1 软土地基处理方法的种类和适用范围

一 单项选择题

1. 深度不超过7.0m的砂土、粉土、粉质黏土等地基其适用的地基处理方法是（　　）。
   A. 振冲挤密法　　B. 降水强夯法
   C. 真空预压法　　D. 堆载预压法
2. 地基换填法适用的软土换填厚度一般不大于（　　）。
   A. 4.0m　　B. 4.5m
   C. 5.0m　　D. 5.5m

二 多项选择题

1. 强夯法和强夯置换法适用的地基有（　　）等。
   A. 松软的碎石土地基　　B. 松软的砂土地基
   C. 素填土地基　　D. 杂填土地基
   E. 饱和黏性土地基
2. 排水固结法适用的地基有（　　）等。
   A. 淤泥质土地基　　B. 黏性土地基
   C. 淤泥地基　　D. 粉土地基
   E. 粉质黏土地基

【参考答案】

一、单项选择题

1. B;　　2. A

二、多项选择题

1. A、B、C、D;　　2. A、C

1.10.2 软土地基的处理

一 单项选择题

1. 用做堆载预压排水砂垫层的中砂渗透系数规定是（　　）。
   A. 不大于 5×10^{-3}cm/s　　B. 不小于 5×10^{-3}cm/s
   C. 不大于 5×10^{-2}cm/s　　D. 不小于 5×10^{-2}cm/s
2. 适合采用排水固结法中的真空预压法加固的地基是（　　）。
   A. 砂土地基　　B. 超软土地基

C．碎石地基　　　　D．杂填土地基

3．袋装砂井做为竖向排水体时的适宜的间距是（　　）。

A．0.75～1.0m　　　　B．1.0～1.5m

C．1.5～2.0m　　　　D．2.0～2.5m

4．普通砂井做为竖向排水体时的适宜的间距是（　　）。

A．0.75～1.0m　　　　B．1.0～1.5m

C．2.0～3.0m　　　　D．3.0～3.5m

5．C 型塑料排水板适合的打设深度是（　　）。

A．≤ 15m　　　　B．≤ 25m

C．≤ 35m　　　　D．≤ 50m

6．真空预压法加固的地基卸载时，对加固深度范围内地基平均固结度的规定要求是（　　）。

A．≥ 70%　　　　B．≥ 75%

C．≥ 80%　　　　D．≥ 90%

7．下列地基加固的有关监测、试验中，不属于堆载预压加固过程中要进行的是（　　）。

A．孔隙水压力监测　　　　B．侧向位移监测

C．地基沉降监测　　　　D．十字板剪切试验

8．堆载预压工程在堆载过程中应每天进行沉降、位移、孔隙水等观测，对不设置排水竖井的地基，基底中心沉降每昼夜应小于（　　）。

A．10mm　　　　B．15mm

C．20mm　　　　D．30mm

9．打设水下袋装砂井的井距允许偏差规定要求是（　　）。

A．≤ 100mm　　　　B．≤ 150mm

C．≤ 200mm　　　　D．≤ 250mm

10．打设水上塑料排水板的允许平面偏差规定要求是（　　）。

A．≤ 80mm　　　　B．≤ 100mm

C．≤ 120mm　　　　D．≤ 150mm

11．振冲置换法处理较大面积时，宜用的布置形式是（　　）。

A．正方形　　　　B．矩形

C．等边三角形　　　　D．等腰三角形

12．振冲置换法可选用的桩间距是（　　）。

A．1.0～1.5m　　　　B．1.5～2.5m

C．2.5～3.0m　　　　D．3.0～3.5m

13．振冲处理土坡工程地基的振冲顺序宜采用（　　）。

A．围打法　　　　B．跳打法

C．排打法　　　　D．放射法

14．振冲置换法中，宜采用的桩径是（　　）。

A．0.3～0.4m　　　　B．0.8～1.2m

C．1.2～1.5m　　D．1.5～1.8m

15．振动水冲法处理地基的载荷试验和桩间土检验应在施工完成并间隔一定时间后进行，对粉土地基可取（　　）。

A．7d　　B．14d

C．21d　　D．28d

16．振动水冲法成孔贯入时水压宜为（　　）。

A．200～600kPa　　B．150～200kPa

C．100～150kPa　　D．50～100kPa

17．振冲置换法成后，孔内每次允许填料厚度的规定要求是（　　）。

A．≤200mm　　B．≤300mm

C．≤500mm　　D．≤600mm

18．不宜采用强夯法处理的地基土是（　　）。

A．杂填土　　B．素填土

C．低饱和度粉土　　D．高饱和度粉土

19．进行强夯法处理地基时，规范规定每边宜超出建筑物基础外缘的处理宽度是（　　）。

A．设计处理深度的1/3～1/2，且不宜小于2m

B．设计处理深度的1/3～1/2，且不宜小于3m

C．设计处理深度的1/2～2/3，且不宜小于2m

D．设计处理深度的1/2～2/3，且不宜小于3m

20．对于粗颗粒土的地基，单击夯击能4000kN·m的预估有效加固深度是（　　）。

A．4.0～5.0m　　B．5.0～6.0m

C．6.0～7.0m　　D．8.0～9.0m

21．确定强夯施工中两遍夯点间歇时间的根据是（　　）。

A．施工计划　　B．土的渗透性

C．处理深度　　D．土的含水量

22．单点夯击能小于4000kN·m的强夯停锤时，最后两击的平均夯沉量不应大于（　　）。

A．50mm　　B．100mm

C．150mm　　D．200mm

23．强夯处理粉土地基的施工中，两遍夯点间歇时间的规范要求是不宜少于（　　）。

A．5d　　B．10d

C．14d　　D．21d

24．对于地下水位较高的场地，强夯施工时的地下水位宜人工降到地面以下（　　）。

A．1.0～1.5m　　B．2.0～3.0m

C．3.5～4.0m　　D．4.5～5.0m

25．进行强夯置换作业宜采用的施工方式是（　　）。

A．由外而内、隔行跳打　　B．由外而内、逐行排打

C．由内而外、隔行跳打　　D．由内而外、逐行排打

26. 陆上搅拌桩直径和搭接宽度的规定分别是（　　）。

A．0.3～0.5m，≥ 200mm　　B．0.3～0.5m，≥ 100mm

C．0.5～0.7m，≥ 200mm　　D．0.5～0.7m，≥ 100mm

27. 下列外加剂中，不在水泥搅拌桩配合比使用的是（　　）。

A．减水剂　　B．絮凝剂

C．缓凝剂　　D．早强剂

28. 陆上搅拌桩复合地基的基础和桩之间垫层的厚度和材料最大粒径规定分别是（　　）。

A．100～150mm，≤ 20mm　　B．100～150mm，≤ 50mm

C．200～300mm，≤ 20mm　　D．200～300mm，≤ 50mm

29. 基础有防渗要求的建筑物采用水泥土垫层时，宜选用的土料是（　　）。

A．砂土　　B．碎石土

C．粉土　　D．黏性土

30. 水上水泥搅拌桩拌合体设置结构缝的位置宜与上部结构分缝的位置相对应，规范规定的间距不宜小于（　　）。

A．4m　　B．6m

C．8m　　D．10m

31. 陆上单轴搅拌桩施工前，通过工艺性试桩确定每种工艺参数的规范规定最少试桩数量是（　　）。

A．1 根　　B．2 根

C．3 根　　D．4 根

32. 陆上搅拌桩的搭接施工时间间隔不宜超过（　　）。

A．12h　　B．18h

C．20h　　D．24h

33. 陆上水泥搅拌桩的施工质量检测采取开挖目测检查的方法，检测数量不宜少于总桩数的（　　）。

A．2%　　B．5%

C．8%　　D．10%

34. 陆上水泥搅拌桩钻孔取芯宜在成桩 90d 后进行，规范规定的钻孔取芯率不应低于（　　）。

A．80%　　B．85%

C．90%　　D．95%

35. 水下水泥搅拌桩的搅拌叶片沿加固深度每米土体的搅拌切土次数不应少于（　　）。

A．200 次　　B．250 次

C．300 次　　D．400 次

36. 水下水泥搅拌桩钻孔取芯宜在成桩 90d 后进行，规范规定的钻孔取芯率不应低于（　　）。

A．70%　　B．80%

C．85%　　D．90%

37. 可以起到以置换作用为主，兼有不同程度的挤密和促进排水固结作用的碎石桩法适用的土质是（　　）。

A．松散砂土　　B．淤泥

C．软弱黏性土　　D．粉土

38. 具有置换和挤密作用的碎石桩法适用的土质是（　　）。

A．淤泥质土　　B．淤泥

C．软弱黏性土　　D．松散砂土

39. 碎石桩法处理范围应根据建筑物基础结构形式、受力特点及建筑物的重要性和场地条件确定，宜在基础外缘最少扩大（　　）。

A．1～2 排桩　　B．2～4 排桩

C．2～3 排桩　　D．3～5 排桩

40. 碎石桩法桩位布置形式应根据处理面积和基础形式确定。对大面积满堂处理，宜用（　　）。

A．正方形布置　　B．矩形布置

C．等边三角形布置　　D．等腰三角形布置

41. 碎石桩法桩长不宜小于 4m，以稳定性控制的碎石桩应穿过危险滑动面以下最少（　　）。

A．3.0m　　B．5.0m

C．2.0m　　D．4.0m

42. 碎石桩法桩体材料宜采用最大含泥量不大于（　　）。

A．3% 的碎石　　B．2% 的碎石

C．5% 的碎石　　D．4% 的碎石

43. 砂土和粉土地基的碎石桩施工宜采用（　　）。

A．围打法　　B．放射法

C．跳打法　　D．排打法

44. 振动沉管的材料应采用钢管，桩管壁厚最小不应小于管径的（　　）。

A．1.0%　　B．2.0%

C．1.5%　　D．2.5%

45. 振动沉管碎石桩管靴中心与设计位中心的最大偏差应小于（　　）。

A．30mm　　B．40mm

C．50mm　　D．60mm

46. 振动沉管碎石桩沉管下沉过程中，垂直度偏差最大不应大于（　　）。

A．1.5%　　B．2.5%

C．1.0%　　D．2.0%

二　多项选择题

1. 下列堆载预压竖向排水体施工参数和要求中，属于排水体设计内容的有（　　）。

A．选择排水体形式
B．确定排水体打设深度
C．选择排水体打设设备
D．确定排水体排列方式
E．确定排水体打设顺序

2. 堆载预压法加固地基时，确定实际施加的荷载值的依据有（　　）。

A．建筑物基底压力
B．沉降产生的补填土重
C．为缩短压载期的超载
D．加载时地基的稳定情况
E．地基强度的增长情况

3. 竖向袋装砂井排水体设计时，下列做法中正确的有（　　）。

A．袋装砂井直径采用 10cm
B．袋装砂井间距采用 1.0～1.5m
C．平面布置采用等边三角形
D．打设深度至危险滑动面以下 3m
E．袋装砂井的井径比取 30

4. 下列塑料排水板打设要求中，错误的有（　　）。

A．打入地基的塑料排水板宜为整板
B．每根塑料排水板允许有 1 个接头
C．塑料排水板打设时回带长度不得超过 500mm
D．有接头的塑料排水板根数不应超过总打设根数的 20%
E．塑料排水板在水平排水砂垫层表面的外露长度不应小于 100mm

5. 真空预压法加固地基时，对于抽真空施工的要求，正确的有（　　）。

A．采用的射流泵在进气孔封闭状态真空压力应不小于 85kPa
B．试抽气时间为 2～3d
C．抽真空设备应连续运行
D．密封膜上应有一定深度的覆水
E．施工后期抽真空设备开启数量应超过总数的 80%

6. 排水固结法监控测点布置的正确方法有（　　）。

A．地表竖向位移监测点宜在加固区内均匀布置
B．深层位移监测点应沿加固区边界均匀布置
C．测点应选取最不利断面位置
D．土体分层沉降监测每个土层布 1 个点
E．深层位移监测点的测斜管进入相对稳定层不应少于 2m

7. 下列指标中，可做为真空预压卸载时卸载条件指标的有（　　）。

A．地基沉降量
B．满载时间
C．固结度
D．残余沉降量
E．沉降速率

8. 对以沉降控制的工程，确定真空预压法卸载标准的根据有（　　）。

A．地基沉降量
B．残余沉降量
C．满载时间
D．平均应变固结度
E．沉降速率

9. 不属于振冲挤密法设计应包括的内容有（　　）。

A．振冲处理的深度
B．振冲器功率

C．质量检测要求　　D．水压及流量

E．振冲点的布置方式

10．采用振冲挤密法处理可液化的地基时，处理深度应满足（　　）的要求。

A．地基强度　　B．地基变形

C．地基土密实程度　　D．地基土固结度

E．地基抗震

11．适用振冲置换法处理的土层有（　　）。

A．粉土　　B．淤泥

C．粉质黏土　　D．砂土

E．淤泥质土

12．对于振冲挤密法填料，适宜采用质地坚硬的（　　）。

A．粗砂　　B．中粗砂

C．卵石　　D．块石

E．碎石

13．振冲挤密法和振冲置换法处理地基时，下列施工顺序和参数中正确的有（　　）。

A．砂土和粉土地基处理宜采用围打法

B．土坡工程地基处理宜采用自下而上的跳打法

C．黏土地基处理宜采用放射法

D．成孔贯入时水压宜为 200～600kPa

E．振冲器下沉速率宜为 1.0～2.0m/min

14．振冲挤密法施工过程中必须对场地进行监测，监测的项目有（　　）。

A．场地地面高程变化　　B．场地地面裂缝

C．深层水平位移　　D．孔隙水压力

E．地下水位

15．关于强夯法和强夯置换法处理范围和勘察的要求，正确的有（　　）。

A．处理范围应大于建筑物基础范围

B．每边超出基础外缘的处理宽度宜为设计处理深度的 1/3～1/2

C．夯前勘察应进行常规勘察试验

D．每边超出基础外缘的处理宽度不宜小于 2m

E．应安排原位观测

16．下列关于强夯设计和施工的要求，正确的有（　　）。

A．单击夯击能应根据要求的加固深度经公式计算确定

B．夯点宜采用正方形或梅花形布置

C．单点夯击遍数宜采用 2～3 遍

D．后一遍夯点应选在前一遍夯点间隙位置

E．单点夯击完成后宜用低能量满夯 2 遍

17．下列强夯置换的单点夯击和处理深度要求，正确的有（　　）。

A．单点夯击击数和处理深度应根据现场试验确定

B．累计夯沉量应达到设计墩长的 1.0～1.2 倍

C．强夯置换墩的深度不宜超过 9m

D．强夯置换形成的墩底部应穿透软弱土层

E．强夯置换墩的深度应到达较硬土层上

18．下列强夯施工的做法，正确的有（　　）。

A．正式施工前进行试夯

B．夯点定位偏差不大于 100mm

C．强夯过程中测量每一击夯沉量

D．每夯完一遍应将夯坑填平，并测量场地的平均高程

E．对粉土地基采用连续夯击

19．下列强夯置换施工的做法，正确的有（　　）。

A．采用由内而外、隔行跳打的方式进行施工

B．单点夯击的夯击能采用先小后大逐渐加大夯击能

C．夯锤宜选用短粗的圆台状夯锤

D．采用由外而内、隔行跳打的方式进行施工

E．强夯置换材料采用矿渣

20．下列强夯法施工监控的做法，正确的有（　　）。

A．孔隙水压力监测点应在加固区内均匀布置

B．孔隙水压力监测点垂直间距为 2m

C．地下水位监测点布置 1 个点

D．强夯施工同步进行夯坑周边隆起监控

E．周边环境影响监控的平面影响范围按照 1.0 倍的设计加固深度选取

21．用水泥搅拌桩法处理地基土时，应通过现场试验确定适用性的土类有（　　）。

A．偏酸性软土　　B．偏碱性软土

C．淤泥质土　　D．泥炭土

E．腐殖土

22．水泥搅拌桩室内配合比试验设计时应依据的被加固土层有（　　）。

A．占比最多土层　　B．不透水土层

C．透水土层　　D．最硬土层

E．最软土层

23．下列外加剂中，可用于水泥搅拌桩配合比的有（　　）。

A．絮凝剂　　B．膨胀剂

C．早强剂　　D．缓凝剂

E．减水剂

24．水上搅拌桩拌合土的抗压强度标准值，取室内配合比试验拌合土的无侧限抗压强度，可取对应的龄期有（　　）。

A．90d　　B．28d

C．7d　　D．56d

E．120d

25．当水上搅拌桩拌合体做为重力式结构基础时，以下做法中正确的有（　　）。

A．将拌合体顶部隆起土完全清除

B．拌合体顶部应设有抛石基床

C．抛石基床的厚度定为 0.5～1.5m

D．需夯实时采用每夯 $120kJ/m^2$ 夯击能夯实

E．需夯实时采用重锤低落距拍夯

26. 陆上搅拌桩平面布置可采用的加固形式有（　　）。

A．柱式　　B．壁式

C．格栅式　　D．块式

E．板式

27. 关于陆上水泥搅拌桩法施工要求的说法，正确的有（　　）。

A．单轴水泥搅拌桩的加固深度不宜大于 25m

B．当桩身范围内的土层以砂土为主时，宜采用三轴水泥搅拌桩

C．单轴搅拌桩每种工艺参数试桩数量不少于 2 根

D．搅拌桩的搭接施工时间间隔不宜超过 18h

E．搅拌桩直径和加固深度范围内土体的任一点均应经过 20 次以上的搅拌

28. 关于水下水泥搅拌桩法施工水泥浆的制备与储存要求的说法，正确的有（　　）。

A．水泥浆在储罐内的储存时间不得超过 3h

B．水、水泥和外加剂的计量装置按要求率定

C．计量允许误差为 ±3%

D．水泥浆在储罐内的储存时间不得超过 2h

E．掺加了缓凝剂并在储罐内缓慢搅拌的水泥浆的储存时间不得超过 4h

29. 关于水下水泥搅拌桩施工要求的说法，正确的有（　　）。

A．拌合体要施工到海床顶面

B．拌合体设计顶高程以上要留有覆盖层

C．搅拌桩的搭接宽度应为 200mm

D．搅拌桩桩顶、桩底高程偏差不应大于 300mm

E．施工过程中主要施工参数应逐桩进行记录

30. 当提升喷浆过程中因故停浆时，正确的做法有（　　）。

A．将搅拌头下沉至停浆点以下 300mm

B．将搅拌头下沉至停浆点以下 500mm

C．当停浆超过 3h 时，宜拆卸输浆管路，进行清洗

D．恢复供浆时再提升喷浆搅拌施工

E．恢复供浆时再喷浆搅拌提升施工

31. 关于陆上水泥搅拌桩施工过程的质量控制要求，正确的有（　　）。

A．水泥应现场取样送检

B．搅拌头翼片应定期检查

C．施工计量应使用检定合格的计量设备

D．超过 3h 未使用的浆液应弃用

E．主要施工参数应进行现场记录

32. 关于碎石桩桩位布置形式要求的说法，正确的有（　　）。

A. 桩位布置形式应根据处理面积确定

B. 对长条形基础宜用等边三角形布置

C. 桩位布置形式应根据基础形式确定

D. 对大面积满堂处理，宜用矩形布置

E. 对单独基础宜用正方形布置

33. 关于碎石桩桩体材料要求的说法，正确的有（　　）。

A. 不宜选用风化易碎石料

B. 宜采用含泥量不大于 5% 的碎石

C. 振冲器功率为 75kW 时，填料粒径宜取 50～200mm

D. 可采用卵石、角砾、圆砾等硬质材料

E. 振冲器功率为 180kW 时，填料粒径宜取 60～250mm

34. 关于碎石桩施工设备选型和试成桩试验要求的说法，正确的有（　　）。

A. 试成桩数量不得少于 2 根

B. 水泵选用流量大于 $10m^3/h$ 的单级或多级水泵

C. 填料机具选用 $0.5～1.5m^3$ 的装载机和卸料斗

D. 水泵选用输出压力大于 0.6MPa 的单级或多级水泵

E. 试成桩试验应在工程护桩部位或工程非主要部位进行

35. 下列软土地基中，碎石桩施工宜采用围打法的有（　　）。

A. 砂土地基　　B. 黏性土地基

C. 淤泥地基　　D. 淤泥质土地基

E. 粉土地基

36. 关于碎石桩振冲成孔及清孔和成桩加料施工要求的说法，正确的有（　　）。

A. 清孔返出的泥浆过稀或发生缩孔时，再次进行清孔

B. 对黏性土地基，振冲器在开始成孔和达到孔底时各留振约 10s

C. 振冲器在土层中缓慢下沉，速度为 1.0～2.0m/min

D. 分段加料时的加料高度为每段 500～800mm

E. 向孔内加料时，降低水压至孔口有一定回水但无大量细颗粒带出

37. 关于振动沉管碎石桩施工要求的说法，正确的有（　　）。

A. 沉管下沉过程中，垂直度偏差不应大于 2.0%

B. 试成桩沉管的提升速度可取 1.0m/min

C. 桩管壁厚不应小于管径的 1.5%，且不小于 8mm

D. 管靴中心与设计位中心的偏差应小于 50mm

E. 首次加料时，向管内一次性加满骨料

【参考答案】

一、单项选择题

1. B；　2. B；　3. B；　4. C；　5. C；　6. C；　7. D；　8. A；

9. C; 10. B; 11. C; 12. B; 13. C; 14. B; 15. B; 16. A; 17. C; 18. D; 19. D; 20. D; 21. B; 22. A; 23. C; 24. B; 25. C; 26. C; 27. B; 28. C; 29. D; 30. C; 31. C; 32. A; 33. D; 34. B; 35. D; 36. B; 37. C; 38. D; 39. C; 40. C; 41. A; 42. C; 43. A; 44. C; 45. C; 46. A

二、多项选择题

1. A、B、D; 2. A、B、C; 3. A、C、D、E; 4. D、E; 5. C、D、E; 6. A、B、E; 7. B、C、E; 8. A、B、D、E; 9. B、D; 10. A、B、E; 11. A、C、D; 12. A、C、E; 13. A、C、D、E; 14. A、B; 15. A、C、E; 16. B、C、D、E; 17. A、C、D; 18. A、C、D; 19. A、B、E; 20. A、B、C、D; 21. A、D、E; 22. C、E; 23. C、D、E; 24. A、E; 25. B、C、E; 26. A、B、C、D; 27. B、E; 28. B、D; 29. B、E; 30. B、C、E; 31. A、B、C、E; 32. A、C、E; 33. A、B、D、E; 34. C、E; 35. A、E; 36. C、D、E; 37. B、D、E

1.11 管涌和流沙的防治方法

复习要点

1. 土的渗透性影响因素及其渗透规律。
2. 管涌和流沙的概念、现象和常用的防治方法及其防治原理。

1.11.1 影响土渗透性的因素

一 单项选择题

1. 关于土的渗透规律的说法，正确的是（　　）。
   A. 层流条件下，土中水的渗透速度与水力梯度成反比
   B. 层流条件下，土中水的渗透速度与水力梯度成正比
   C. 紊流条件下，土中水的渗透速度与水力梯度成反比
   D. 紊流条件下，土中水的渗透速度与水力梯度成正比
2. 常见几种原生矿物组成的土的透水性规律是（　　）。
   A. 尖角石英>浑圆石英>长石>云母
   B. 尖角石英>长石>浑圆石英>云母
   C. 浑圆石英>尖角石英>长石>云母
   D. 尖角石英>长石>云母>浑圆石英
3. 一般情况下，黏性土的渗透性随着溶液中阳离子数量的增加而（　　）。

A. 减小　　B. 不变

C. 增大　　D. 或大或小

4. 关于土颗粒的粒径、形状和级配对其渗透性影响的说法，正确的是（　　）。

A. 土颗粒越粗，土的渗透性越强

B. 土颗粒越浑圆，土的渗透性越弱

C. 土颗粒级配越好，土的渗透性越强

D. 土颗粒越均匀，土的渗透性越弱

5. 关于土的渗流与渗透性的说法，错误的是（　　）。

A. 土的渗透性指的就是地下水在土体孔隙中渗透流动的难易程度

B. 土的渗流、强度、变形三者互相关联、相互影响

C. 土的渗透性是土的重要力学性质之一

D. 土的孔隙中流体在本身重力作用下发生的流动就是水的渗流

6. 土的密度影响土的渗透性，土越密实、孔隙越小，土的渗透性（　　）。

A. 越高　　B. 越低

C. 越匀　　D. 越不匀

7. 不同类型的矿物对土的渗透性的影响是不同的。一般情况下，土中亲水性强的黏土矿物或有机质越多，渗透性越低。含有大量有机质的淤泥（　　）。

A. 透水性强　　B. 透水性弱

C. 透水性不均匀　　D. 几乎是不透水的

8. 一般情况下，黏性土的渗透性随着水溶液浓度的增加而（　　）。

A. 增大　　B. 减小

C. 不变　　D. 或大或小

9. 水的黏滞性越大，渗透系数越小。水的黏滞性随水温增大而（　　）。

A. 减小　　B. 增大

C. 不变　　D. 或大或小

二　多项选择题

1. 关于土的密度与结构构造对土的渗透性影响的说法，正确的有（　　）。

A. 具有网状裂隙的黏土，远远小于砂土的渗透性

B. 海相沉积物水平方向的渗透性要比铅垂方向弱

C. 对同一种土来说，土越密实其渗透性越低

D. 对同一种土来说，土中孔隙越小其渗透性越低

E. 土的渗透性随土的密实程度增加而降低

2. 关于水溶液成分与浓度和水的黏滞性对土的渗透性影响的说法，正确的有（　　）。

A. 黏性土的渗透性随着水溶液中阳离子数量的增加而减小

B. 黏性土的渗透性随着水溶液浓度的增加而减小

C. 黏性土的渗透性随着水溶液浓度的增加而增大

D．水的黏滞性越小，渗透系数越小

E．水的黏滞性越大，渗透系数越小

3．关于土的密度、土的结构构造和水溶液浓度与成分对其渗透性影响的说法，正确的有（　　）。

A．土体水平方向的渗透性要比铅垂方向弱

B．对同一种土来说，土越密实，土的渗透性越低

C．土的渗透性随土的密实程度增加而降低

D．黏性土的渗透性随着水溶液浓度的增加而增大

E．黏性土的渗透性随着溶液中阳离子数量的增加而增大

【参考答案】

一、单项选择题

1．B；　2．C；　3．C；　4．A；　5．C；　6．B；　7．D；　8．A；　9．A

二、多项选择题

1．C、D、E；　2．C、E；　3．B、C、D、E

1.11.2　管涌和流沙的防治方法

一　单项选择题

1．在非黏性土中流沙表现为（　　）等现象。

A．土体的浮动　　B．土体的隆胀

C．土体的断裂　　D．土体的翻滚

2．管涌与流沙（土）是两种主要的渗透破坏形式，相对而言，流沙（土）的危害性较管涌（　　）。

A．严重　　B．小

C．相同　　D．或严重、或小

3．关于管涌与流沙（土）的说法，错误的是（　　）。

A．管涌和流沙（土）经常发生在闸坝的渗流出逸处

B．非黏性土中出现的泉眼群属于流沙现象

C．相对而言，管涌的危害性较流沙（土）严重

D．深基坑开挖时出现的坑底隆起属于流土现象

4．渗透变形有两种主要形式，其中流沙（土）是指在一定渗透力作用下，土体颗粒（　　）。

A．同时起动而流失的现象　　B．同时起动而沉浮的现象

C．不同时起动而流失的现象　　D．产生振动的现象

5．下列流土和流沙现象中，属于流土现象的是（　　）。

A. 砂沸　　B. 土体的隆胀

C. 泉眼群　　D. 土体的翻滚

6. 治理管涌与流沙（土）的原则是以防为主，大范围的流沙（土）险情出现时，首先应采取的有效措施是（　　）。

A. 截水防渗　　B. 回土压顶

C. 土质改良　　D. 人工降水

7. 在治理管涌与流沙（土）的方法当中，土质改良的目的是改善土体结构，提高土的抗剪强度与模量及其整体性，（　　），增强其抗渗透变形能力。

A. 改变土的透水性　　B. 减少土的透水性

C. 增大土的透水性　　D. 增加土体自重

8. 截水防渗措施的目的是隔断渗透途径或延长渗径、减小水力梯度，如大坝工程的（　　）所形成的止水帷幕。

A. 混凝土　　B. 黏土

C. 板桩　　D. 注浆

9. 在治理管涌与流沙（土）的方法当中，水平向铺设防渗铺盖是截水防渗措施之一。水平向铺设防渗铺盖可采用（　　）、沥青铺盖、混凝土铺盖以及土工膜。

A. 金属板铺盖　　B. 砂土铺盖

C. 无纺土工布铺盖　　D. 黏土及壤土铺盖

10. 下列管涌与流沙（土）防治的基本方法中，可用于土质改良的是（　　）。

A. 黏土芯墙　　B. 高压喷射法

C. 水泥搅拌墙　　D. 地下连续墙

11. 人工降低地下水位的方法是（　　）临防渗措施。该法可以降低水头，或使地下水位降至渗透变形土层以下。在弱透水层中采用轻型井点、喷射井点；在较强的透水层中采用深井法。

A. 很少使用的　　B. 最常见的

C. 一般不使用的　　D. 唯一使用的

12. 在治理管涌与流沙（土）的方法当中，出逸边界措施是指在下游加盖重，以防止土体被渗透力所悬浮，防止流沙（土）。在浸润线出逸段，设置（　　）是防止管涌破坏的有效措施。

A. 土工膜　　B. 反滤层

C. 黏土铺盖　　D. 隔断层

二 多项选择题

1. 管涌与流沙（土）防治基本方法中的土质改良法，其目的有（　　）。

A. 改善土体结构　　B. 延长渗径

C. 减小其透水性　　D. 降低水头

E. 减小水力梯度

2. 搅拌法是管涌防治基本方法中的一种，其目的有（　　）。

A．隔断渗透途径　　B．减小水力梯度
C．改善土体结构　　D．延长渗径
E．提高土的抗剪强度

3．在黏性土中流土常表现为（　　）等现象。

A．土体的隆胀　　B．土体的浮动
C．土体的翻滚　　D．土体的断裂
E．泉眼群

4．管涌和流沙（土）经常发生在（　　）的渗流出逸处。管涌也可以发生在土体内部。

A．高桩码头　　B．闸坝
C．堤防　　D．板桩岸壁
E．岸坡

5．在非黏性土中，流沙表现为（　　）等现象。

A．砂沸　　B．土体的隆胀
C．土体翻滚　　D．土体的浮动
E．泉眼群

6．管涌与流沙（土）防治的基本方法中，土质改良的目的是改善土体结构，提高土的抗剪强度与模量及其整体性，减小其透水性，增强其抗渗透变形能力。常用的方法有（　　）。

A．注浆法　　B．高压喷射法
C．搅拌法　　D．冻结法
E．铺设土工加筋网法

7．管涌与流沙（土）防治的基本方法中，截水防渗措施的目的是隔断渗透途径或延长渗径、减小水力梯度。水平向铺设防渗铺盖，可采用（　　）。

A．金属板铺盖　　B．黏土及壤土铺盖
C．沥青铺盖　　D．混凝土铺盖
E．土工膜铺盖

8．管涌与流沙（土）防治的基本方法中，截水防渗措施的目的是隔断渗透途径或延长渗径、减小水力梯度。基坑及其他开挖工程中垂直方向防渗的结构形式有（　　）。

A．地下连续墙　　B．板桩
C．插塑料排水板　　D．MSW 工法插筋水泥土墙
E．水泥搅拌墙

9．人工降低地下水位应根据（　　）等选择适宜的降水方法和所需设备。

A．工程结构　　B．土层的渗透系数
C．工程特点　　D．施工条件
E．土层的抗剪强度

【参考答案】

一、单项选择题

1. D；2. A；3. C；4. A；5. B；6. B；7. B；8. A；
9. D；10. B；11. B；12. B

二、多项选择题

1. A、C；2. C、E；3. A、B、D；4. B、C、D、E；
5. A、C、E；6. A、B、C、D；7. B、C、D、E；8. A、B、D、E；
9. B、C

1.12 港口与航道工程钢结构的防腐蚀

复习要点

1. 港口与航道工程钢结构防腐的主要方法和效果。
2. 海水和淡水环境中钢结构腐蚀区域划分和防腐蚀措施。

1.12.1 港口与航道工程钢结构防腐蚀的主要方法及其效果

一 单项选择题

1. 在港口与航道工程中，常应用电化学防护与涂层防护联合进行，在平均潮位以下，在有效保护年限内其保护效率可达（ ）。

A. 70%～80%　　B. 80%～85%

C. 85%～95%　　D. 90%以上

2. 港口与航道工程中，海水浪溅区碳素钢的单面年平均腐蚀速度可达（ ）。

A. 0.1～0.2mm　　B. 0.2～0.5mm

C. 0.5～0.6mm　　D. 0.6mm以上

3. 海港工程钢结构采用阴极保护，在有效保护年限内，其平均潮位至设计低水位间的保护效率在（ ）。

A. 40%～50%　　B. 60%～80%

C. 20%～90%　　D. 80%～90%

二 多项选择题

1. 港航工程钢结构防腐的主要方法中，外壁涂覆涂层法主要适用于结构的（ ）。

A. 大气区　　B. 浪溅区

C. 水位变动区　　D. 水下区

E. 泥下区

【参考答案】

一、单项选择题

1. C;　　2. B;　　3. C

二、多项选择题

1. A、B、C

1.12.2　海水环境中钢结构腐蚀区域的划分和防腐蚀措施

一　单项选择题

1. 下列可用来做为海港钢结构“浪溅区”划分参照基准的是（　　）。

A. 最高潮位　　B. 大潮平均高潮位

C. 设计高水位　　D. 平均高潮位

二　多项选择题

1. 港航工程钢结构防腐蚀的主要方法中，电化学的阴极防护法适用于钢结构的（　　）。

A. 大气区　　B. 浪溅区

C. 水位变动区　　D. 水下区

E. 泥下区

2. 对钢结构涂层施工的有关要求的说法，正确的有（　　）。

A. 表面处理时，钢结构基体金属表面温度不低于露点以上 3℃

B. 作业环境湿度大于 60% 小于等于 85% 时，表面处理与第一层涂料涂装的间隔时间不应超过 6h

C. 涂装结束后 4h 内应避免雨淋或潮水冲刷

D. 涂层自然养护时间不宜少于 7d

E. 损坏的涂层应用同规格面漆修补

【参考答案】

一、单项选择题

1. C

二、多项选择题

1. D、E;　　2. A、C、D

1.13 港口与航道工程施工测量

复习要点

1. 港口与航道工程施工平面控制网和高程控制点的技术要求。
2. 港口与航道工程水深测量的测深线布设、定位与测深的技术要求。
3. 水上沉桩等港口工程施工放样定位方法、标高测设与放样的技术要求及其精度。
4. 疏浚施工、炸礁施工和航道整治施工放样定位方法与放样的技术要求及其精度。
5. 港口与航道工程变形监测网布设、垂直位移观测与水平位移观测的技术要求。
6. GNSS 全球卫星定位系统组成、测量方法及其技术优势。
7. GNSS 测量控制网布设、GNSS 点位置选择、外业观测与内业处理的技术要求。

1.13.1 港口与航道工程施工平面控制与高程控制测量

一 单项选择题

1. 关于施工平面控制测量方法要求的说法，错误的是（　　）。
   A. 施工控制网应充分利用测区内原有的平面控制网点
   B. 施工平面控制网可采用三角形网等形式进行布设
   C. 三级平面控制及以上等级点均应埋设永久标石
   D. 矩形施工控制网角度闭合差不应大于测角中误差的 4 倍

2. 施工平面控制网最弱边相邻点的相对点位中误差最大不应大于（　　）。
   A. 30mm　　B. 40mm
   C. 50mm　　D. 60mm

3. 施工基线应与建筑物主轴线、前沿线平行或垂直，其长度最小不应小于放样视线长度的（　　）。
   A. 0.4 倍　　B. 0.5 倍
   C. 0.6 倍　　D. 0.7 倍

4. 下列港口与航道工程中，不可以采用图根等级控制网做为施工控制网的是（　　）。
   A. 疏浚工程　　B. 码头工程
   C. 吹填工程　　D. 航道整治工程

5. 矩形施工控制网边应根据建筑物的规模而定，宜为（　　）。
   A. 50～100m　　B. 100～200m
   C. 200～300m　　D. 300～400m

6. 下列港口与航道工程中，施工高程控制可采用四等水准测量的是（　　）。
   A. 船坞工程　　B. 航道整治工程
   C. 船闸工程　　D. 码头工程

7. 关于施工基线设置要求的说法，错误的是（　　）。

A．港口陆域施工宜采用建筑物前沿线代替施工基线

B．基线应与建筑物主轴线、前沿线平行或垂直

C．疏浚工程可采用图根及以上等级控制网做为施工控制网

D．基线应与测区基本控制网进行联测

8. 港口工程施工控制网测定后，在施工中应定期复测，复测间隔时间不应超过（　　）个月。

A．3　　　　B．1

C．6　　　　D．12

9. 港口工程施工水准点应布设在受施工影响小、不易发生沉降和位移的地点，数量不应少于（　　）个。

A．3　　　　B．1

C．2　　　　D．4

二 多项选择题

1. 关于港口与航道工程施工平面控制与高程控制测量要求的说法，正确的有（　　）。

A．施工测量前，应对原有控制点进行复核

B．水工建筑物施工可采用 RTK 进行施工定位

C．采用 DGNSS 定位系统进行施工定位及放样时，应转换为设计坐标系

D．施工放样应有多余观测，细部放样应减少误差的积累

E．施工高程基准和深度基准应与工程的独立高程基准和深度基准一致

2. 施工平面控制网可采用（　　）等形式进行布设。

A．三角形网　　　　B．平面网

C．导线网　　　　D．蜂窝网

E．GNSS 网

3. 关于二级平面控制及以上等级控制点布设要求的说法，正确的有（　　）。

A．对平面控制点，均应绘点之记

B．施工期超过 1 年时，陆上宜建测量墩

C．对兼做水准点用的平面控制点，应按水准标石规格埋设

D．施工期超过半年时，水域宜建测量平台

E．均应埋设永久标石，或在固定地物上凿设标志和点号

4. 关于建立矩形施工控制网要求的说法，正确的有（　　）。

A．矩形施工控制网边应根据建筑物的规模而定

B．矩形施工控制网边宜为 100～200m

C．矩形施工控制网的原点应埋设永久标石

D．矩形施工控制网角度闭合差不应大于测角中误差的 4 倍

E．矩形施工控制网的轴线方向宜与施工坐标系的坐标轴方向一致

5. 港口航道工程测量施工中，施工高程控制的规定包括（　　）。

A. 施工过程中，应定期对施工水准点进行校核

B. 码头、船坞、船闸和滑道施工高程控制点引测精度不应低于四等水准精度要求

C. 码头、船坞、船闸和滑道施工高程控制点引测精度应按三等水准测量进行

D. 施工水准点数量不应少于 4 个

E. 施工水准点数量不应少于 2 个

【参考答案】

一、单项选择题

1. C;　2. C;　3. D;　4. B;　5. B;　6. B;　7. A;　8. C;　9. C

二、多项选择题

1. A、B、D;　2. A、C、E;　3. A、B、C、E;　4. A、B、D、E;　5. A、C、E

1.13.2　港口与航道工程水深测量

一　单项选择题

1. 疏浚施工单波束测深垂直于主测深线的纵向测深线间距不宜大于主测深线间距的（　　）。

A. 1 倍　　B. 2 倍

C. 3 倍　　D. 4 倍

2. 关于港口与航道工程水深测量全站仪、经纬仪和平板仪定位要求的说法，错误的是（　　）。

A. 经纬仪允许偏差宜为 1′

B. 平板仪允许偏差宜为图上 0.3mm

C. 仪器对中误差不应大于图上 0.05mm

D. 定位过程中，每隔 3～4h 宜对起始方向进行校核

3. 关于水深测量中的测线方向要求的说法，正确的是（　　）。

A. 侧扫声纳扫海主测深线宜垂直于挖槽轴线

B. 多波束扫测主测深线宜垂直于测区较长边

C. 单波束测深主测深线宜垂直于等深线总方向

D. 软式拖底扫海主测深线宜垂直于河道走向

二　多项选择题

1. 关于港口与航道工程水深测量测线方向要求的说法，正确的有（　　）。

A．单波束测深主测深线宜垂直于等深线总方向

B．单波束测深主测深线宜平行于挖槽轴线

C．单波束测深主测深线宜垂直于炸礁区较长边

D．多波束扫测主测深线宜平行于测区较长边

E．多波束扫测主测深线宜平行于河道走向

2．关于港口与航道工程水深测量定位要求的说法，正确的有（　　）。

A．GNSS 定位所用卫星的高度角应大于 10°

B．测定浮标和系船浮等应测定其位置和范围

C．测定渔栅、固定渔网和海上养殖场等应有多余观测

D．定位中心应与测深中心一致，其偏差不宜大于图上 0.3mm

E．采用断面索量距定位时，索长允许误差应为索长的 1/200

3．关于港口与航道工程水深测量补测和重测要求的说法，正确的有（　　）。

A．GNSS 精度自评不合格的时段应补测

B．测深仪零信号不正常或无法量取水深应重测

C．测深点号与定位点号不符，且无法纠正应补测

D．确认有系统误差，但又无法消除或改正应重测

E．深度比对超限点数超过参加比对总点数的 30% 应重测

【参考答案】

一、单项选择题

1．D；　2．D；　3．C

二、多项选择题

1．A、C、D、E；　2．A、D、E；　3．A、C、D

1.13.3 港口与航道工程施工放样

一　单项选择题

1．水下基床整平的标高宜采用水准仪配合金属管尺测设，细平导轨标高的放样最大允许偏差为（　　）。

A．±20mm　　B．±10mm

C．±40mm　　D．±30mm

2．关于疏浚施工采用导标放样的测站点要求的说法，错误的是（　　）。

A．距离测量相对误差不大于 1/5000

B．测站点相对于控制点的允许点位中误差为 ±50mm

C．采用极坐标法和前方交会法放样时，采用反射镜测设

D．选择目标清晰的较远已知点做为零方向，并有一个检查方向

3．关于炸礁施工放样要求的说法，错误的是（　　）。

A．炸礁施工定位应采用纵向导标控制

B．水下爆破钻孔船的测量定位应经常进行校核

C．对钻孔位置定位偏差，内河不得大于 0.2m

D．炮孔位置的全部钻孔排位均应布置在施工图上

二 多项选择题

1．关于水下基槽和水下基床整平施工放样要求的说法，正确的有（　　）。

A．水下基槽边坡测设允许偏差为 ±10mm

B．极细平导轨标高的放样允许偏差为 ±30mm

C．细平导轨标高的放样允许偏差为 ±0.5m

D．细平导轨标高放样可采用 RTK-DGNSS 配合金属管尺测设

E．对离岸较远的开阔水域的水下基槽宜采用全站仪进行施工定位

2．关于航道整治施工样桩点放样要求的说法，正确的有（　　）。

A．记录样桩点放样和校核数据

B．定期检查样桩点的高程和平面位置

C．标定后，联测样桩点及与水尺零点的关系

D．航道整治工程的轴线样桩点密度应满足设计要求

E．初步标定样桩点后，再按平面位置等要求进行校核和调整

【参考答案】

一、单项选择题

1．D；　　2．C；　　3．A

二、多项选择题

1．D、E；　　2．A、B、C、E

1.13.4 港口与航道工程变形观测

一 单项选择题

1．港口与航道工程垂直和水平位移观测使用的监控网宜采用（　　）。

A．设计坐标和设计高程系统

B．施工坐标和施工高程系统

C．独立坐标和假定高程系统

D．GPS 测量控制网

2．关于视准线法进行水平位移观测要求的说法，正确的是（　　）。

A．基点观测墩面离地表的最小高度为 1m

B．视准线的长度一般不应超过 400m

C．变形观测点偏离视准线的距离不应大于 30mm

D．视准线距各种障碍物应有 1m 以上的距离

3．关于内部垂直位移观测点的位置和数量要求的说法，正确的有（　　）。

A．每一土层不得少于 1 点

B．其观测点的设置应沿水平方向

C．每个观测断面不得少于 1 个观测点

D．最浅的观测点应设在基础底面下不小于 0.4m 处

4．地基堆载或卸载的表层垂直位移观测，观测标志需升高或降低时，应在升高或降低前、后各观测（　　）。

A．三次　　　　B．两次

C．一次　　　　D．四次

5．关于内部垂直位移观测要求的说法，错误的是（　　）。

A．每个观测断面不得少于 1 个观测点

B．观测点的位置应按观测的目的和要求确定

C．观测点的数量应按观测的目的和要求确定

D．观测时应每个观测点平行测定 2 次

6．下列垂直位移观测的方法中，适用于水工建筑物表层垂直位移观测的是（　　）。

A．水管式沉降仪观测法

B．干簧管式沉降仪观测法

C．电磁式沉降仪观测法

D．液体静力水准高程测量法

二 多项选择题

1．关于电磁波测距三角高程测量要求的说法，正确的有（　　）。

A．测距长度宜小于 600m

B．测距中误差不应超过 4mm

C．测回间垂直角互差不应大于 6″

D．测站观测前后各测量两次气温和气压

E．垂直角宜采用 1″ 级仪器中丝法对向观测各 6 测回

2．下列关于变形观测监测网基准点及工作基点布设要求的说法，正确的有（　　）。

A．一个测区的基准点至少不应少于 4 个

B．一个测区的基准点至少不应少于 3 个

C．基准点远离变形体时可布设工作基点

D．采用 GNSS 进行变形测量时，GNSS 基准点应埋设在变形区域外

E．采用视准线法进行水平位移观测时，两端应布设基准点或工作点

3．关于变形监测网布设要求的说法，正确的有（　　）。

A．高程控制应采用闭合水准网形式

B．导线网中相邻结点间的导线点数不得多于 2 个

C．内部垂直位移观测应每个观测点平行测定 2 次
D．当采用极坐标法进行水平位移观测时宜采用双测站极坐标法
E．平面控制可采用边角网、三角网和 GNSS 网等形式

4. 关于垂直位移观测要求的说法，正确的有（　　）。
A．建筑物表层垂直位移观测点应布设在沉降缝两端
B．内部垂直位移观测的每个观测断面不得少于 1 个观测点
C．内部垂直位移观测点的位置和数量应按观测的目的和要求确定
D．内部垂直位移观测应每个观测点平行测定 2 次，读数差不大于 ±2mm
E．垂直位移观测的各项记录应注明观测时的水文、气象情况和荷载变化

5. 水工建筑物内部垂直位移观测宜采用的测量方法有（　　）。
A．电磁式沉降仪观测法　　B．几何水准高程测量法
C．干簧管式沉降仪观测法　　D．电磁波测距三角高程测量法
E．水管式沉降仪观测法

6. 港口与航道工程水工建筑水平位移可采用交会法进行观测，以下说法正确的是（　　）。
A．当采用交会法进行水平位移观测时，其交会方向不宜少于 3 个
B．当采用测角交会法进行水平位移观测时，交会角应为 60°～120°
C．当采用测边交会法进行水平位移观测时，交会角宜为 30°～150°
D．当采用交会法进行水平位移观测时，其交会方向不宜大于 3 个
E．当采用交会法进行水平位移观测时，其交会角不做规定

【参考答案】

一、单项选择题

1. C；　2. D；　3. A；　4. C；　5. A；　6. D

二、多项选择题

1. C、E；　2. B、C、D、E；　3. A、B、E；　4. C、D、E；
5. A、C、E；　6. A、B、C

1.13.5　GNSS 测量在港口与航道工程施工测量中的应用

一　单项选择题

1. GNSS 卫星星座的卫星颗数为（　　），卫星轨道面个数为 6。
A．21 + 3　　B．21 + 4
C．22 + 3　　D．22 + 4

2. 关于 GNSS 测量控制网布设要求的说法，错误的是（　　）。
A．GNSS 控制网宜在测区内布设成由独立基线构成的单边网
B．GNSS 控制网中做为起算点的高级控制点不得少于 2 个

C. GNSS 基线构成的最简独立闭合环的边数，一级网不应多于 8 条

D. GNSS 基线构成的最简独立闭合环的边数，二级网不应多于 10 条

3. GNSS 全球卫星定位系统是以卫星为基础的无线电导航定位系统，能为各类用户提供精密的（　　）、速度和时间。

A. 平面坐标　　B. 三维坐标

C. 高程　　D. 平面尺寸

4. GNSS 点位的选取应方便使用和保存，在地平仰角（　　）以上的视野内不宜有障碍物。

A. 30°　　B. 25°

C. 20°　　D. 15°

5. 关于 GNSS 测量数据处理要求的说法，正确的是（　　）。

A. 数据处理宜采用自动处理方式，不应采用人工干预处理

B. GNSS 网的无约束平差宜在 WGS-84 坐标系中进行

C. GNSS 网的约束平差应在国家坐标系中进行

D. 对 RTK 平面控制成果应进行 90% 的内业检查

6. GNSS 测量方法主要分为事后差分处理和实时差分处理，（　　）属于事后差分处理方法。

A. 静态和快速静态　　B. 位置差分

C. 载波相位差分　　D. 伪距差分

7. 关于 RTK 平面控制测量流动站观测规定的说法，错误的是（　　）。

A. 每次观测历元数应大于 20 个

B. 作业过程中如卫星信号失锁，应重新初始化后继续作业

C. RTK 平面控制测量平面坐标转换允许残差应为 ±20mm

D. 每次作业开始前应进行至少一个同等级或高等级已知点的检核

8. GNSS 基线构成的最简独立闭合环或附合路线的边数，一级网不应多于（　　），其余等级网不应多于 10 条。

A. 7 条　　B. 6 条

C. 8 条　　D. 9 条

9. GNSS 点位置选择要求中，当 GNSS 点间需要通视时，应在附近设方位点，两者之间的距离（　　），其观测精度应与 GNSS 点相同。

A. 不宜小于 500m　　B. 不宜小于 100m

C. 不宜大于 300m　　D. 不宜小于 300m

10. GNSS 高程测量仅适用于（　　）。

A. 三等和图根高程测量　　B. 四等和图根高程测量

C. 一等和图根高程测量　　D. 二等和图根高程测量

二　多项选择题

1. 关于 GNSS 高程测量中的已知高程点分布要求的说法，正确的有（　　）。

A．已知高程点宜均匀分布于测区

B．带状区域宜分布于测区两端和中部

C．面状测区宜分布在测区的四周和中央

D．已知高程点周围环境应符合规范的有关规定

E．参与高程拟合计算的已知高程点不应少于4个

【参考答案】

一、单项选择题

1．A；　2．A；　3．B；　4．D；　5．B；　6．A；　7．B；　8．C；　9．D；　10．B

二、多项选择题

1．A、B、C、D

1.14 港口与航道工程混凝土的质量检查和试验检测

复习要点

1．混凝土原材料的检查要求和抽样组批。

2．混凝土施工中的质量检查要求。

3．混凝土强度的标准试件留置及强度评定。

4．常用的几种混凝土检测方法。包括试件成型及养护、稠度试验、含气量测定、强度及抗冻性试验等。

5．混凝土结构实体验证检测中的强度检测、钢筋保护层厚度检测、抗氯离子渗透性及面层厚度等检测的要求和方法。

1.14.1 港口与航道工程混凝土质量检查

一 单项选择题

1．水泥在正常保管情况下，规范规定的质量检查周期是（　　）。

A．1个月　　B．2个月

C．3个月　　D．半年

2．外加剂（除加气剂水溶液的泡沫度）在正常保管情况下，规范规定的质量检查周期是（　　）。

A．1个月　　B．2个月

C．3个月　　D．半年

3．矿物掺合料在正常保管情况下，规范规定的含水率检查周期是（　　）。

A．1个月　　B．2个月

C. 3个月　　　　D. 半年

4. 散装水泥一个抽样批的最大数量是（　　）。

A. 100t　　　　B. 200t

C. 300t　　　　D. 500t

5. 粉煤灰与磨细矿渣一个抽样批的最大数量是（　　）。

A. 100t　　　　B. 200t

C. 300t　　　　D. 500t

6. 粗、细骨料一个抽样批的最大数量是（　　）。

A. $100m^3$　　　　B. $200m^3$

C. $300m^3$　　　　D. $400m^3$

7. 同一配合比混凝土连续浇筑不超过 $1000m^3$ 时，混凝土的取样要求是（　　）。

A. 每 $50m^3$ 及余下的不足 $50m^3$ 取一组

B. 每 $100m^3$ 及余下的不足 $100m^3$ 取一组

C. 每 $150m^3$ 及余下的不足 $150m^3$ 取一组

D. 每 $200m^3$ 及余下的不足 $200m^3$ 取一组

二 多项选择题

1. 对于混凝土拌合物运送至浇筑地点时出现离析、分层或稠度不满足要求的处理，正确的方法有（　　）。

A. 对混凝土拌合物进行二次搅拌

B. 少量加水二次搅拌

C. 加入水和胶凝材料搅拌

D. 保持水胶比不变

E. 直接废弃

2. 对于混凝土强度的评定验收应分批进行，正确的评定方法是（　　）。

A. 将强度等级相同的混凝土做为同一验收批

B. 对预制混凝土构件，宜按月划分验收批

C. 对现浇混凝土结构构件，宜按分项工程划分验收批

D. 对同一验收批的混凝土强度，应以该批内按规定留置的所有标准试件组数强度代表值，做为统计数据进行评定

E. 对于疑似试验失误的数据，不参加评定

【参考答案】

一、单项选择题

1. C；　2. B；　3. A；　4. D；　5. B；　6. D；　7. B

二、多项选择题

1. A、C、D、E；　2. B、C、D

1.14.2 港口与航道工程混凝土试验检测

单项选择题

1. 标准养护试件的养护环境条件是，在（　　）的标准养护室中养护。

A．温度为 18±3℃和相对湿度为 85% 以上

B．温度为 18±3℃和相对湿度为 90% 以上

C．温度为 20±3℃和相对湿度为 85% 以上

D．温度为 20±2℃和相对湿度为 95% 以上

2. 混凝土构件施工时，宜采用维勃稠度仪进行拌合物稠度试验的是（　　）。

A．大管桩　　B．灌注桩

C．沉箱　　D．PHC 桩

3. 桩、梁、板混凝土构件实体混凝土强度验证性检测的抽查数量要求是（　　）。

A．1% 且不少于 2 件　　B．2% 且不少于 4 件

C．1%～2% 且不少于 3 件　　D．1%～2% 且不少于 5 件

4. 沉箱、扶壁、圆筒混凝土构件实体混凝土强度验证性检测的抽查数量要求是（　　）。

A．5% 且不少于 2 件　　B．10% 且不少于 3 件

C．5%～10% 且不少于 5 件　　D．15%～20% 且不少于 5 件

5. 闸墙、坞墙、挡墙混凝土构件实体混凝土强度验证性检测的抽查数量要求是（　　）。

A．1% 且不少于 2 件　　B．2% 且不少于 4 件

C．5% 且不少于 3 件　　D．5%～10% 且不少于 5 件

6. 桩和梁类构件的钢筋保护层厚度检测时，正确的做法是（　　）。

A．应对全部主筋进行检测

B．应抽取不少于 4 根受力筋进行检测

C．应抽取不少于 6 根受力筋进行检测

D．应抽取不少于 8 根受力筋进行检测

7. 桩、梁、板、沉箱、扶壁、圆筒等构件的钢筋保护层的实际厚度的允许值为（　　）。

A．正偏差不应超过 12mm，负偏差不应超过 5mm

B．正偏差不应超过 12mm，负偏差不应超过 10mm

C．正偏差不应超过 15mm，负偏差不应超过 5mm

D．正偏差不应超过 15mm，负偏差不应超过 10mm

8. 主要构件实体钢筋保护层厚度检测合格的判定标准是（　　）。

A．全部检测点的合格率达 70% 及以上，且其中不合格点的最大负偏差均不大于规定偏差值的 2.0 倍

B．全部检测点的合格率达 70% 及以上，且其中不合格点的最大负偏差均不大

于规定偏差值的 1.5 倍

C．全部检测点的合格率达 80% 及以上，且其中不合格点的最大负偏差均不大于规定偏差值的 1.5 倍

D．全部检测点的合格率达 80% 及以上，且其中不合格点的最大负偏差均不大于规定偏差值的 2.0 倍

【参考答案】

单项选择题

1．D；　2．A；　3．D；　4．C；　5．D；　6．A；　7．A；　8．C

第 2 章　港口与航道工程施工技术

2.1　重力式码头施工技术

微信扫一扫
在线做题 + 答疑

复习要点

1．重力式码头的结构组成及施工流程。

2．各分项工程的施工技术。包括工程量计算、施工方法和要点、工艺选择及质量控制等。

3．施工方案中需要完成有关的诸如模板设计、块体吊运设计、沉箱稳定性及浮运拖带力等计算。

2.1.1　基础施工

一　单项选择题

1．下列各码头结构物中，不属于重力式码头的是（　　）。

A．抛石基床　　B．方块墙身

C．码头纵、横梁　　D．抛石棱体

2．重力式码头基槽抛石前，对于重力密度大于（　　）kN/m^3、厚度超过 300mm 的回淤物，应予清除。

A．10　　B．11.5

C．12.6　　D．13.5

3．爆破开挖水下岩石基槽，浅点处整平层的厚度不应小于（　　）。

A．0.1m　　B．0.2m

C．0.3m　　D．0.5m

4．对于抛石基床应预留沉降量，夯实的基床可按（　　）预留。

A．地基沉降量

B．地基沉降量和基床沉降量之和

C．基床本身的沉降量

D．地基沉降量和基床沉降量各 50%

5．用于夯实基床的夯锤底面积不宜小于（　　）。

A．$0.8m^2$　　B．$1.0m^2$

C．$1.2m^2$　　D．$1.5m^2$

6．重力式码头需夯实的基床要求块石的饱水抗压强度值是（　　）。

A．≥ 50MPa　　B．≥ 30MPa

C．≥ 80MPa　　D．≥ 100MPa

7．重力式码头不需夯实的基床要求块石的饱水抗压强度值是（　　）。

A．≥50MPa　　B．≥30MPa

C．≥80MPa　　D．≥100MPa

8．对抛石基床顶面标高的控制，应掌握抛石（　　）的原则。

A．宁高勿低　　B．宁低勿高

C．高低均可　　D．有时以 A 为主，有时以 B 为主

9．在已有建筑物附近进行基槽开挖时，应选择（　　）。

A．绞吸挖泥船　　B．链斗挖泥船

C．小型抓扬式挖泥船　　D．大型铲斗式挖泥船

10．基床夯实时，为避免发生"倒锤"或偏夯而影响夯实效果，每层夯实前应对抛石面层做适当整平，其局部高差不宜大于（　　）。

A．100mm　　B．200mm

C．300mm　　D．500mm

11．基床夯实后，进行复夯检验时，复打一夯次的平均沉降量应不大于（　　）。

A．10mm　　B．30mm

C．50mm　　D．300mm

12．对于底面积为 15m×6m 的沉箱结构，基床夯实后，当基床顶面补抛块石的连续面积超过（　　），且厚度普遍大于 0.5m 时，就需要做补夯处理。

A．$10m^2$　　B．$20m^2$

C．$30m^2$　　D．$40m^2$

13．基床夯实后，进行复夯检验时，对离岸码头采用选点复打一夯次，其平均沉降量不大于（　　）。

A．10mm　　B．30mm

C．50mm　　D．300mm

14．基床夯实后进行复夯检验时，每个夯实施工段需抽查一段基床，规定的抽查基床长度是不少于（　　）。

A．3m　　B．5m

C．10m　　D．15m

15．采用爆夯法密实基床时，其夯沉量一般控制在抛石厚度的（　　）。

A．0～10%　　B．10%～15%

C．20%～30%　　D．10%～30%

16．采用爆夯法密实基床时，分层夯实厚度不宜大于（　　）。

A．8m　　B．10m

C．12m　　D．15m

17．局部补抛石层平均厚度大于 50cm 时，应按原设计药量的（　　）补爆一次，补爆范围内的药包应按原设计位置布放。

A．1/4　　B．1/3

C．1/2　　D．1 倍

18．进行水下抛石基床整平时，对于块石间不平整部分，宜用（　　）填充。

A．5～50mm 碎石　　B．30～70mm 碎石

C．二片石　　　　D．混合石

19．重力式码头大型构件底面尺寸大于等于（　　）时，其基床可不进行极细平处理。

A．$10m^2$　　　　B．$20m^2$

C．$30m^2$　　　　D．$50m^2$

20．水下爆炸夯实时，水中冲击波对爆破点附近的人员和施工船舶安全距离要求最大的是（　　）。

A．游泳者　　　　B．潜水员

C．木船　　　　D．铁船

二 多项选择题

1．重力式码头基槽开挖时，为保证断面尺寸的精度和边坡稳定，对靠近岸边的基槽需分层开挖，每层厚度根据（　　）确定。

A．开挖厚度　　　　B．边坡精度要求

C．土质　　　　D．风浪

E．挖泥船类型

2．重力式码头基槽挖泥时要（　　），以保证基槽平面位置准确防止欠挖和超挖。

A．勤对标　　　　B．勤测水深

C．复测断面　　　　D．核对土质

E．复测密度

3．重力式码头基槽挖泥时，对有（　　）“双控”要求的基槽，如土质与设计要求不符，应继续下挖，直至相应土层出现为止。

A．标高　　　　B．强度

C．土质　　　　D．坡度

E．密度

4．基床夯实后，应进行夯实检验。检验时，每个夯实施工段（按土质和基床厚度划分）抽查不少于5m一段基床，用（　　）复打一夯次（夯锤相邻排列，不压半夯）。

A．原夯锤　　　　B．原夯击能

C．原锤重　　　　D．原锤型

E．设计夯锤

5．爆炸夯实是在水下块石或砾石地基和基础表面布置（　　）药包，利用水下爆炸产生的地基和基础振动，使地基和基础得到密实的方法。

A．裸露　　　　B．悬浮

C．密封　　　　D．漂浮

E．基面

6．采用爆夯法密实基床时，布药方式可分别选用（　　）。

A．点布　　　　B．线布

C．面布　　　　D．立体布

E．漂浮布

7. 基床采用爆炸夯实施工，在进行水上布药时，应取（　　）布药顺序。

A．逆风　　B．顺风

C．逆流向　　D．顺流向

E．漂流

8. 爆炸夯实施工时，夯实率检查可分别选用（　　）等方法。

A．水砣　　B．测杆

C．测深仪　　D．测绳

E．估算

9. 关于重力式码头的基床整平表面标高允许偏差的规定值，正确的有（　　）。

A．粗平：±200mm　　B．细平：±50mm

C．细平：±100mm　　D．极细平：±30mm

E．极细平：±50mm

10. 基床整平按精度要求可分为（　　）。

A．粗平　　B．细平

C．微平　　D．极细平

E．精细平

11. 对于重力式码头基床的要求有（　　）。

A．能均匀承受上部荷载的压力

B．能平稳地安装上部预制构件

C．能起加固地基的作用

D．基床顶面按设计要求进行整平

E．整平范围为墙身底面每边各加宽 0.5m

12. 确定水下爆炸夯实工艺参数时，需要依据的条件有（　　）。

A．基础长度　　B．基础宽度

C．夯实厚度　　D．石料级配

E．地基沉降

【参考答案】

一、单项选择题

1. C；　2. C；　3. C；　4. A；　5. A；　6. A；　7. B；　8. B；
9. C；　10. C；　11. B；　12. C；　13. C；　14. B；　15. B；　16. C；
17. C；　18. C；　19. C；　20. B

二、多项选择题

1. B、C、E；　2. A、B；　3. A、C；　4. A、B；
5. A、B；　6. A、B、C；　7. A、C；　8. A、B、C；
9. B、D；　10. A、B、D；　11. A、B、D、E；　12. B、C、D

2.1.2 构件预制及安装

一 单项选择题

1. 在模板设计时，用容量 $0.8m^3$ 以上的运输器具向模板内倾倒混凝土，其产生的水平荷载为（　　）kN/m^2。

A．2.0　　B．3.0

C．4.0　　D．6.0

2. 重力式码头施工中，预制体积较大的方块时，在混凝土中往往埋放块石，尺寸应根据运输条件和振捣能力而定，其最大边与最小边长之比不应大于（　　）。

A．1.2　　B．1.5

C．2　　D．3

3. 混凝土插入式振动器的振捣顺序宜（　　），移动间距不应大于振动器有效半径的 1.5 倍。

A．从近模板处开始，先外后内

B．从浇筑中心处开始，先内后外

C．从底部开始，先下后上

D．从一端向另一端

4. 混凝土振捣采用插入式振动器的振捣顺序宜从近模板处开始，先外后内，移动间距不应大于振动器有效半径的（　　）倍。

A．1　　B．1.5

C．2　　D．3

5. 重力式方块码头为墩式建筑物时，方块安装以墩为单位，逐墩安装，每个墩（　　）逐层安装。

A．由一边的一角开始　　B．由一端向另一端安装

C．由中间向四周安装　　D．先安外侧，后安内侧

6. 对由多层方块组成的重力式码头，在安装底层第一块方块时，方块的纵、横向两个方向都无依托，为达到安装要求，又避免因反复起落而扰动基床的整平层，一般在第一块方块的位置（　　）。

A．先精安一块，以它为依托，再安其他方块

B．先粗安一块，以它为依托，再安其他方块

C．先粗安一块，以它为依托，再安第二块，然后以第二块为依托，按此类推，逐块安装

D．先粗安一块，以它为依托，再安第二块，然后以第二块为依托，重新吊安装第一块后再逐块安装

7. 沉箱可整体预制或分层预制。分层预制时，施工缝不宜设在（　　）。

A．浪溅区　　B．水位变动区

C．大气区　　D．水下区

8. 重力式码头预制沉箱的接高，采取（　　）接高，所需费用高，一般适用于所需接高沉箱数量多、风浪大、地基条件好和水深适当的情况。

A. 漂浮　　B. 座底

C. 半潜　　D. 固定

9. 重力式码头预制沉箱浮在水上接高时，必须及时（　　）以保证沉箱的浮运稳定。

A. 向箱舱加水　　B. 从箱舱抽水

C. 调整压载　　D. 装模浇筑

10. 重力式码头预制沉箱采取远程拖带时，宜采取（　　）措施。

A. 简易封舱　　B. 密封舱

C. 不用封舱　　D. 不用密封舱

11. 重力式码头预制沉箱采取近程拖带时，船舶一般（　　）。

A. 可用简易封舱　　B. 可用密封舱

C. 不用封舱　　D. 不用密封舱

12. 如重力式码头所在地波浪、水流条件复杂，在沉箱安放后，应立即将箱内灌水，待经历（　　）后，复测位置，确认符合质量标准后，及时填充箱内填料。

A. 1～2 个高潮　　B. 2～3 个高潮

C. 1～2 个低潮　　D. 2～3 个低潮

13. 重力式码头在向沉箱内抽水或回填时，同一沉箱的各舱宜（　　）进行，其舱面高差限值，通过验算确定。

A. 同步　　B. 对角

C. 左右　　D. 对称

14. 重力式码头扶壁混凝土构件的运输一般采用方驳。为防止在装卸时方驳发生横倾，扶壁的肋应（　　）于方驳的纵轴线，且扶壁的重心应位于方驳的纵轴线上。

A. 垂直　　B. 呈 30° 角

C. 呈 45° 角　　D. 平行

15. 沉箱安放时的灌水、抽水、回填料，同一沉箱的各舱应（　　）。

A. 同步进行　　B. 跳舱进行

C. 逐舱进行　　D. 按对称舱进行

16. 拖运沉箱时，在正常航速下其曳引作用点在定倾中心以下（　　）左右时最稳定。

A. 在定倾中心点上　　B. 10cm

C. 30cm　　D. 20cm

二　多项选择题

1. 设计方块模板与支撑系统的荷载组合中，计算强度采用（　　）。

A. 倾倒混凝土时产生的荷载

B. 插入式振动器产生的荷载

C．新浇混凝土对模板侧面的压力

D．模板上人员、设备荷载

E．方块的自重

2．沉箱分层预制时，不宜设置施工缝的位置有（　　）。

A．水下区　　B．水位变动区

C．吊孔以下 1m 内　　D．底板与立墙的连接处

E．浪溅区

3．体积较大的方块通常掺入块石以（　　）。

A．节约水泥　　B．降低混凝土温度

C．提高混凝土强度　　D．提高混凝土耐久性

E．提高混凝土耐磨性

4．大体积混凝土中所埋放的块石距混凝土结构物表面的距离应符合下列规定：（　　）。

A．有钢筋锈蚀要求的，不得小于 300mm

B．有抗冻性要求的，不得小于 300mm

C．无抗冻性要求的，不得小于 100mm 或混凝土粗骨料最大粒径的 2 倍

D．无抗冻性要求的，不得小于 200mm 或混凝土粗骨料最大粒径的 3 倍

E．无钢筋锈蚀要求的，不得小于 200mm

5．埋放在混凝土中的块石，埋放前应冲洗干净并保持湿润。块石与块石间的净距不得小于（　　）。

A．100mm

B．200mm

C．块石最小边长的 1/2

D．振动棒直径的 2 倍

E．混凝土粗骨料最大粒径的 2 倍

6．海上大气区、浪溅区、水位变动区的钢筋混凝土预制构件和预应力混凝土采用淡水养护确有困难时（　　），并在浇筑 2d 后拆模，再喷涂蜡乳型养护剂养护。

A．可用海水养护　　B．南方地区可掺入适量阻锈剂

C．北方地区可掺入适量阻锈剂　　D．南方地区应适当降低水灰比

E．北方地区应适当降低水灰比

7．对于有抗冻要求的素混凝土方块养护要求，包含（　　）等。

A．混凝土浇筑完毕后及时覆盖，结硬后保湿养护

B．当日平均气温低于＋5℃时，不宜洒水养护

C．无论采用何种水泥，混凝土潮湿养护时间都不少于 14d

D．缺乏淡水的地区，可采用海水保持潮湿养护

E．潮湿养护后，宜在空气中干燥碳化 14～21d

8．重力式方块码头建筑物，方块安装时，在立面上，有（　　）三种方法。

A．阶梯状安装　　B．分段分层安装

C．长段分层安装　　D．垂直分层安装

E．水平、垂直混合安装

9．重力式码头方块装驳前，（　　），以免方块安不平稳。

A．应清除方块顶面的杂物　　B．应将方块底面不平处凿除

C．方块底面应凿毛处理　　D．应将方块顶面凿毛处理

E．应清除方块底面的粘底物

10．重力式码头沉箱接高方式一般有（　　）。

A．座底接高　　B．漂浮接高

C．现场接高　　D．台式接高

E．移动接高

11．重力式码头沉箱座底接高一般适用于（　　）的情况。

A．所需接高沉箱数量多　　B．风浪大

C．地基条件好　　D．水深适当

E．所需接高沉箱数量少

12．重力式码头沉箱漂浮接高一般适用于（　　）的情况。

A．地基条件好　　B．所需接高沉箱数量少

C．风浪小　　D．所需接高沉箱数量多

E．水深较大

13．重力式码头预制大型沉箱海上运输，可用（　　）。

A．浮运拖带法　　B．半潜驳干运法

C．货轮运输法　　D．方驳运输法

E．潜驳运输法

14．重力式码头沉箱采用浮运拖带法时，拖带前应进行以下项目的验算：（　　）。

A．总体强度　　B．吃水

C．局部承载力　　D．压载

E．浮游稳定

15．重力式码头沉箱采用半潜驳干运法，当无资料和类似条件下运输的实例时，对半潜驳应进行验算的作业段有（　　）。

A．沉箱运移　　B．下潜装载

C．航运　　D．下潜卸载

E．半潜驳起浮

16．重力式码头扶壁混凝土构件宜整体预制，混凝土浇筑一次完成，以免出现施工缝。预制可以采用（　　）的方法。

A．斜制　　B．立制

C．卧制　　D．侧制

E．倒制

17．大型预制件吊运采用的吊具应经设计，并满足（　　）要求。

A．耐久性　　B．强度

C．刚度　　D．通用性

E．稳定性

18. 采用半潜驳载运沉箱时，应对沉箱的（　　）进行验算。

A. 总体强度　　B. 隔舱强度

C. 稳性　　D. 封舱密封度

E. 变形

【参考答案】

一、单项选择题

1. D;　2. C;　3. A;　4. B;　5. A;　6. D;　7. B;　8. B;
9. C;　10. B;　11. A;　12. C;　13. A;　14. D;　15. A;　16. B

二、多项选择题

1. A、C;　2. B、C、D;　3. A、B;　4. B、C;
5. A、E;　6. B、E;　7. A、B、D、E;　8. A、B、C;
9. A、E;　10. A、B;　11. A、B、C、D;　12. B、C、E;
13. A、B;　14. B、D、E;　15. B、C、D;　16. B、C;
17. B、C、E;　18. A、C

2.1.3 胸墙施工

一　单项选择题

1. 重力式扶壁码头的混凝土胸墙宜在底板上（　　）浇筑施工。

A. 回填前　　B. 回填后

C. 压载前　　D. 回填压载后

2. 重力式码头胸墙混凝土直接在填料上浇筑时，应在（　　）浇筑。

A. 填筑后　　B. 填筑密实后

C. 填筑密实 3 个月以后　　D. 填筑密实 6 个月以后

3. 重力式码头胸墙混凝土浇筑应在下部安装构件（　　）进行。

A. 达预定沉降值后　　B. 稳定后

C. 沉降稳定后　　D. 沉降速率符合设计值后

4. 重力式码头胸墙混凝土，在埋有块石的混凝土中留置水平施工缝时，应使埋入的块石（　　），增强新老混凝土接合。

A. 外露 1/4　　B. 外露 1/3

C. 外露 1/2　　D. 外露 3/4

5. 重力式码头在施工缝处浇筑混凝土时，已浇筑的混凝土，其抗压强度不应小于（　　）。

A. 1.0MPa　　B. 1.2MPa

C. 1.5MPa　　D. 2.0MPa

6. 在混凝土施工缝处浇筑新混凝土前，应先用水充分湿润老混凝土表层，刷一层水泥净浆或铺一层厚度为 10～30mm 的水泥砂浆。水泥净浆和水泥砂浆的（　　）。

A．水灰比应小于混凝土的水灰比

B．水灰比应等于混凝土的水灰比

C．强度等级与混凝土相等

D．强度等级大于混凝土强度

二　多项选择题

1．重力式码头胸墙模板应经设计。设计时除计算一般荷载外，尚应考虑（　　）。

A．温度应力　　B．波浪力

C．水压力　　D．混凝土干缩应力

E．浮托力

2．重力式码头胸墙混凝土体积较大时，浇筑混凝土时宜采用（　　）浇筑。

A．分层　　B．分块

C．分段　　D．吊罐

E．泵送

3．重力式码头胸墙混凝土施工缝的形式应做成（　　）。

A．垂直缝　　B．水平缝

C．向岸侧倾斜缝　　D．向海侧倾斜缝

E．凹凸缝

4．重力式码头胸墙混凝土在施工缝处浇筑时，应清除已硬化混凝土表面上的（　　）。

A．水泥薄膜　　B．水泥浆

C．面层水泥砂浆　　D．松动石子

E．软弱混凝土层

【参考答案】

一、单项选择题

1．D；　2．B；　3．C；　4．C；　5．B；　6．A

二、多项选择题

1．B、E；　2．A、C；　3．A、B；　4．A、D、E

2.1.4　棱体和倒滤结构施工

一　单项选择题

1．重力式方块码头抛填棱体的制作可在方块安装完（　　）后开始。

A．1 层　　B．1～2 层

C．2～3 层　　D．3～4 层

2. 沉箱和扶壁式重力式码头，其抛填棱体需（　　）后进行。

A．基础完成后　　B．墙身安装好

C．上部结构完成　　D．端头护岸完成

3. 重力式码头棱体抛填断面的平均轮廓线不得小于设计断面，顶面和坡面的表层应铺（　　）厚度的二片石，其上再铺倒滤层。

A．0.1～0.3m　　B．0.2～0.6m

C．0.3～0.5m　　D．0.5～0.8m

4. 重力式码头棱体抛填断面的平均轮廓线不得小于设计断面，顶面和坡面的表层应铺 0.3～0.5m 厚度的（　　），其上再铺倒滤层。

A．瓜米石　　B．1～3cm 碎石

C．3～5cm 碎石　　D．二片石

5. 在有风浪影响地区的重力式码头施工，（　　）不应抛筑棱体顶面的倒滤层，倒滤层完工后应尽快填土覆盖。

A．胸墙未完成前　　B．胸墙已完成

C．墙身结构未完成前　　D．墙身结构已完成

6. 重力式码头的棱体面铺设土工织物倒滤层时，土工织物的搭接长度应满足设计要求并不小于（　　）。

A．0.5m　　B．1.0m

C．1.5m　　D．2.0m

7. 级配倒滤层的厚度允许偏差为（　　）。

A．水上 ±50mm，水下 ±100mm

B．水上 ±100mm，水下 ±100mm

C．水上＋100mm，水下＋100mm

D．水上＋50mm，水下＋100mm

8. 采用无纺布做倒滤层材料时，其单位面积质量宜为（　　）g/m^2。

A．100～300　　B．200～400

C．300～500　　D．400～600

9. 采用无纺土工织物做重力式码头后方倒滤层材料时，其抗拉强度不宜低于（　　）kN/m。

A．3　　B．5

C．6　　D．8

二　多项选择题

1. 重力式码头棱体抛填前应检查基床和岸坡有无（　　），必要时应进行清理。

A．冲刷　　B．沉积

C．回淤　　D．塌坡

E．塌陷

2.（　　）安装缝宽度大于倒滤层材料粒径时，接缝或倒滤井应采取防漏措施，宜在临水面采用加大倒滤材料粒径或加混凝土插板，在临砂面采用透水材料临时间隔。

A. 空心块体　　B. 沉箱

C. 码头方块　　D. 圆筒

E. 扶壁

3. 土工织物倒滤层，应选择（　　）。

A. 无纺土工布　　B. 机织土工布

C. 编织土工布　　D. 土工网

E. 复合土工布

【参考答案】

一、单项选择题

1. B；　2. B；　3. C；　4. D；　5. A；　6. B；　7. D　8. C；

9. C

二、多项选择题

1. C、D；　2. A、B、D、E；　3. A、B

2.2 高桩码头施工技术

复习要点

1. 高桩码头的结构组成及施工流程。

2. 各分项工程的施工技术。包括工程量计算、施工方法和要点、工艺选择、桩基检测及质量控制等。

3. 施工方案中需要完成有关的诸如模板设计、沉桩桩应力及桩的吊运等计算。

2.2.1 桩基施工

一 单项选择题

1. 斜桩沉桩过程中的倾斜度控制是依靠（　　）。

A. 经纬仪　　B. 水准仪

C. 打桩架　　D. 水平尺

2. 沉桩采用前方交会时，相邻两台仪器视线夹角范围的要求是（　　）。

A. 60°～120°　　B. 60°～150°

C. 30°～120°　　D. 30°～150°

3. 高桩码头在斜坡上打桩和打斜桩时，拟定合理的打桩顺序，采取恰当的（　　）以保证沉桩完毕后的最终位置符合设计规定。

A．在原桩位下沉　　B．偏离桩位下沉
C．按设计桩位下沉　　D．打桩施工顺序

4．高桩码头在（　　）中沉桩，以标高控制为主，贯入度可作校核。
A．砂性土层　　B．黏性土
C．风化岩层　　D．淤泥土

5．高桩码头桩裂损的控制，除了控制制造和起吊桩的质量外，就是要采取措施控制（　　）。
A．桩的自身强度　　B．沉桩周边环境
C．沉桩施工条件　　D．打桩应力

6．不适合采用低应变检测的桩型是（　　）。
A．PHC 桩　　B．灌注桩
C．大管桩　　D．钢管桩

7．桩端进入持力层深度要求不小于 2 倍桩径或边长的对应土层是（　　）。
A．强风化岩　　B．密实砂土
C．中等密实砂土　　D．黏性土或粉土

8．为给后续基桩的检验提供依据，进行单桩轴向抗压静载试验的桩，宜同时进行（　　）对比试验。
A．声波衍射法　　B．水平静载
C．高应变法　　D．低应变法

二　多项选择题

1．以下码头结构件中，属于高桩码头的有（　　）。
A．码头墙身　　B．基桩
C．导梁　　D．横梁
E．锚碇板

2．沉桩时要保证桩偏位不超过规定，偏位过大会带来（　　）。
A．给上部结构预制件的安装带来困难
B．使结构受到有害的偏心力
C．增加工作量
D．使工期滞后
E．增加施工成本

3．高桩码头桩沉完以后，应保证满足设计承载力的要求。一般是采用双控，即（　　）。
A．桩尖标高　　B．桩顶标高
C．打桩最后贯入度　　D．贯入度变化量
E．桩入土深度

4．沉桩控制应包括（　　）控制。
A．偏位　　B．强度

C. 承载力　　D. 锤击次数

E. 裂损

5. 高桩码头沉桩施工中，桩尖在（　　）时，以贯入度控制为主，标高作校核。

A. 砂性土层　　B. 黏性土

C. 风化岩层　　D. 淤泥土

E. 粉土

6. 属于确定锤击沉桩贯入度时应考虑的因素有（　　）。

A. 桩的承载力　　B. 桩的偏位控制

C. 持力层的变化情况　　D. 桩的高程控制

E. 锤的性能

7. 下列施工方法中，有利于岸坡稳定的是（　　）。

A. 轻锤重打　　B. 低频锤击

C. 间隔跳打　　D. 提高沉桩速率

E. 低潮沉桩

8. 锤击沉桩的控制应根据（　　）综合考虑。

A. 地质条件　　B. 水流条件

C. 波浪情况　　D. 锤型

E. 桩长

9. 沉桩过程中要控制桩身裂损，应做到（　　）。

A. 选择合适的锤

B. 选择合适的冲程

C. 选择合适的桩垫材料

D. 锤击时锤、替打、桩处于同一轴线

E. 选择较高的总锤击数

【参考答案】

一、单项选择题

1. C；　2. A；　3. B；　4. B；　5. D；　6. D；　7. D；　8. C

二、多项选择题

1. B、D；　2. A、B；　3. A、C；　4. A、C、E；

5. A、C；　6. A、C、E；　7. B、C；　8. A、D、E；

9. A、B、C、D

2.2.2 构件预制和安装

一 单项选择题

1. 高桩码头预制构件吊运时的混凝土强度应（　　）。如需提前吊运，应经验算。

A．达设计强度的 50%　　B．达设计强度的 70%

C．符合设计要求　　D．达设计强度

2. 港口与航道工程中高桩码头的预制构件采用绳扣吊运时，其吊点位置偏差不应超过设计规定位置（　　）。

A．±100mm　　B．±150mm

C．±200mm　　D．±300mm

3. 高桩码头预制构件吊运时应使各吊点同时受力，并应注意防止构件产生扭曲。吊绳与构件水平面的夹角（　　）。

A．不应大于 45°　　B．不应大于 60°

C．不应小于 45°　　D．不应小于 60°

4. 高桩码头预制构件存放按三点以上受力状态设计的预制构件，宜采用（　　）支垫存放。垫木应均匀铺设，并应注意场地不均匀沉降对构件的影响。

A．两点　　B．五点

C．三点　　D．多点

5. 高桩码头构件存放场多层堆放预制构件时，各层垫木应位于（　　）。

A．同一垂直面上，其位置偏差不应超过 ±100mm

B．同一垂直面上，其位置偏差不应超过 ±200mm

C．同一水平面上，其位置偏差不应超过 ±100mm

D．同一水平面上，其位置偏差不应超过 ±200mm

6. 关于预制混凝土方桩要求的说法，错误的是（　　）。

A．桩身混凝土必须连续浇筑

B．采用常压蒸养时的龄期不宜少于 10d

C．主筋切割前预应力应先放张

D．放张时的混凝土强度不应低于设计强度的 80%

7. 混凝土预制构件叠合板的堆放层数应不超过（　　）。

A．二层　　B．三层

C．四层　　D．五层

8. 混凝土预制构件桁架的堆放层数应不超过（　　）。

A．二层　　B．三层

C．四层　　D．五层

9. 港口与航道工程中高桩码头工程预制构件安装时，搁置面要平整，预制构件与搁置面间应（　　）。

A．接触紧密　　B．留有 3mm 空隙

C．有 5mm 空隙　　D．有 10mm 空隙

10. 港口与航道工程中高桩码头工程预制构件安装时，当露出的钢筋影响安装时，对此钢筋（　　）。

A．不影响构件受力的，可随意割除

B．影响构件受力的，不可随意割除

C．不得随意割除，并应及时与设计单位研究解决

D．不得随意割除，可与监理、业主代表研究解决

11. 港口与航道工程中高桩码头工程预制构件安装时，应（　　）标高。

A．逐层控制　　　　B．整体控制

C．逐件控制　　　　D．总体控制

12. 高桩码头叠合板预制件在安装就位以后，要（　　），以使构件稳固。

A．用张紧器临时拉条稳住

B．将两根相接的底部伸出的钢筋焊接起来

C．立即浇筑混凝土

D．将接缝处伸出的钢筋焊接起来

13. 高桩码头构件安装时，主要应控制（　　）。

A．逐层的标高　　　　B．桩帽的标高

C．最终的标高　　　　D．梁板的标高

二 多项选择题

1. 高桩码头构件存放场多层堆放预制构件时，其堆放层数应根据（　　）确定。

A．构件强度　　　　B．地基承载力

C．垫木强度　　　　D．构件数量

E．存放稳定性

2. 驳船装运预制构件时，应注意甲板的强度和船体的稳定性，宜采用（　　）装驳。

A．连续式　　　　B．按序排列式

C．间隔式　　　　D．宝塔式

E．对称的间隔方法

3. 港口与航道工程中，高桩码头混凝土预制构件在预制场存放时应符合下列规定：（　　）。

A．存放场地宜平整

B．按两点或多点支垫

C．场地需浇筑混凝土地坪

D．不同规格的预制构件，宜分别存放

E．按出运次序存放

4. 预制构件装驳后应采取（　　）等措施，防止因风浪影响，造成构件倾倒或坠落。

A．加撑　　　　B．加篷盖

C．加焊　　　　D．防海水侵蚀

E．系绑

5. 预制构件安装前，应对预制构件的（　　）等进行复查。

A．类型编号　　　　B．外形尺寸

C．混凝土强度　　　　D．吊点

E．混凝土抗渗

6. 用水泥砂浆找平预制构件搁置面时，应符合（　　）。

A．不得在砂浆硬化后安装构件

B．水泥砂浆找平厚度宜取 10～20mm

C．坐浆饱满，安装后略有余浆挤出缝口

D．接缝处应用砂浆嵌塞密实及勾缝

E．水泥砂浆强度应提高一个等级

【参考答案】

一、单项选择题

1．C；　2．C；　3．C；　4．D；　5．B；　6．B；　7．D；　8．A；
9．A；　10．C；　11．A；　12．D；　13．A

二、多项选择题

1．A、B、C、E；　2．D、E；　3．A、B、D；　4．A、C、E；
5．A、B、C、D；　6．A、B、C、D

2.2.3　上部结构现浇混凝土施工

一　单项选择题

1. 对高桩码头上部装配式整体结构的混凝土施工，正确的做法是（　　）。

A．应将纵横梁节点、预制板缝及码头面层的混凝土一次浇筑

B．应先浇筑横梁节点的混凝土，然后将纵梁、预制板缝及码头面层一次浇筑

C．应先浇筑纵横梁节点的混凝土，然后将预制板缝及码头面层一次浇筑

D．应先浇筑纵横梁节点及预制板缝中的混凝土，再浇筑码头面层

2. 浇筑的混凝土强度达到 5MPa 前，锤击沉桩处与该部分混凝土之间的距离不得小于（　　）。

A．20m　　B．25m

C．30m　　D．50m

二　多项选择题

1. 现浇上部结构混凝土应满足的要求有（　　）。

A．对模板、钢筋、预留孔和预埋件等进行检查验收

B．外露的铁件采取符合设计要求的防腐蚀措施

C．混凝土保护层垫块的厚度无负偏差，正偏差不大于 10mm

D．垫块强度、密实性和耐久性不低于构件本体混凝土

E．掌握施工水位变化规律

【参考答案】

一、单项选择题

1. D；　2. C

二、多项选择题

1. A、B、D、E

2.2.4 接岸结构和岸坡施工

一 单项选择题

1. 高桩码头沉桩后对岸坡进行回填或抛石施工前，如遇大风暴、特大潮等异常情况过后，必须（　　）。

A．加速抛填施工

B．及时施测回淤，必要时再次清淤

C．进行夹桩

D．做好施工记录

2. 高桩码头沉桩后进行回填或抛石时，在基桩处，沿桩周对称抛填，桩两侧高差不得大于（　　）。如设计另有规定，应满足设计要求。

A．0.5m　　B．1m

C．1.5m　　D．2m

3. 高桩码头沉桩后进行岸坡抛填时，应（　　）进行。如设计另有规定，应满足设计要求。

A．由岸向水域分层　　B．由水域向岸分层

C．由岸向水域　　D．由水域向岸

4. 高桩码头在接岸结构岸坡回填土和抛石时，不宜采用（　　）推进的施工方法。

A．由岸向水域方向　　B．由水域向岸方向

C．顺水流方向　　D．逆水流方向

5. 岸坡结构采用板桩时，锚碇结构回填顺序应符合设计要求。回填时首先应回填（　　）的区域。

A．板桩结构前　　B．板桩结构后

C．锚碇结构前　　D．锚碇结构后

6. 高桩码头在接岸结构岸坡回填土和抛石施工时，采用板桩的锚碇结构前回填时应按设计要求（　　）。

A．分层自密　　B．不分层自密

C．分层夯实　　D．不分层夯实

7. 高桩码头在浇筑码头面层时，应埋置（　　）的沉降、位移观测点，定期进行观测，并做好记录。

A．临时　　B．固定

C．活动　　D．长期

8. 固定的沉降、位移观测点，应（　　），交工验收时一并交付使用单位。

A．用文字说明　　B．存入档案中

C．逐个工序交接　　D．在竣工平面图上注明

9. 高桩码头岸坡回填时，高桩基处的回填应（　　）。

A．先回填水侧　　B．先回填陆侧

C．水陆两侧对称回填　　D．沿桩周对称抛填

二 多项选择题

1. 码头施工区挖泥应按下列要求进行：（　　）。

A．挖泥前，测量挖泥区水深断面

B．按设计或施工要求进行阶梯形分层开挖

C．按设计或施工要求进行逐层开挖

D．挖泥完毕后，复测开挖范围的水深断面

E．挖泥施工中，勤测挖泥区水深断面

2. 高桩码头岸坡施工在沉桩后进行回填或抛石前，应先（　　）。抛填过程中，宜定时施测回淤量。清淤后应及时进行抛填，应做到随清随抛。

A．测量施工区域断面　　B．清除回淤浮泥

C．清除塌坡泥土　　D．选择施工船舶

E．备好抛填用料

3. 高桩码头接岸工程采用挡土墙时，其基础回填土或抛石均应（　　）。

A．分层夯实　　B．分段夯实

C．振冲密实　　D．整层爆夯

E．碾压密实

4. 接岸工程采用深层水泥搅拌加固地基时，对现场水质进行调查。应查明（　　）。

A．pH 值　　B．氢氧化钙

C．易溶盐　　D．海水污染及侵蚀性

E．碳酸钙

5. 采用深层水泥搅拌加固地基时，应逐层做标准贯入等试验，查明加固区（　　）、拟加固深度范围内有无硬夹层。

A．工程进展　　B．土层分布

C．软土层厚度　　D．地质情况

E．周边环境

【参考答案】

一、单项选择题

1. B；　2. B；　3. B；　4. A；　5. C；　6. C；　7. B；　8. D；

9．D

二、多项选择题

1．A、B、D；　2．B、C；　3．A、E；　4．A、C、D；
5．B、C

2.3 板桩码头施工技术

复习要点

1．板桩码头的结构组成及施工流程。

2．各分项工程的施工技术。包括工程量计算、施工方法和要点、工艺选择及质量控制等。

2.3.1 板桩的制作、运输

一 单项选择题

1．钢板桩需接长时，沿钢板桩墙轴线方向相邻板桩接长焊缝的位置应交错配置，错开的距离要求是，不宜小于（　　），且每根钢板桩的接头数不宜多于1个。

A．2000mm　　B．3000mm

C．5000mm　　D．6000mm

2．钢板桩需接长时，在钢板桩的腹板内侧和翼缘外侧应设焊接加强板，加强钢板的厚度规定是：不宜小于板桩壁厚的（　　）。

A．1/3　　B．2/3

C．4/5　　D．1.0倍

二 多项选择题

1．钢筋混凝土板桩预制时，应根据板桩墙起始沉桩的位置和方向，决定板桩预制时桩体的（　　）。

A．板桩凸榫和桩端斜角方向　　B．板桩凹槽和桩端斜角方向

C．桩端斜角的朝向　　D．榫槽的朝向

E．桩身抹面侧

2．下列要求中，属于钢板桩接长、组合钢板桩和异形钢板桩的加工制作的规定有（　　）。

A．接头翼缘外侧应焊接加强板　　B．接长焊接应采用对接焊

C．接头腹板内侧应焊接加强板　　D．榫槽应平顺

E．应做套锁通过检查

【参考答案】

一、单项选择题

1. C；　2. B

二、多项选择题

1. A、E；　　2. A、B、C、E

2.3.2 板桩墙和地连墙的施工

一 单项选择题

1. 板桩建筑物对于码头后方场地狭窄，设置锚碇结构有困难或施工期会遭受波浪作用的情况时，可采用（　　）。

A. 有锚板桩结构　　B. 无锚板桩结构

C. 斜拉桩式板桩结构　　D. 地连墙式板桩结构

2. 地连墙施工的导墙顶面应高出地面（　　），并应保证泥浆液面高出地下水位500mm以上。

A. 10～30mm　　B. 30～50mm

C. 50～100mm　　D. 100～500mm

3. 板桩建筑物沉桩时导向梁距板墙顶的距离应（　　）替打套入桩的长度。

A. 小于　　B. 等于

C. 略大于　　D. 大于

4. 板桩建筑物沉桩中，沿板桩墙纵轴线方向的垂直度偏差超过规定时，对于钢板桩，可采用（　　）的方法进行调整。

A. 调整桩尖斜度　　B. 加楔形板桩

C. 调整打桩架的侧向斜度　　D. 调整导向架

5. 板桩建筑物沉桩施工中，板桩偏移轴线产生平面扭转时，可（　　），使墙面平滑过渡。

A. 加异形钢板桩的方法进行调整

B. 在后沉的板桩中逐根纠正

C. 采用修整桩边的方法逐渐调整

D. 调整打桩架的位置逐渐调整

6. 板桩建筑物沉桩施工中，下沉的板桩将邻近已沉的板桩“带下”时，可根据“带下”的情况（　　）。

A. 重新确定后沉板桩的桩顶标高

B. 在后续施工工序中予以调整

C. 其他桩顶标高均按此进行调整

D. 重新确定板桩桩顶的控制标高

7. 板桩建筑物沉桩施工中，下沉的板桩将邻近已沉的板桩“上浮”时，对“上浮”

的板桩，应（　　）。

A．复打至设计标高

B．在后续施工工序中予以调整

C．按此桩顶标高进行控制

D．重新确定后沉板桩的桩顶标高

8．板桩建筑物沉桩应以（　　）做为控制标准。

A．桩尖设计标高　　B．桩顶设计标高

C．贯入度　　D．锤击次数

9．板桩沉桩时，打桩方法一般采用锤击法，为提高打桩效率和避免打坏桩头，宜采用（　　）。

A．小锤“轻锤轻打”　　B．小锤“轻锤重打”

C．大锤“重锤轻打”　　D．大锤“重锤重打”

10．在密实的土层中沉桩有困难时，可采取的沉桩措施有（　　）。

A．重锤重打　　B．钻孔松土

C．重锤轻打　　D．轻锤重打

二 多项选择题

1．板桩码头建筑物的优点是（　　）等。

A．结构简单　　B．板桩抗弯能力小

C．工程造价低　　D．施工方便

E．适合地质广泛

2．板桩码头建筑物的施工程序包括（　　）等。

A．预制和施工板桩　　B．加工和安装拉杆

C．基槽开挖　　D．预制和安设锚碇结构

E．制作和安装导梁

3．采用驳船装运钢板桩的正确方法有（　　）。

A．装船次序应配合沉桩顺序

B．驳船甲板铺设垫木要保持同一平面

C．上下层垫木应错开位置

D．上下层垫木应在同一垂线上

E．装船应按桩的长短分类集中摆放

4．板桩建筑物沉桩施工，为使导向梁和导向架具有足够的刚度，要适当选择材料和断面，以及导桩的（　　）。

A．材料　　B．断面

C．垂直度　　D．间距

E．入土深度

5．板桩码头钢板桩沉桩施工，可采用（　　）方法。

A．单根依次插入　　B．拼组插入

C．U 形桩宜偶数　　D．Z 形桩宜奇数

E．阶梯式沉桩

6．板桩建筑物沉桩时，沿板桩墙纵轴线方向的垂直度偏差超过规定时，对于钢筋混凝土板桩，可采用（　　）的方法进行调整。

A．修凿桩尖斜度　　B．加楔形板桩

C．调整打桩架的侧向斜度　　D．现场浇筑

E．调整导向架

7．板桩建筑物的钢板桩应采取防腐措施，目前工程上根据板桩所处的位置可分别采用（　　）方法。

A．阴极保护

B．涂防锈漆

C．涂刷化学材料

D．耐腐蚀强的钢材制作板桩

E．与钢板桩接触的金属构件与钢板桩同材质

8．地连墙成槽施工中应进行检测的内容有（　　）。

A．槽体的垂直度　　B．槽体的宽度

C．槽段的长度　　D．泥浆性能

E．土质

9．板桩码头建筑物沉桩施工时，当土层变化较大，且需要分区确定桩长时，对于钢筋混凝土板桩长度的确定应秉承（　　）的原则。

A．宜短勿长　　B．宜长勿短

C．按设计要求确定桩长　　D．宁可截桩，不要接桩

E．宁可接桩，不要截桩

【参考答案】

一、单项选择题

1．C；　2．C；　3．D；　4．B；　5．B；　6．A；　7．A；　8．A；　9．C；　10．B

二、多项选择题

1．A、C、D；　2．A、B、D、E；　3．A、B、D；　4．A、B、D、E；　5．B、E；　6．A、B；　7．A、B、D、E；　8．A、B、D；　9．B、D

2.3.3　胸墙、帽梁和导梁施工

一　单项选择题

1．对于胸墙和帽梁分段的分缝不宜设置位置，正确的是（　　）。

A．系船柱块体附近　　　　B．板桩的腹板处

C．板桩的翼板处　　　　D．板桩锁扣处

二 多项选择题

1．对于胸墙、导梁的施工水位以下的混凝土浇筑，有关的规定有（　　）。

A．胸墙宜采用钢模板

B．胸墙宜采用水密模板

C．混凝土应趁潮浇筑

D．导梁宜使用水下不分散混凝土

E．水密模板应在抽干水后浇筑混凝土

【参考答案】

一、单项选择题

1．D

二、多项选择题

1．B、C、D、E

2.3.4 锚碇结构与拉杆施工

一 单项选择题

1．板桩建筑物中锚碇板一般是预制的钢筋混凝土板块，当板块为连续设置时，称为（　　）。

A．锚碇梁　　　　B．锚碇板桩

C．锚碇墙板　　　　D．锚碇墙

2．板桩建筑物锚碇板（墙）是靠（　　）来平衡拉杆拉力。

A．墙前面的土抗力

B．墙后面的土抗力

C．锚碇板（墙）自重

D．锚碇板（墙）和土的重量组成的抗力

3．板桩建筑物锚碇板（墙）的设置高程，在施工条件允许的情况下，应（　　），以提高其承载能力。

A．尽量放高　　　　B．尽量在施工水位

C．尽量放低　　　　D．尽量在设计低水位

4．板桩建筑物的锚碇桩（板桩）是依靠其在土中的（　　）作用来承受拉杆的拉力。

A．摩擦阻力　　　　B．弹性嵌固

C．地基支承　　　　D．嵌固和摩阻

5. 锚碇叉桩是由一对叉桩和其上端现浇桩帽组成。叉桩中前面一根是压桩，后面一根为拉桩。它是靠两根斜桩轴向力的（　　）之和来承受拉杆的拉力。

A．垂直分力　　B．水平分力

C．垂直和水平分力　　D．合力

6. 板桩建筑物锚碇系统拉杆的安装，拉杆连接铰的转动轴线应位于（　　）。

A．垂直面上　　B．向海侧倾斜面上

C．向陆侧倾斜面上　　D．水平面上

7. 板桩建筑物锚碇系统拉杆安装时，如设计对拉杆的安装支垫无具体规定时，可将拉杆搁置在垫平的垫块上，垫块的间距取（　　）m 左右。

A．1～2　　B．3～5

C．6～7　　D．8～10

二　多项选择题

1. 板桩建筑物中常用的锚碇结构有（　　）形式。

A．锚碇墙　　B．锚碇柱

C．锚碇板　　D．锚碇桩

E．锚碇叉桩

2. 板桩建筑物中锚碇板一般是预制的钢筋混凝土板块，它的断面形状主要有（　　）。

A．平板形　　B．双向梯形

C．T 形　　D．H 形

E．三角形

3. 板桩建筑物锚碇系统的拉杆要承受拉力，采用钢拉杆时，材料应具有出厂合格证书，并按有关规定抽样对其（　　）进行检验。

A．物理性能　　B．力学性能

C．机械性能　　D．化学成分

E．化学性能

4. 板桩建筑物锚碇系统的拉杆防护层包敷涂料的（　　）应符合设计要求。

A．规格　　B．品种

C．质量　　D．性能

E．数量

5. 拉杆在（　　）过程中应避免产生永久变形和保护层及丝扣等遭受损伤。

A．加工　　B．堆存

C．安装　　D．吊运

E．使用

6. 板桩建筑物锚碇系统拉杆安装时，在满足条件（　　）后，方可张紧拉杆。

A．锚碇结构前回填完成

B．锚碇结构后回填完成

C．锚碇结构的现浇混凝土达到设计强度

D．板桩墙导梁或胸墙的现浇混凝土达到设计强度

E．拉杆防护层检查完好

【参考答案】

一、单项选择题

1．D；　2．A；　3．C；　4．B；　5．B；　6．D；　7．B

二、多项选择题

1．A、C、D、E；　2．A、B、C；　3．C、D；　4．B、C；

5．B、D；　6．A、C、D

2.4 斜坡堤施工技术

复习要点

1．斜坡堤砂石与土工织物垫层的铺设与质量和地基处理的排水砂桩与袋装砂井施工的技术要求与质量要求。

2．抛石斜坡堤堤身石料质量要求和施工方法与施工流程。

3．斜坡堤混凝土护面块体预制模板与重量要求和安装的技术要求及其安装允许偏差。

4．斜坡堤胸墙变形缝设置与施工缝留置。

2.4.1 底部垫层与地基处理

一 单项选择题

1．用于加筋垫层的砂垫层，整平后的顶面高差最大不宜大于（　　）。

A．200mm　　B．300mm

C．400mm　　D．500mm

2．斜坡堤碎石垫层的粒径应符合设计要求，含泥量不宜大于（　　）。

A．0.5%　　B．1.0%

C．3.0%　　D．5.0%

3．斜坡堤土工织物加筋垫层铺设轴线位置允许偏差是（　　）。

A．水下 1000mm；陆上 500mm

B．水下 1000mm；陆上 1000mm

C．水下 1500mm；陆上 1000mm

D．水下 1500mm；陆上 1500mm

4．土工织物软体排采用砂肋压载时，砂肋充填的充盈率宜为（　　）。

A．70%～75%　　B．85%～90%

C．80%～85%　　D．90%～95%

5．斜坡堤地基处理的排水砂桩灌砂率不应小于（　　）。

A．75%　　B．85%

C．70%　　D．80%

6．斜坡堤地基处理的袋装砂井灌砂率不应小于（　　）。

A．95%　　B．90%

C．85%　　D．80%

二　多项选择题

1．关于斜坡堤砂垫层铺设要求的说法，正确的有（　　）。

A．含泥量不宜大于 5%

B．砂的规格及质量应满足设计要求

C．水下抛填应考虑水深、水流和波浪等影响

D．砂垫层的宽度和厚度不应大于设计要求

E．用于加筋垫层的砂垫层，整平后的顶面高差不宜大于 500mm

2．关于斜坡堤土工织物加筋垫层铺设要求的说法，正确的有（　　）。

A．铺设应平整、松紧适度

B．出现褶皱和翻卷现象时应及时压载稳定

C．水下位置轴线的允许偏差是 500mm

D．铺设前应对铺设面上的坚硬杂物进行清理

E．水下相邻块搭接长度的允许偏差是 ±100mm

3．在斜坡堤施工中，对碎石垫层的（　　）等规定了质量要求。

A．顶面高度　　B．顶面高程

C．顶面坡度　　D．宽度和厚度

E．顶面曲度

4．关于斜坡堤地基处理的排水砂桩施工要求的说法，正确的有（　　）。

A．垂直度施工允许偏差应为 2.5%

B．试桩数量不宜少于 2 根

C．灌砂率不应小于 85%

D．当设计无规定时，宜采用中粗砂

E．水上施工的平面位置施工允许偏差应为 100mm

5．关于斜坡堤地基处理的袋装砂井施工要求的说法，错误的有（　　）。

A．含泥量不应大于 5%

B．垂直度施工允许偏差应为 1.5%

C．灌砂率不应小于 85%

D．当设计无规定时，宜采用中细砂

E．水上施工的平面位置施工允许偏差应为 200mm

【参考答案】

一、单项选择题

1. B;　2. D;　3. A;　4. C;　5. D;　6. A

二、多项选择题

1. A、B、C;　2. A、D;　3. B、D;　4. C、D;
5. C、D

2.4.2 堤身抛填

一 单项选择题

1. 关于堤心石抛填施工要求的说法，正确的是（　　）。
   A. 抛填开山石时，较小的块石宜抛填在堤心外侧
   B. 浅水区域堤段宜采用陆上推填工艺
   C. 深水区域抛填应考虑水下地形对块石产生漂流的影响
   D. 堤脚有块石压载要求时，应先抛堤心石，后抛压载块石
2. 斜坡堤软土地基上的抛石，当有挤淤要求时，应从（　　）。
   A. 断面两侧逐渐向中间抛填
   B. 堤的端头由两侧逐渐向中间抛填
   C. 断面中间逐渐向两侧抛填
   D. 堤的端头由中间逐渐向两侧抛填
3. 用于斜坡堤堤心石抛填的开底驳和自动翻石船，适用于（　　）。
   A. 补抛　　B. 细抛
   C. 粗抛　　D. 散抛
4. 关于垫层石抛填与理坡施工要求的说法，正确的是（　　）。
   A. 可采用长臂反铲进行抛填
   B. 垫层块石宜小面向外、相互靠实。
   C. 宜采用三角网法对抛填范围和厚度进行控制
   D. 栅栏板下面的垫层石宜采用长臂反铲与人工结合的方法理坡

二 多项选择题

1. 斜坡堤堤身抛填宜分为（　　）。
   A. 护底抛填　　B. 护脚石抛填
   C. 软体排铺设　　D. 垫层石抛填及理坡
   E. 堤心石抛填及理坡
2. 关于斜坡堤抛填堤心石水上施工方法的说法，正确的有（　　）。
   A. 开底驳和自动翻石船适用于粗抛

B. 民船和方驳适用于补抛和细抛

C. 抛填时应勤对标、勤测水深，控制坡脚位置和边坡坡长

D. 应根据潮位、水下地形、抛石工程量确定抛石船的驻位

E. 应定期测量抛填顶高程，以控制需多抛或少抛的位置和再抛量

3. 关于与陆域连接或浅水区域堤段堤心石抛填施工要求的说法，正确的有（　　）。

A. 宜采用陆上推填工艺

B. 宜采用水上抛填工艺

C. 根据水深和波浪影响程度可一次或分层推填到顶

D. 按照先粗抛、后补抛、再细抛的方法进行抛填

E. 宜采用开体驳、专用抛石船或大型驳船抛填

【参考答案】

一、单项选择题

1. B；　2. C；　3. C；　4. A

二、多项选择题

1. A、B、D、E；　2. A、B、C；　3. A、C

2.4.3 护面块体的预制和安装

一 单项选择题

1. 斜坡堤预制人工块体重量的允许偏差为（　　）。

A. ±1%　　B. ±2%

C. ±3%　　D. ±5%

2. 关于栅栏板护面块体安放的说法，正确的是（　　）。

A. 当采用二片石支垫时，支垫的数量不得超过 3 处

B. 当采用二片石支垫时，可用 2 块二片石叠垫

C. 当采用二片石支垫时，可用二片石叠垫

D. 当采用二片石支垫时，支垫的数量不得超过 2 处

3. 当采用随机安放 2 层扭工字块体时，其外侧在波浪作用范围内的上层块体保持垂直杆件在堤坡下方、水平杆件在堤坡上方形式的块体数（　　）。

A. 应有 40% 以上　　B. 应有 30% 以上

C. 应有 60% 以上　　D. 应有 50% 以上

4. 对于安放一层块石护面的斜坡堤，块石护面最大缝宽不大于垫层块石最小粒径的（　　）。

A. 2/3　　B. 2/5

C. 1/3　　D. 1/5

5. 斜坡堤扭王字块护面块体安放数量的偏差应控制在设计数量的（　　）。

A．6% 以内　　B．8% 以内
C．5% 以内　　D．7% 以内

6．关于扭王字块安放要求的说法，错误的是（　　）。
A．水上部分可以规则安放
B．规则安放应按参数定点定量
C．安放应分段分层
D．规则安放应三点着地

7．斜坡堤四脚空心方块和栅栏板护面块体的安放，其相邻块体的高差不应大于（　　）。
A．80mm　　B．100mm
C．150mm　　D．180mm

8．斜坡堤四脚空心方块和栅栏板护面块体的安放，其相邻块体的砌缝的最大宽度不应大于（　　）。
A．80mm　　B．100mm
C．120mm　　D．150mm

二　多项选择题

1．安放人工块体前，应检查块石垫层的（　　）。
A．高程　　B．块石重量
C．坡度　　D．表面平整度
E．厚度

2．关于安放四脚空心方块施工要求的说法，正确的有（　　）。
A．块体间应互相靠紧使其稳固
B．其相邻块体的高差不应大于 150mm
C．砌缝的最大宽度不应大于 150mm
D．当需采用二片石支垫时，不得用两块二片石叠垫
E．当需采用二片石支垫时，支垫的数量不得超过 2 处

3．关于安放一层大块石护面的斜坡堤说法，正确的有（　　）。
A．坡面上不允许有连续 2 块以上块石垂直于护面层的通缝
B．块石长边尺寸不宜小于护面层的厚度
C．块石短边尺寸不宜小于护面层的厚度
D．最大缝宽不大于垫层块石最小粒径的 2/3
E．最大缝宽不大于垫层块石最小粒径的 1/3

【参考答案】

一、单项选择题

1．C；　2．D；　3．C；　4．A；　5．C；　6．B；　7．C；　8．B

二、多项选择题

1. B、C、D、E；　　2. A、B、D、E；　　3. A、B、D

2.4.4 上部结构施工

一 单项选择题

1. 关于斜坡堤上部结构施工要求的说法，正确的是（　　）。

A. 斜坡的上部结构宜在抛石堤身基本稳定后施工

B. 斜坡的上部结构宜在地基沉降基本稳定后施工

C. 压顶块设置的减压孔位置和数量应满足设计要求

D. 胸墙分层浇筑的施工缝宜留置在底板顶面以上 500～1000mm 的部位

二 多项选择题

1. 关于斜坡堤胸墙施工要求的说法，正确的有（　　）。

A. 胸墙分层浇筑时，施工缝宜留置在底板顶面以上 500mm 左右的部位

B. 高程较低的胸墙趁低潮施工时，应保持混凝土的浇筑面在水面以上

C. 胸墙设置的减压孔位置和数量应满足设计要求，并应保持通畅

D. 高程较低的胸墙趁低潮施工时，应采取防止混凝土被水淘刷的措施

E. 施工缝处理应结合工程性质和结构特点采取加强结构整体性的措施

【参考答案】

一、单项选择题

1. C

二、多项选择题

1. B、C、D、E

2.5 码头后方回填及港口道路与堆场施工技术

复习要点

1. 重力式、高桩和板桩码头后方回填施工的回填时机、回填方式、回填顺序和质量控制等技术要求。

2. 铺面基层设计和施工的材料规格、材质指标及配合比、施工方式等技术要求。

3. 铺面联锁块和水泥混凝土面层的材料规格、材质指标及配合比、施工和质量控制等技术要求。

4. 不同形式铺面间和铺面与其他构筑物间连接与相接的施工顺序和施工工艺等技

术要求。

5．轨道基础、跑道梁和箱角基础等堆场构筑物的施工技术要求。

2.5.1 码头后方回填施工

一 单项选择题

1. 码头后方回填施工前宜先进行地基加固施工的码头结构型式是（　　）。

A．重力式码头　　B．高桩码头

C．板桩码头　　D．扶壁码头

2. 重力式码头的倒滤层完成后，应及时回填，采用吹填时，排水口宜（　　）。

A．远离码头前沿　　B．靠近码头前沿

C．远离墙背　　D．靠近墙背

3. 重力式码头的倒滤层完成后，应及时回填，采用吹填时，吹泥管口宜（　　）。

A．远离码头前沿　　B．靠近码头前沿

C．远离墙背　　D．靠近墙背

4. 重力式码头干地填土的填料应分层压实，每层填土虚铺厚度，对人工夯实不宜大于（　　）。

A．0.2m　　B．0.3m

C．0.4m　　D．0.5m

5. 重力式码头干地填土的填料应分层压实，每层填土虚铺厚度，对机械夯实或碾压不宜大于（　　）。

A．0.2m　　B．0.3m

C．0.4m　　D．0.5m

6. 重力式码头墙后回填时，为防止淤泥对码头的影响，其回填方向应（　　）方向填筑。

A．由岸往墙后　　B．由墙后往岸

C．由一端向另一端　　D．由一角向另一角

7. 重力式码头后方抛填棱体的作用是（　　）。

A．防止回填土的流失　　B．对地基压载加固

C．降低墙后主动土压力　　D．防止地基沉降

8. 港航工程中不得采用（　　）做倒滤层材料。

A．无纺土工织物　　B．编织土工织物

C．非织造土工布　　D．机织土工布

9. 重力式码头墙后吹填时，应对吹填的高度、码头前后水位、码头的位移和沉降进行观测，其主要目的是（　　）。

A．为及时发现和防止码头产生过大变形

B．为统计吹填工作量

C．决定吹泥管口的位置

D．为确定合适的围堰高程

10. 码头后方回填施工中要加强前墙变形监测的码头结构型式是（　　）。

A．重力式码头　　B．高桩码头

C．板桩码头　　D．扶壁码头

11. 集装箱堆场和水泥混凝土铺面地基沉降量的规定值是不宜大于（　　）。

A．0.2m　　B．0.3m

C．0.5m　　D．0.8m

12. 集装箱重箱堆场堆五层及以上时，堆场结构层下的地基承载力特征值和地基顶面回弹模量要求分别是（　　）。

A．不宜小于 80kPa，不应小于 35MPa

B．不宜小于 80kPa，不应小于 60MPa

C．不宜小于 150kPa，不应小于 35MPa

D．不宜小于 150kPa，不应小于 60MPa

二 多项选择题

1. 关于板桩码头墙后土体回填施工做法，正确有（　　）。

A．可以在拉杆安装之前回填部分棱体

B．前墙后的回填从前墙向后方推进

C．前墙后的回填从后方向前墙推进

D．码头后方陆上大面积回填及压实应沿与拉杆平行的方向进行

E．码头后方陆上大面积回填及压实应沿与拉杆垂直的方向进行

2. 关于墙后回填的吹填施工做法，正确的有（　　）。

A．排水口远离码头前沿　　B．排水口靠近码头前沿

C．吹泥管口远离墙背　　D．吹泥管口靠近墙背

E．观测内外水位

3. 回填土吹填施工时，排水口宜远离码头前沿，其（　　）应根据排水要求和沉淀效果确定。

A．口径尺寸　　B．高程

C．排水管类型　　D．排水管直径

E．排水管长度

4. 回填土吹填施工时，排水口宜远离码头前沿，其口径尺寸和高程应根据（　　）确定。

A．回淤情况　　B．排水要求

C．沉淀效果　　D．施工水位

E．排水效果

5. 重力式码头的倒滤层完成后，应及时回填，墙后采用吹填时，吹填过程中，应对码头的（　　）进行观测。如码头发生较大变形等危险迹象，应立即停止吹填，并采取有效措施。

A．填土高度　　　　B．内外水位

C．位移　　　　D．沉降

E．回填速率

6. 重力式码头墙后吹填时，为及时发现和防止码头产生过大变形，应对（　　）进行观测。

A．吹填的高度　　　　B．排水口的流量

C．码头的位移　　　　D．码头的沉降

E．码头内外水位

【参考答案】

一、单项选择题

1. B；　2. A；　3. D；　4. A；　5. C；　6. B；　7. C；　8. B；
9. A；　10. C；　11. B；　12. D

二、多项选择题

1. A、B、D；　2. A、D、E；　3. A、B；　4. B、C；
5. A、B、C、D；　6. A、C、D、E

2.5.2 铺面基层施工

一 单项选择题

1. 水泥混凝土铺面设置贫混凝土、碾压混凝土基层时，基层上宜铺设（　　）。

A．沥青混合料夹层　　　　B．无机结合料稳定类基层

C．单层沥青表面处治　　　　D．膜层材料

2. 宜预设缩缝或锯切成缝的碾压混凝土基层，其 28d 强度设计值指标是（　　）。

A．抗压强度 2.5MPa　　　　B．抗压强度 3.0MPa

C．弯拉强度 2.5MPa　　　　D．弯拉强度 3.0MPa

3. 铺面结构边缘，基层宽度宜比面层每侧宽出（　　）。

A．不少于 100mm　　　　B．不少于 200mm

C．不少于 250mm　　　　D．不少于 300mm

4. 水泥稳定碎石或砾石用作底基层时，28d 抗压强度要求值是不宜低于（　　）。

A．2.5MPa　　　　B．3.0MPa

C．4.0MPa　　　　D．6.0MPa

5. 级配碎石用作基层时，加州承载比（CBR）不应小于（　　）。

A．40　　　　B．60

C．80　　　　D．120

6. 水泥稳定材料采用 18～20t 压路机碾压时，对每层压实厚度的要求是不应大于（　　）。

A．100mm　　B．150mm

C．200mm　　D．250mm

7．级配碎石、砾石所用石料的集料压碎值要求是不应大于（　　）。

A．20%　　B．25%

C．30%　　D．35%

8．碾压混凝土终压时，正确的压实方式是（　　）。

A．钢轮压路机静压　　B．轮胎压路机静压

C．振动压路机静压　　D．振动压路机振动碾压

二 多项选择题

1．碾压混凝土碾压的初压、复压和终压三个阶段中正确的压实方式有（　　）。

A．初压—静压　　B．初压—振动碾压

C．复压—静压　　D．复压—振动碾压

E．终压—静压

2．下列施工的要求中，属于级配碎石基层施工的有（　　）。

A．针片状总含量不大于 20%

B．每层压实厚度最大值不应大于 200mm

C．摊铺时宜避免纵向接缝

D．压路机行驶速度不大于 2km/h

E．不宜在气温连续 5d 低于 5℃的冬期施工

【参考答案】

一、单项选择题

1．A；　2．D；　3．B；　4．C；　5．D；　6．C；　7．C；　8．B

二、多项选择题

1．A、D、E；　2．A、B、D

2.5.3 铺面面层施工

一 单项选择题

1．集装箱重箱堆场箱角区混凝土联锁块的厚度不应小于（　　）。

A．60mm　　B．80mm

C．90mm　　D．100mm

2．联锁块面层的铺筑方向和错缝方式，正确的是（　　）。

A．从下坡向坡脊方向人字形铺砌

B．从下坡向坡脊方向平行错缝铺砌

C．从坡脊向下坡方向人字形铺砌

D．从坡脊向下坡方向平行错缝铺砌

3．集装箱堆场混凝土面层的强度设计值是（　　）。

A．弯拉强度 4.5MPa　　B．弯拉强度 5.0MPa

C．抗压强度 4.5MPa　　D．抗压强度 5.0MPa

4．集装箱堆场的混凝土面层厚度为 300mm 时，摊铺分层方式宜为（　　）。

A．300mm 一层　　B．下层 150mm 上层 150mm

C．下层 180mm 上层 120mm　　D．下层 120mm 上层 180mm

5．关于混凝土面板设置纵缝钢筋的说法，正确的是（　　）。

A．要设置光面圆钢传力杆　　B．要设置螺纹钢传力杆

C．要设置光面圆钢钢拉杆　　D．要设置螺纹钢拉杆

6．下列填缝材料中，可用于施工缝的填缝材料是（　　）。

A．泡沫橡胶板　　B．聚氨酯填缝料

C．沥青纤维板　　D．木材

二 多项选择题

1．下列砂料指标中，符合联锁块铺面的填缝砂要求有（　　）。

A．含泥量小于 5%　　B．含泥量小于 3%

C．中粗砂　　D．中细砂

E．含水率小于 3%

2．关于素混凝土面板矩形分块时的有关尺度要求，正确的有（　　）。

A．长宽不宜大于 5m　　B．长宽不宜大于 10m

C．长宽比不宜大于 1.35　　D．长宽比不宜大于 2.5

E．面积不宜大于 $25m^2$

【参考答案】

一、单项选择题

1．D；　2．A；　3．B；　4．C；　5．D；　6．B

二、多项选择题

1．B、D、E；　2．A、C、E

2.5.4 铺面连接施工

一 单项选择题

1．混凝土铺面与管井等平行邻接时的施工顺序是（　　）。

A．先铺面下管井、再铺面、后井口

B．先铺面后管井

C．先铺面、再铺面下管井、后井口

D．先管井后铺面

二 多项选择题

1．混凝土铺面与沥青铺面连接时，对于混凝土过渡段的施工要求，正确的有（　　）。

A．过渡段长度不小于 3m

B．过渡段应作凿毛处理

C．凿毛后清水冲洗

D．空压机吹干

E．自然晾干

【参考答案】

一、单项选择题

1．A

二、多项选择题

1．A、B、C、E

2.5.5 堆场构筑物施工

一 单项选择题

1．采用轨枕道砟结构时，轨枕在存放和运输中的放置要求是（　　）。

A．枕底向上按水平分层次

B．枕底向下按水平层次放置

C．枕底向上

D．枕底向下

二 多项选择题

1．轨道预埋螺栓施工采用的固定架需具备的功能有（　　）。

A．保证螺栓位置精度

B．保证螺栓垂直度

C．防螺栓污染

D．防螺栓下沉

E．防螺牙损坏

【参考答案】

一、单项选择题

1．B

二、多项选择题

1．A、B、D

2.6 船闸施工技术

复习要点

1. 船闸围堰施工、观测和维护的方法和技术要求。

2. 船闸基坑的降、排水和开挖、维护方法和技术要求。

3. 船闸的换填地基、复合地基、岩石地基、桩基础和沉井基础的施工方法和技术要求。

4. 船闸主体的现浇混凝土闸室结构、衬砌闸室结构、板桩闸室结构、墙后回填、排水设施、防渗结构及伸缩缝与止水等施工方法和技术要求。

5. 引航道的开挖和护岸护底的施工方法和技术要求。

2.6.1 围堰施工

一 单项选择题

1. 围堰施工应在（　　）后实施。

A. 陆域地形测量完成　　B. 典型施工完成

C. 借土区落实　　D. 基坑施工方案批准

2. 围堰的拆除施工应在堰内（　　）后实施。

A. 土建工程通过专项验收

B. 安装工程通过专项验收

C. 土建、机电设备安装工程通过专项验收

D. 土建、机电设备安装工程通过交工验收

二 多项选择题

1. 对于土石围堰材料的要求，正确的有（　　）。

A. 均质土宜选用粉质黏土

B. 粉质黏土的土粒渗透系数不宜大于 1×10^{-4}cm/s

C. 钢板桩围堰内填料宜采用中砂、粗砂

D. 滤层应选用水稳定性好的砂砾料

E. 填筑土粒含水率与最优含水率的偏差不宜超过 5%

2. 构筑土石围堰的原则有（　　）。

A. 陆上围堰应分层填筑、分层压实

B. 水中围堰宜一次填筑出水并压实

C. 水中围堰宜分层填筑，对出水部分要分层压实

D. 结合基坑开挖进行填筑

E. 围堰宜在枯水期合龙

【参考答案】

一、单项选择题

1. D；　2. C

二、多项选择题

1. A、B、C、D；　2. A、B、D、E

2.6.2 基坑施工

一 单项选择题

1. 计算基坑无支护径流排水量时，可取当地近期的降水强度是（　　）。
   A. 2 年一遇日最大降水量
   B. 2 年一遇日最大降水量的 1/2
   C. 5 年一遇日最大降水量
   D. 5 年一遇日最大降水量的 1/2
2. 基坑集水明排排水沟适宜的沟底纵向坡度是（　　）。
   A. 1‰～2‰　　B. 5‰～8‰
   C. 1%～2%　　D. 2%～3%

二 多项选择题

1. 停止基坑降水至少应具备的条件有（　　）。
   A. 闸室结构物沉降、位移满足要求
   B. 闸室主体施工完成
   C. 闸室放水前可保持干地施工及监测条件
   D. 上下游闸门已安装完毕
   E. 结构物施工至地下水位浸润线以上
2. 基坑用轻型井点降水时，对轻型井点的技术要求正确的有（　　）。
   A. 降水深度小于 6.0m
   B. 合理布置外排水路线
   C. 降水宜采用专用设备
   D. 采用真空井点的真空设备空运真空度应大于 90kPa
   E. 现场抽水试验或施工经验确定单台设备连接井点数量

【参考答案】

一、单项选择题

1. D；　2. A

二、多项选择题

1. A、E；　　　　2. B、C、E

2.6.3 地基与基础施工

一 单项选择题

1. 对于有槽、隙的建基面，应清理槽、隙内填充物，其清理深度宜为沟槽宽度的（　　）倍。

A. 0.5～1.0　　　　B. 1.0～1.5

C. 1.5～2.0　　　　D. 2.0～2.5

2. 对溶隙、溶槽、溶洞、断层等不良地层进行固结灌浆加固与封闭处理时，设计规定压力下灌段吸浆量和持续时间指标是结束灌浆的标准，这一标准是（　　）。

A. 小于 0.4L/min 持续 20min

B. 小于 0.4L/min 持续 30min

C. 大于 0.4L/min 持续 20min

D. 大于 0.4L/min 持续 30min

二 多项选择题

1. 换填地基应通过试验和试验性施工确定的有（　　）。

A. 施工方法　　　　B. 施工定额

C. 最优含水率　　　　D. 分层厚度

E. 每层的压实遍数

2. 对于在浅水区或可能被水淹没的岸滩区软弱地基上的沉井，适宜的施工方案是（　　）。

A. 就地筑岛制作

B. 预制厂制作

C. 制作沉井，应采取换填地基、打设砂桩等地基加固措施

D. 基础大开挖，浮运安装沉井

E. 当沉井高度大于 6m 时，宜分节制作、分次接高下沉

【参考答案】

一、单项选择题

1. C；　2. B

二、多项选择题

1. A、C、D、E；　　2. A、C、E

2.6.4 船闸主体施工

一 单项选择题

1. 闸室、闸首和输水廊道等混凝土结构分层浇筑时，上下层与相邻段混凝土浇筑的时间间隔不宜超过（　　）。

A．7d　　B．14d

C．21d　　D．28d

2. 对于后浇带混凝土施工的要求，当设计未做规定时，应滞后于后浇带两侧混凝土的浇筑时间不少于（　　）。

A．7d　　B．14d

C．21d　　D．30d

3. 大幅土工膜拼接，以采用胶接法粘合或热元件法焊接，胶接法搭接宽度和热元件法焊接叠合宽度分别宜为（　　）。

A．40～60mm 和 10～15mm　　B．40～60mm 和 30～40mm

C．50～70mm 和 10～15mm　　D．50～70mm 和 30～40mm

二 多项选择题

1. 关于闸室混凝土结构浇筑的要求正确的有（　　）。

A．应以施工缝划分浇筑单元

B．分层浇筑每次浇筑高度不大于 4m

C．采用吊罐入仓骨料粒径不大于 8cm

D．用泵送混凝土的坍落度宜为 200mm

E．与周边混凝土的浇筑时间间隔不超 14d

2. 黏土防渗体施工的规定有（　　）。

A．土的原材料应进行粉碎加工

B．防渗体基底应清理杂物并排干积水

C．防渗体与集水槽不宜同步施工

D．分层铺筑时，上下层接缝应错开

E．分层铺筑时，上下层接缝应对齐

【参考答案】

一、单项选择题

1. B；　2. D；　3. C

二、多项选择题

1. B、C、E；　2. A、B、D

2.6.5 引航道施工

一 单项选择题

1. 灌砌块石所用混凝土的优先选用掺合料是（　　）。
   A．粉煤灰　　B．矿粉
   C．硅灰　　D．石灰石粉
2. 当引航道采用模袋混凝土护面，其表面平整度允许偏差为（　　）。
   A．陆上不应大于 100mm，水下不应大于 150mm
   B．陆上不应大于 150mm，水下不应大于 150mm
   C．陆上不应大于 100mm，水下不应大于 200mm
   D．陆上不应大于 150mm，水下不应大于 200mm

二 多项选择题

1. 下列关于砌缝的要求中，属于砌体护岸的浆砌块石砌石、勾缝要求的有（　　）。
   A．不得有假缝　　B．不得有错缝
   C．不得有通缝　　D．不得有丢缝
   E．不宜勾凸缝
2. 砌体护岸与护底的技术要求包含（　　）。
   A．砌体所用石料应质地坚硬、不易风化、无裂纹
   B．砌石形状大致方正，厚度不小于 200mm
   C．浆砌块石在使用前必须浇水湿润，表面清除干净，不得有油污
   D．砌筑完成后养护时间不宜少于 7d
   E．养护期不宜回填

【参考答案】

一、单项选择题

1．A；　2．A

二、多项选择题

1．A、C、D；　2．A、B、C、E

2.7 干船坞和船台滑道施工技术

复习要点

1．干船坞的结构形式、结构组成和相应的适用地基及施工条件。

2．滑道的类型及结构形式。

3．土石围堰、钢板桩围堰和沉箱围堰施工、维护和拆除技术要求。

4．船坞基坑的降、排水和开挖、维护方法和技术要求。

5．船坞的换填地基、振冲地基、高压喷射注浆地基、水泥搅拌桩复合地基、桩基和岩石地基处理施工技术及质量要求。

6．干船坞主体的坞口、泵房、重力式坞墙、板桩坞墙、衬砌式坞墙、沉箱坞墙、坞底板、变形缝与止水结构、墙后回填、防渗系统、减压排水系统及坞口镶面止水施工的施工方法和质量要求。

7．滑道的架空段、实体段、陆上滑道梁和水下滑道段施工的施工及质量要求。

8．坞门安装与试验的技术要求。

2.7.1 围堰施工

一 单项选择题

1．下列围堰施工内容中，不属于围堰使用期要进行的是（　　）。

A．围堰渗漏测试　　B．围堰检测

C．围堰巡查　　D．围堰维护

2．规范规定土石围堰堰顶宽度的最小值是（　　）。

A．2m　　B．3m

C．4m　　D．6m

3．采用成对背靠槽钢做为围囹时，规范规定围囹分段长度不宜小于拉杆间距的（　　）。

A．2 倍　　B．4 倍

C．6 倍　　D．8 倍

4．格形钢板桩围堰的主、副格体和格内回填的施工顺序，正确的是（　　）。

A．先主格、后回填、再副格　　B．先副格、后主格、再回填

C．先回填、后主格、再副格　　D．先主格、后副格、再回填

5．沉箱抛石基床升浆的单元划分宜按（　　）。

A．沉箱舱格　　B．沉箱

C．施工分段　　D．施工分层

6．沉箱抛石基床升浆的灌浆压力宜为（　　）。

A．0.1MPa～0.3MPa　　B．0.1MPa～0.4MPa

C．0.2MPa～0.5MPa　　D．0.3MPa～0.6MPa

二 多项选择题

1．土石围堰抛填施工时，应对围堰的（　　）进行控制。

A．高程　　B．轴线

C．坡脚线　　D．坡肩线

E．防渗芯墙的位置

2. 沉箱围堰抛石基床施工的正确方法有（　　）。

A．基床进行夯实　　B．沉箱一侧基床表面抛倒滤层

C．基床不夯实　　D．沉箱两侧基床表面抛倒滤层

E．基床顶部整平

3. 水下升浆施工中，砂浆的主要技术指标项有（　　）。

A．强度　　B．流动度

C．泌水率　　D．膨胀率

E．初、终凝时间

【参考答案】

一、单项选择题

1．A；　2．C；　3．B；　4．D；　5．B；　6．C

二、多项选择题

1．B、C、D、E；　2．C、D、E；　3．B、C、D、E

2.7.2　基坑施工

一　单项选择题

1. 对于船坞、船台与滑道工程基坑降排水的施工方案编制要求是（　　）。

A．在施工组织设计中安排专门章节

B．编制专项应急预案

C．在施工组织设计中要有描述

D．专门设计并编制降排水施工方案

2. 深井井管试抽时，其试验目标是（　　）。

A．预定的水泵抽水量　　B．预定的降水高程

C．预定的抽水时间　　D．预定的开启井数

3. 基坑开挖时，对坞口、泵房等局部深基坑开挖正确的安排是（　　）。

A．优先安排局部深基坑开挖　　B．坞室基坑开挖完成后开挖

C．基坑大面积垫层完成后开挖　　D．基坑大面积底板完成后开挖

二　多项选择题

1. 进行基坑降水时，对于轻型井点适用范围，正确的有（　　）。

A．降低水位深度小于 6m　　B．降低水位深度大于 6m

C．水量不大的潜水　　D．含水丰富的潜水

E．承压水

2. 采用深井井管降水时，对于井管和成孔要求，正确的有（　　）。

A．井管内径不宜小于 110mm

B．井管内径不宜小于 200mm

C．成孔直径应大于井管外径 200mm

D．井管内径应大于泵体外径 50mm

E．成孔直径应大于井管外径 300mm

3. 板桩结构坞墙的内支撑坞室基坑开挖时，正确的做法有（　　）。

A．先撑后挖　　B．限时支撑

C．预顶应力满足要求　　D．分段开挖

E．先挖两侧，再挖中部

【参考答案】

一、单项选择题

1．D；　2．B；　3．C

二、多项选择题

1．A、C；　2．B、D、E；　3．A、B、C、D

2.7.3 地基与基础施工

一 单项选择题

1. 换填地基分段分层施工时，要求每层搭接错开的距离是（　　）。

A．500mm　　B．1000mm

C．1500mm　　D．2000mm

2. 振冲置换施工中，要求稳定电流达到密实电流值后的宜留振时间是（　　）。

A．10s　　B．20s

C．30s　　D．40s

3. 高压喷射注浆施工的正确方式是（　　）。

A．自上而下连续注浆　　B．自下而上连续注浆

C．自上而下分段注浆　　D．自下而上分段注浆

4. 干船坞陆上群桩沉桩的顺序错误的是（　　）。

A．先坞墙、后坞室　　B．先长桩、后短桩

C．先中间、后四周　　D．先坞室、后坞口

二 多项选择题

1. 素土换填地基压实施工宜采用的方法有（　　）。

A．平碾压实　　B．羊足碾压实
C．振动碾压实　　D．振动压实机压实
E．水撼密实

2．振冲施工要求振冲操作台配置部分自动信号仪表，需要配置的仪表有（　　）。

A．电流　　B．电压
C．水量　　D．水压
E．留振时间

3．高压喷射注浆所用的喷射的水泥浆应具备的特性有（　　）。

A．较好的流动性　　B．较好的保水性
C．较好的耐久性　　D．较好的可喷性
E．较好的体积稳定性

4．下列施工参数中，属于水泥搅拌桩复合地基施工中应检查记录的有（　　）。

A．电流　　B．电压
C．钻进深度　　D．搅拌速度
E．提升速度

5．岩石固结灌浆施工的正确做法有（　　）。

A．灌浆段的长度采用 5～6m
B．钻孔后用高压水进行裂隙冲洗
C．灌浆按分序和加密的原则进行
D．浆液由稀至浓逐级转换
E．压水试验在灌浆结束 3d 后进行

【参考答案】

一、单项选择题

1．B；　2．C；　3．D；　4．A

二、多项选择题

1．A、B；　2．A、B、E；　3．B、D；　4．C、D、E；
5．A、B、C、D

2.7.4　干船坞主体施工

一　单项选择题

1．坞口底板与坞门槛混凝土的闭合块浇筑，从底板混凝土浇筑完成日期起的间隔时间为（　　）、浇筑环境要求是（　　）。

A．30d、气温较低时段　　B．30d、气温较高时段
C．45d、气温较低时段　　D．45d、气温较高时段

2．泵房混凝土浇筑时，要求结构整体浇筑的是（　　）。

A．泵房外墙

B．泵房各楼层

C．泵房楼板

D．泵房进出水流道

3. 首层坞墙与坞墙底板的施工缝留置的正确位置是，距坞墙底板顶面以上（　　）。

A．0.3～0.5m

B．0.5～1.0m

C．1.0～1.5m

D．1.5～2.0m

4. 重力式坞墙混凝土分层浇筑施工时，上、下层的间隔时间在正常温度下不宜大于（　　）。

A．7d

B．14d

C．21d

D．28d

5. 钢板桩坞墙转角处设置的异形桩的和正常桩相比，异形桩桩长要求是（　　）。

A．和正常桩长一致

B．比正常桩长长 1.0～2.0m

C．比正常桩长长 1.5～2.5m

D．比正常桩长长 2.0～3.0m

6. 对由 3 排孔组成的帷幕，各排孔的灌浆顺序正确的是（　　）。

A．先灌注背水侧排孔，再灌迎水侧排孔，后灌中间排孔

B．先灌注迎水侧排孔，再灌背水侧排孔，后灌中间排孔

C．先灌注背水侧排孔，再灌中间排孔，后灌迎水侧排孔

D．先灌注迎水侧排孔，再灌中间排孔，后灌背水侧排孔

7. 干船坞减压排水系统排水砂垫层砂的用料要求是（　　）。

A．含泥量不超过 3% 的中粗砂

B．含泥量不超过 5% 的中粗砂

C．含泥量不超过 3% 的粗砂

D．含泥量不超过 5% 的粗砂

8. 当设计无要求时，坞口镶面花岗石止水施工的砌缝宽度和勾缝最小深度分别是（　　）。

A．10mm、10mm

B．10mm、20mm

C．20mm、10mm

D．20mm、20mm

二 多项选择题

1. 地基承载力较高的情况下，适宜采用的坞口门墩结构形式有（　　）。

A．实体式

B．箱式

C．板桩式

D．沉井式

E．重力式

2. 下列坞底板混凝土浇筑方法中，正确的有（　　）。

A．同一板块混凝土分层连续浇筑

B．台阶推进分层台阶的宽度不小于 2m

C．斜基面上的混凝土浇筑面保持平行

D．斜基面上的混凝土浇筑面保持水平

E．采用斜层浇筑

3. 以下帷幕灌浆施工灌浆分序正确的有（　　）。

A. 单排孔组成的帷幕分为二序

B. 单排孔组成的帷幕分为三序

C. 2 排孔组成的帷幕每排分为二序

D. 3 排孔组成的帷幕每排分为二序

E. 3 排孔组成的帷幕每排分为三序

4. 以下坞口镶面花岗石止水施工，正确的有（　　）。

A. 采用优质粗粒花岗岩

B. 锚筋应采用环氧树脂砂浆载埋

C. 锚筋应采用高强水泥砂浆载埋

D. 勾缝的深度不小于 20mm

E. 勾缝时埋设灌浆嘴

【参考答案】

一、单项选择题

1. C;　2. D;　3. C;　4. B;　5. D;　6. A;　7. C;　8. B

二、多项选择题

1. A、B;　2. A、B、D;　3. B、C、D;　4. B、D、E

2.7.5 船台滑道施工

一 单项选择题

1. 实体船台梁板与地基之间设置砂石垫层的适宜厚度是（　　）。

A. 80～100mm　　B. 100～150mm

C. 150～200mm　　D. 200～300mm

2. 船台架空段结构独立基础混凝土浇筑的要求是（　　）。

A. 按振捣分层连续浇筑　　B. 按台阶分层连续浇筑

C. 按分段浇筑　　D. 按分块浇筑

二 多项选择题

1. 下列船台架空段结构的施工方法中，正确的有（　　）。

A. 独立基础混凝土应按台阶分层连续浇筑

B. 筏形基础混凝土分块浇筑

C. 立柱的混凝土连续浇筑，一次成型

D. 梁板结构施工按施工单元进行

E. 梁板结构施工按设计结构单元进行

【参考答案】

一、单项选择题

1. D;　　2. B

二、多项选择题

1. A、B、C、E

2.7.6 坞门安装与试验

一 单项选择题

1. 浮箱式坞门出厂前需要做的试验是（　　）。

A. 启闭试验　　B. 刚度试验

C. 倾斜试验　　D. 挠度试验

2. 卧倒式坞门应采用的安装状态是（　　）。

A. 漂浮状态　　B. 平浮状态

C. 沉底状态　　D. 干施工状态

二 多项选择题

1. 下列坞门的安装应规定中，属于浮箱式坞门安装规定的有（　　）。

A. 围堰内的水深应满足坞门起浮要求

B. 坞门出厂安装前应完成进行倾斜和沉浮试验

C. 坞门应在漂浮状态下安装

D. 坞门应在平浮状态下安装

E. 安装时宜采用绞拖方式牵引定位

【参考答案】

一、单项选择题

1. C;　　2. B

二、多项选择题

1. B、C、E

2.8 航道整治工程施工技术

复习要点

1. 各类浅滩、急滩、险滩和潮汐河口航道的整治方法。

2．土工织物软体排护滩与护底、铰链排护滩与护底、钢丝网石笼垫与预制透水框架护滩、抛枕护底和压排石与护滩带边缘预埋压石施工的技术要求。

3．块石、砂枕、钢丝石笼、混凝土构件坝体和干砌石、铺石、浆砌石、现浇混凝土、模袋混凝土、扭工字块护面块体、栅栏板、钢丝石笼垫坝面施工的技术要求。

4．抛枕、抛石、人工块体、石笼护脚与干砌块石、铺石、浆砌石、钢丝石笼垫、预制块、模袋混凝土护坡和排水与倒滤层施工的技术要求。

5．浆砌石、混凝土、钢丝石笼、钢筋混凝土板桩、钢板桩、预制空箱直立式护岸和生态袋加筋、钢丝石笼、木排桩生态护岸施工的技术要求。

6．陆上炸礁与清渣、水下炸礁与清渣和水下凿岩与清渣施工的技术要求。

2.8.1 航道整治的方法

一 单项选择题

1．对于沙质海滩，规顺岸线、调整过小的弯曲半径的整治方法适用于（　　）。

A．过渡段浅滩　　B．弯道浅滩

C．汊道浅滩　　D．散乱浅滩

2．对于卵石浅滩，采取适当的措施减小汇流角，改善汇流条件，增大浅区冲刷能力的整治方法适用于（　　）。

A．弯道浅滩　　B．过渡段浅滩

C．支流河口浅滩　　D．汊道浅滩

3．对于基岩急滩，采用切除一岸或同时切除两岸突嘴，扩大过水断面，减缓流速与比降的整治方法适用于（　　）。

A．错口型突嘴急滩　　B．对口型突嘴急滩

C．窄槽型急滩　　D．潜埂型急滩

4．采用整治与疏浚相结合的方法，扩大滩口过水断面，调整滩口河床形态的整治方法适用于（　　）。

A．卵石急滩　　B．溪口急滩

C．崩岩急滩　　D．滑坡急滩

5．采取疏浚开挖与筑坝壅水相结合的工程措施，分散水面的集中落差，减缓流速比降的整治方法适用于（　　）。

A．卵石急滩　　B．连续急滩

C．崩岩急滩　　D．滑坡急滩

6．根据突嘴的分布位置和形态，切除部分突嘴，延长错口长度，利于船舶交替利用两岸缓流上滩的整治方法适用于（　　）。

A．对口型突嘴急滩　　B．窄槽型急滩

C．错口型突嘴急滩　　D．潜埂型急滩

7．采用清礁措施，扩大过水断面，枯水急滩在下游有条件筑坝时可筑坝壅水，减缓滩口流速和比降的整治方法适用于（　　）。

A．窄槽型急滩　　B．对口型突嘴急滩
C．错口型突嘴急滩　　D．多个突嘴相临近的急滩

8．关于潮汐河口航道口门内分汊河段浅滩整治要求的说法，正确的是（　　）。
A．宜选择涨潮流动力较强、分沙较少的汊道为主航道
B．宜选择涨潮流动力较强、分沙较多的汊道为主航道
C．宜选择落潮流动力较强、分沙较少的汊道为主航道
D．宜选择落潮流动力较强、分沙较多的汊道为主航道

9．关于单一河道中的急弯险滩整治要求的说法，正确的是（　　）。
A．挖除部分凹岸边滩，加大航道弯曲半径
B．必要时在凸岸深槽填槽或建潜坝，调整河床断面形态
C．当凹岸有突嘴挑流时，在突嘴下游建丁坝或丁顺坝
D．两岸有突出石梁交错的急弯险滩，以整治凸岸石梁为主

10．汊道进口处洲头主流顶冲河岸形成的泡漩险滩可采用的整治方法是（　　）。
A．建洲头丁坝　　B．建洲头顺坝
C．建洲头潜坝　　D．建洲头丁顺坝

11．关于潮汐河口多汊道河口拦门沙航道整治要求的说法，正确的是（　　）。
A．宜选择河势稳定、落潮流动力强和分沙比小的汊道为主航道
B．宜选择河势稳定、涨潮流动力强和分沙比小的汊道为主航道
C．宜选择河势稳定、落潮流动力强和分沙比大的汊道为主航道
D．宜选择河势稳定、涨落潮流动力强和分沙比大的汊道为主航道

二　多项选择题

1．关于沙质浅滩整治要求的说法，正确的有（　　）。
A．整治过渡段浅滩，应固定和加高边滩，调整航道流速
B．整治散乱浅滩，应采取固滩、筑坝和护岸等措施改善滩槽形态
C．整治支流河口浅滩，应采取适当的措施减小汇流角，改善汇流条件
D．整治汊道浅滩，应采取工程措施稳定或调整汊道间的分流比
E．整治弯道浅滩，应规顺岸线，调整过大的弯曲半径

2．关于潮汐河口航道口门内浅滩整治要求的说法，正确的有（　　）。
A．宜选择落潮流主槽为航槽
B．适当布置整治建筑物引导水流
C．采取疏浚和建丁坝、顺坝等措施集中水流
D．采取加高潜洲等措施集中水流
E．宜选择分沙较少的汊道为主航道

3．整治卵石弯道浅滩可采取的方法有（　　）等。
A．在凹岸建顺坝　　B．在凹岸建下挑丁坝
C．疏浚凸岸浅区　　D．建洲头顺坝
E．建潜坝

4. 关于基岩急滩整治要求的说法，正确的有（　　）。
A. 潜埂型急滩宜筑丁坝壅水
B. 窄槽型急滩宜采用清礁措施
C. 错口型突嘴急滩可切除部分突嘴，延长错口长度
D. 对口型突嘴急滩可采用切除一岸或同时切除两岸突嘴
E. 枯水急滩在下游可采取疏浚措施

5. 关于汊道出口段卵石浅滩整治方法的说法，正确的有（　　）。
A. 宜布置洲尾顺坝
B. 宜建洲头顺坝
C. 必要时应在通航汊道加建丁坝
D. 应固定和加高边滩
E. 当存在碍航流态时，也可建潜坝

6. 单一河道中的急弯险滩的整治可采取（　　）等方法。
A. 挖除部分凸岸边滩　　B. 布置错口丁坝
C. 在凹岸深槽填槽　　D. 在突嘴下游建丁坝
E. 在凸岸深槽填槽

7. 分汊河道内的急弯险滩的整治可采取（　　）等方法。
A. 挖除部分凸岸边滩　　B. 在汊道进口处建洲头顺坝
C. 废弃老槽、另辟新槽　　D. 在汊道出口处建洲尾顺坝
E. 在汊道进口处开挖洲头突出的浅嘴

8. 整治两岸石梁均有滑梁水的险滩可采取（　　）等方法。
A. 石梁上建丁坝　　B. 消除一岸滑梁水
C. 炸低石梁　　D. 石梁上建顺坝
E. 消除两岸滑梁水

9. 关于潮汐多汊道河口拦门沙航道整治的说法，正确的有（　　）。
A. 宜选择走向平顺的汊道为主航道
B. 宜选择河势稳定的汊道为主航道
C. 宜选择分沙比大的汊道为主航道
D. 宜选择涨潮流动力强的汊道为主航道
E. 宜选择落潮流动力强的汊道为主航道

【参考答案】

一、单项选择题

1. B;　2. C;　3. B;　4. A;　5. B;　6. C;　7. A;　8. C;
9. D;　10. B;　11. A

二、多项选择题

1. A、B、C、D;　2. A、C、D;　3. A、B、C;　4. B、C、D;
5. A、C;　6. A、C;　7. B、C、D、E;　8. B、C、D;

9. B、E

2.8.2 护滩与护底施工

一 单项选择题

1. 土工织物软体排护滩施工排垫铺设后应及时压载覆盖，当不能及时压载覆盖时，应对排垫采取（　　）。

A. 防漂浮措施　　B. 防老化措施

C. 防冲刷措施　　D. 防移位措施

2. 土工织物软体排护滩施工排垫铺设方向应满足设计要求，当设计无要求时，其铺设方向和次序宜（　　）。

A. 平行岸线方向、自下游向上游铺设

B. 垂直岸线方向、自下游向上游铺设

C. 平行岸线方向、自上游向下游铺设

D. 垂直岸线方向、自上游向下游铺设

3. 土工织物软体排护底施工沉排过程中出现排体撕裂的，应从撕排处起算根据（　　）确定的最小纵向搭接长度进行补排。

A. 地形　　B. 底质

C. 水深　　D. 潮位

4. 关于铰链排护滩与护底施工要求的说法，错误的是（　　）。

A. 排体铺设时应对入水轨迹进行实时监测

B. 铰链排下设有排垫时，应先铺设垫层

C. 连接金属扣环防锈处理时底漆应与面漆分层涂刷

D. 排体铺设时宜从河心向河岸的先后顺序逐段铺设

5. 钢丝网石笼垫的绞合钢丝应与石笼垫材质相同，并按照（　　）。

A. 间隔 5～10cm 单圈与双圈交替绞合

B. 间隔 10～15cm 单圈与双圈交替绞合

C. 间隔 15～20cm 单圈与双圈交替绞合

D. 间隔 20～25cm 单圈与双圈交替绞合

6. 砂枕充填宜采用泥浆泵充填，砂枕充填饱满度不应大于（　　）。

A. 70%　　B. 80%

C. 85%　　D. 90%

7. 抛枕施工宜（　　）的顺序进行。

A. 自上游向下游、先深水后浅水

B. 自上游向下游、先浅水后深水

C. 自下游向上游、先深水后浅水

D. 自下游向上游、先浅水后深水

8. 压排石水下抛石施工时应考虑（　　）等自然条件产生的块石漂移影响。

A．潮差　　B．船速
C．风速　　D．水深

9．透水框架可叠加摆放，叠加层级不宜超过（　　）。
A．2层　　B．3层
C．4层　　D．5层

10．护滩带边缘预埋压石应（　　）等，面层宜用粒径相对较大的块石。
A．粒径均匀　　B．尺度规则
C．表面平整　　D．级配良好

二 多项选择题

1．关于土工织物软体排护滩施工单元联锁块压载施工的说法，正确的有（　　）。
A．相邻联锁单元排之间的绑系方式应满足设计要求
B．连接扣环应牢固连接，不得松脱
C．相邻联锁单元排之间的连接方式应满足设计要求
D．相邻联锁单元排之间的连接点的布置应满足设计要求
E．单元联锁块吊运宜选用相应能力的设备，按单元逐一吊运铺放

2．关于土工织物软体排护滩施工系结混凝土压载块施工的说法，正确的有（　　）。
A．系结混凝土压载块之间填塞碎石前应调整混凝土块的位置
B．同一检验区域内块体摆放应缝隙均匀、横平竖直
C．废弃的混凝土压载块不得在护滩工程区及周边50m范围内弃料
D．系结混凝土压载块之间不得填塞碎石
E．废弃的混凝土压载块不得在护滩工程区及周边30m范围内弃料

3．土工织物软体排护滩排垫铺设方向应满足设计要求，设计无要求时，其铺设方向宜（　　）。
A．平行护滩带轴线　　B．自下游向上游
C．垂直护滩带轴线　　D．自上游向下游
E．自河岸向河心

4．护岸工程土工织物软体排护底沉排宜采用（　　）方向进行铺设。
A．垂直岸线　　B．自下游向上游
C．平行岸线　　D．从河岸往河心
E．自上游向下游

5．土工织物软体排护底沉排时应及时调整船位、控制沉排方向和沉排速度，排体应（　　）。
A．平顺入水　　B．松紧适度
C．与水深相适应　　D．与河床地形相适应
E．与流向一致

6．关于铰链排护滩与护底施工要求的说法，正确的有（　　）。
A．铰链排连接金属扣环防锈处理时底漆应与面漆同时涂刷

B．护底排体铺设宜按自下游往上游、从河岸往河心的先后顺序逐段铺设

C．护底排体铺设时应对入水速度进行实时监测，发现异常应及时调整船位

D．护滩铰链排下设有排垫时应先铺设垫层，经检验合格后再铺设铰链排

E．护底排体铺设应根据施工区域的潮位等选择合适的专用沉排船机设备

7．钢丝网石笼垫的填充石料宜选用卵石，其（　　）应满足设计要求。

A．形状　　B．粒径

C．磨圆度　　D．级配

E．风化程度

8．关于砂枕缝制与充填施工要求的说法，正确的有（　　）。

A．充填完成后，充灌口应封闭

B．砂枕充填饱满度不应大于 85%

C．砂枕充填宜采用泥浆泵充填

D．充灌口数量宜根据袋体尺寸等因素确定

E．其材料的抗拉强度等指标应满足设计要求

9．关于压排石施工要求的说法，正确的有（　　）。

A．施工宜采用网格法控制施工质量

B．施工作业应由定位船和抛石船舶组合进行

C．当设计抛石厚度超过 2000mm 时，宜分层抛投

D．已护底区域内的定位船和抛石船宜采用铁锚锚固

E．抛石施工时，施工船舶不得损坏水下排体

10．关于透水框架水上抛投施工要求的说法，正确的有（　　）。

A．抛投多层时应分层抛投，宜采用专用设备吊装投放

B．施工宜采用断面法控制抛投质量，并按设计值控制抛投数量

C．水深超过 5m 的区域施工时，宜先通过试抛确定水下漂移距

D．流速大于 2.5m/s 的区域施工时，宜先通过试抛确定水下漂移距

E．抛投时应自河岸到河心，按先浅水、再深水的顺序进行

11．关于护滩带边缘预埋压石施工要求的说法，正确的有（　　）。

A．缝隙禁用小块石填塞

B．压石应级配良好

C．砌石应相互嵌紧

D．砌石应表面平整

E．面层宜用粒径相对较大的块石

【参考答案】

一、单项选择题

1．B；　2．B；　3．C；　4．D；　5．B；　6．B；　7．C；　8．D；
9．B；　10．D

二、多项选择题

1. B、C、D、E；　2. A、B、C；　3. B、C；　4. A、D；
5. A、B、C、D；　6. B、D；　7. B、D；　8. A、C、D、E；
9. A、B、E；　10. A、C、E；　11. B、C、D、E

2.8.3 坝与导堤施工

一 单项选择题

1. 关于软基抛石筑坝施工要求的说法，正确的是（　　）。
   A．有挤淤要求时，从两侧逐渐向断面中间抛填
   B．堤侧有抛石棱体的导堤施工时，先抛堤身，后抛压载层
   C．抛石加荷速率有控制要求时，控制加荷间歇时间
   D．抛石加荷速率有控制要求时，按设计要求设置位移观测点
2. 关于砂枕坝体充填、抛投施工要求的说法，错误的是（　　）。
   A．充填过程中应根据充填物的充填速度，适时调整充填工艺
   B．外露部分应及时覆盖保护，避免长时间暴露
   C．抛筑时应检测坝体高度和边坡
   D．砂枕应垂直轴线摆放，上下砂枕错缝铺设
3. 关于钢丝石笼坝体施工要求的说法，错误的是（　　）。
   A．石笼漂移距离宜由现场试验测定
   B．石笼坝体抛筑宜采用分层平抛法施工
   C．石笼应排列整齐、上下对缝压接
   D．石笼抛筑过程中，坡度不得陡于设计坡比
4. 透水空心方块坝体的安放数量不低于设计值的（　　）。
   A．93%　　B．95%
   C．96%　　D．98%
5. 关于干砌石、铺石坝面施工要求的说法，错误的是（　　）。
   A．块石干砌、铺砌不得出现通缝
   B．块石干砌、铺砌不得叠砌和浮塞
   C．块石的规格、数量应满足设计要求
   D．干砌条石坝面应自下而上分层砌筑
6. 浆砌石坝面砌筑时块石宜（　　），应平整、稳定、错缝、内外搭接。
   A．灌浆卧砌　　B．坐浆竖砌
   C．坐浆卧砌　　D．灌浆竖砌
7. 现浇混凝土坝面浇筑施工缝的留设位置不宜设在（　　）等部位。
   A．水下区　　B．泥下区
   C．大气区　　D．浪溅区
8. 模袋混凝土坝面其表面平整度允许偏差陆上不大于（　　）。

A．100mm　　B．120mm

C．150mm　　D．200mm

9．关于石笼坝面施工的说法，正确的是（　　）。

A．填石宜采用机械完成

B．封盖框线与边框线分别绑扎

C．填充料宜一次填满

D．填充石料顶面宜与护垫齐平

二 多项选择题

1．关于块石坝体施工的说法，正确的有（　　）。

A．对季节性封冻河流筑坝，不可采用冰上码方

B．采用陆上端进法抛筑坝芯石时，坝根的浅水区可一次抛到设计高程

C．易冲刷的河段应观测沿堤流的冲刷情况

D．软基有挤淤要求时，从两侧逐渐向断面中间抛填

E．坝根处岸坡抗冲能力较弱时，应按设计要求先进行坝根处理护坡施工

2．关于砂枕坝体施工的说法，正确的有（　　）。

A．砂枕垂直轴线摆放，上下砂枕错缝铺设

B．坝头的浅水区可一次抛到设计高程

C．砂枕厚度控制在 400～700mm

D．砂枕抛筑至适合人工铺设施工时，宜采用人工铺设充填

E．砂枕充填饱满度不应小于 80%

3．关于钢丝石笼垫护面施工要求的说法，正确的有（　　）。

A．填充料宜一次填满

B．填充石料顶面宜适当高出护垫

C．石笼护面施工填石宜采用人工完成

D．相邻护面石笼的封盖框线与边框线应绑扎在一起

E．宜向一组护垫的各网格内逐一填料

4．砂枕坝体施工前，应根据（　　）等绘制坝体断面砂枕布置图。

A．施工水深　　B．河床坡比

C．河床地形　　D．坝体设计高程

E．坝体设计长度

5．关于浆砌石坝面施工要求的说法，正确的有（　　）。

A．砌筑时应保持砌体表面干燥

B．石块间应直接接触，不得有空缝

C．浆砌坝面块石的长边应垂直于坡面

D．石料的规格、数量应满足设计要求

E．块石长边尺寸不宜小于护面层的厚度

6．钢丝石笼坝体抛筑过程中，应随时检查（　　）等，坡度不得陡于设计坡比。

A．坝位　　　　　　　　　　B．绞合间距

C．充填度　　　　　　　　　D．坝身

E．边坡

7．关于透水空心方块坝体施工要求的说法，正确的有（　　）。

A．空心方块采用单点吊，逐层斜插安装

B．安放时确保空心方块竖向着底

C．空心方块安装采用定位船辅助定位，构件自下而上安放

D．空心方块安放数量不低于设计值的 95%

E．空心方块应逐层码放安装

8．干砌石坝面施工时不得出现（　　），块石间应契合紧密无松动。

A．叠砌　　　　　　　　　　B．浮塞

C．错缝　　　　　　　　　　D．立砌

E．平砌

9．关于现浇混凝土镶嵌卵石坝面施工的说法，错误的有（　　）。

A．嵌入深度宜为卵石长度的 3/4

B．卵石间距宜为 10mm

C．两边卵石距坝体轮廓边线应不小于 20mm

D．卵石顶面高程应满足设计要求

E．顶高宜比混凝土面高 20～30mm

10．关于栅栏板护面块体安装施工的说法，错误的有（　　）。

A．应自下而上规则摆放　　　　B．应检查垫层石理坡质量

C．应自上而下规则摆放　　　　D．不应使用二片石支垫

E．可使用二片石支垫

11．模袋混凝土坝面模袋布的（　　）等指标应满足设计要求。

A．规格　　　　　　　　　　B．垂直渗透系数

C．顶破强度　　　　　　　　D．等效孔径

E．抗拉强度

【参考答案】

一、单项选择题

1．C；　2．A；　3．C；　4．B；　5．C；　6．C；　7．D；　8．A；
9．C

二、多项选择题

1．B、C、E；　2．A、C、D；　3．A、B、C、D；　4．C、D；
5．C、E；　6．A、D、E；　7．C、D；　8．A、B；
9．B、C；　10．C、E；　11．B、D、E

2.8.4 护岸施工

一 单项选择题

1. 关于抛石护脚施工要求的说法，正确的是（　　）。

A．按设计要求控制护脚范围和高程

B．水上抛石选用匹配的定位船与抛石船配合进行

C．抛石护脚应与岸线保持基本垂直

D．施工过程中应及时检测抛填的范围和高度

2. 关于抛枕护脚施工要求的说法，正确的是（　　）。

A．抛枕过程中应及时用探杆或测深仪检测抛投效果

B．施工前应对工程区的潮位进行检测

C．应根据工程区的水流流速和流向选用匹配的定位船

D．施工时应监测施工区域的水下地形，及时调整定位船的位置

3. 干砌块石坡面施工时，坡面砌石应（　　）铺砌。

A．由坡顶向坡底　　B．由高向低

C．由坡端向坡尾　　D．由低向高

4. 关于三维钢丝网垫坡面施工要求的说法，错误的是（　　）。

A．应按平整坡面、放样、铺网和回填土等工序依次完成

B．回填的覆土宜选用肥沃表土，应分层多次回填

C．下游三维钢丝网垫应铺设在上游三维钢丝网垫之上

D．三维钢丝网垫及其搭接部位应使用"U"形钉进行锚钉

5. 直立式护岸现浇混凝土基础浇筑时，应在条形基础表面设置不少于底板面积（　　）的石块，形成凸出基础面的"石榫"。

A．10%　　B．15%

C．20%　　D．25%

6. 浆砌块石挡墙宜为平缝，勾缝砂浆的强度应比砌体砂浆强度高一级，勾缝深度宜为（　　）。

A．10～20mm　　B．10～30mm

C．20～30mm　　D．20～40mm

7. 钢板桩护岸施工时，钢板桩宜采用拼组插入，关于钢板桩拼组根数的说法，正确的是（　　）。

A．槽形桩宜取奇数，Z 形桩宜取偶数

B．槽形桩和 Z 形桩均取偶数

C．槽形桩宜取偶数，Z 形桩宜取奇数

D．槽形桩和 Z 形桩均取奇数

8. 关于排水盲沟施工的说法，错误的是（　　）。

A．盲沟开挖应分片分段、自下而上进行

B. 盲沟内土工织物宜采用整幅布料，不得拼接

C. 盲沟填充骨料的粒径应满足设计要求

D. 盲沟填充骨料宜采用机械分段自下而上回填

9. 生态袋垒放时，应当按（　　）设置样架分层挂线施工，上下层袋体应错缝排列、压实。

A. 地形　　B. 坡度

C. 宽度　　D. 高程

二 多项选择题

1. 关于钢丝石笼护脚施工的说法，正确的有（　　）。

A. 施工过程中应及时检验石笼实际落底位置

B. 施工过程中应及时检验石笼实际落底厚度

C. 填充的石料不宜高出网垫顶面

D. 应根据工程规模合理划分施工区段，采用网格法施工

E. 石笼垫单层高度超过 20cm 时，充填石料时应在其周边采取支护措施

2. 关于直立式护岸现浇混凝土基础施工的说法，正确的有（　　）。

A. 基础伸缩缝应上下前后贯通，填缝饱满

B. 应在条形基础表面设置不少于 15% 底板面积的凸出基础面的石块“石榫”

C. 基础伸缩缝应上下错缝，填缝饱满

D. 应在条形基础表面设置不少于 10% 底板面积的凸出基础面的石块“石榫”

E. “石榫”布置形式和占总接触面积的比例应满足设计要求

3. 关于浆砌块石护面施工的说法，正确的有（　　）。

A. 勾缝砂浆强度等级应不低于砌体砂浆

B. 砂浆应分层填实

C. 应自下而上进行，分段砌筑

D. 砌筑时不得先堆砌块石再用砂浆灌缝

E. 护面施工前应检查护脚的质量

4. 关于预制块铺砌施工的说法，正确的有（　　）。

A. 铺砌预制块应分段施工

B. 铺砌预制块应自下而上铺砌

C. 底部块体应与枯水平台紧密接触

D. 铺砌预制块应分条施工

E. 铺砌预制块应自上而下铺砌

5. 关于木排桩生态护岸施工要求的说法，正确的有（　　）。

A. 木桩防腐的范围应为自桩顶至河底

B. 沉桩时，应保证木桩入土时沿岸线方向的平直度

C. 沉桩后，排桩绑扎、桩后回填土方量应满足设计要求

D. 木桩的桩径、长度、质量应满足设计要求

E．沉桩后，应对桩位和桩顶高程进行复核

6. 关于钢丝石笼垫坡面施工要求的说法，正确的有（　　）。

A．填充石料宜选用卵石

B．石料粒径不宜小于石笼垫的孔径

C．外框长边与水流方向一致，并紧贴垫层

D．石笼垫铺设应自上而下，笼体应排列紧密

E．绞合钢丝应按照间隔 5～10cm 单圈与双圈交替绞合

7. 关于倒滤层施工要求的说法，正确的有（　　）。

A．土工织物的铺设应按垂直岸线方向进行

B．土工织物在岸坡上下端之间搭接长度不小于 2m

C．土工织物搭接处下游侧盖住上游侧

D．顺沿岸线方向应自下游向上游逐段铺设

E．倒滤垫层的砂料粒径应满足设计要求，含泥量不得超过 6%

8. 关于生态袋加筋挡土墙施工要求的说法，正确的有（　　）。

A．其宽度、厚度应不大于设计值

B．土工格栅应平行于岸壁前沿线平铺

C．生态袋填充料的配比应满足设计要求

D．垒放时应当按高程设置样架分层挂线施工

E．充填时应保证充填的饱满度和平整度

【参考答案】

一、单项选择题

1. B；　2. A；　3. D；　4. C；　5. B；　6. C；　7. A；　8. D；
9. B

二、多项选择题

1. A、B、D；　2. A、B、E；　3. B、C、D；　4. A、B、C；
5. D、E；　6. A、B；　7. A、D；　8. C、E

2.8.5 清礁施工

一 单项选择题

1. 关于陆上开槽爆破顺序的说法，正确是（　　）。

A．由外向内　　B．由上向下

C．由中心向两边　　D．从上下两端向中段

2. 陆上爆破炮孔堵塞物宜采用钻屑、黏土和带泥的河沙，堵塞长度不应小于最小抵抗线的（　　）。

A．1.2 倍　　B．1.1 倍

C．1.0 倍　　D．0.8 倍

3. 关于水下炮孔堵塞要求的说法，错误的是（　　）。

A．炮孔应选用黏土堵塞

B．炮孔应选用砂袋堵塞

C．炮孔应选用粒径小于 2cm 卵石、碎石堵塞

D．流速较大水域炮孔堵塞长度不小于 0.5m

4. 关于水下裸露爆破施工要求的说法，错误的是（　　）。

A．爆破药包排列宜采用双串药包

B．水下裸露爆破每炮次的横向搭接宜为 1～2m

C．水下裸露爆破每炮次的纵向搭接宜为 0.5～1m

D．大面积裸露爆炸药包投放可采用双串药包用交叉绳连接投放

5. 关于抓斗挖泥船水下清渣施工要求的说法，错误的是（　　）。

A．分段开挖长度应根据挖泥船布设锚缆位置确定

B．分层厚度宜为抓斗高度的 1/4～1/3

C．条与条之间开挖搭接宽度宜为 2～3m

D．开挖分条宽度不应大于挖泥船宽度的 2 倍

6. 重锤凿岩锤应根据岩石等级确定，普氏Ⅴ级以内岩石宜采用（　　）。

A．5～20t 的楔状凿岩锤　　B．10～40t 的梅花锤

C．5～20t 的笔状凿岩锤　　D．10～40t 的楔状凿岩锤

二 多项选择题

1. 关于陆上爆破施工要求的说法，正确的有（　　）。

A．爆破层小于 5m 时，一次性钻爆到设计底高

B．宜按由两边向中心、从中段向上下两端进行

C．炮孔堵塞长度不应小于最小抵抗线的 1.0 倍

D．陆上爆破宜采取由外向内、由上向下的顺序施工

E．装填炮孔数量应以设计的二次起爆药量为限

2. 关于水下裸露爆破施工的说法，正确的有（　　）。

A．每炮次的横向搭接宜为 0.5～1.0m

B．宜采用预裂爆破

C．水下裸露爆破宜采用船投法

D．施工顺序应从深水到浅水

E．施工顺序应由下游向上游

3. 关于水下钻孔爆破施工要求的说法，正确的有（　　）。

A．施工宜按先下游后上游的顺序进行

B．施工宜按先浅水后深水的顺序进行

C．钻爆船施工宜保持船体垂直水流

D．爆破网路宜使用电力起爆或导火索起爆

E．水下钻孔布置宜采用矩形或梅花形布孔

4. 关于重锤凿岩施工要求的说法，正确的有（　　）。

A．凿岩锤重和锤型应根据吊机或抓斗机提升能力、岩石等级确定

B．凿击点布置宜为 1.5～2.0m 间距的等边三角形

C．凿岩锤落锤高度应根据岩石等级确定，宜为 2～3m

D．普氏Ⅴ级以内岩石宜采用 5～20t 的笔状凿岩锤

E．凿岩、清渣施工循环作业深度宜为 0.5～1.5m

5. 关于液压破碎锤凿岩施工要求的说法，正确的有（　　）。

A．液压破碎锤应根据挖掘机功率、水深确定

B．液压破碎锤的钎杆长度应根据挖掘机功率、水深确定

C．凿岩、清渣施工循环作业深度宜为 0.2～0.5m

D．凿岩施工时应控制凿岩的频率

E．破碎锤应与岩面成 45° 角，避免破碎锤空打

【参考答案】

一、单项选择题

1．C；　2．A；　3．C；　4．D；　5．D；　6．A

二、多项选择题

1．A、D；　2．C、D、E；　3．A、E；　4．A、B、C；

5．A、B、C

2.9 疏浚与吹填工程施工技术

复习要点

1．各类型挖泥船主要技术性能、生产率计算、疏浚监控系统组成、施工方法、挖掘系统选用、工艺流程及施工工艺技术要求。

2．接力泵站位置选择及其施工的技术要求和联合施工特征、方式及其各施工方式的适用条件与特点。

3．吹填工程施工方式及其适用条件与特点、吹填土方量计算与吹填工程施工的技术要求。

一　单项选择题

1.（　　）是指采用水力或机械的方法为拓宽、加深水域而进行的水下土石方开挖工程。

A．整治工程　　B．疏浚工程

C．回填工程　　D．港口工程

2. 吹填工程是指将挖泥船挖取的泥砂，通过（　　）输送到指定地点进行填筑的作业。

A. 排泥管线　　B. 外抛

C. 回填　　D. 干砌

二 多项选择题

1. 疏浚工程按其性质和任务不同分为（　　）。

A. 表层疏浚　　B. 基建性疏浚

C. 深层疏浚　　D. 维护性疏浚

E. 综合疏浚

2. 基建性疏浚是为新辟航道、港口等或为增加它们的尺度、改善航运条件，具有（　　）性质的疏浚。

A. 维护　　B. 恢复

C. 新建　　D. 改建

E. 扩建

3. 维护疏浚是为（　　）某一指定水域原定的尺度而清除水底淤积物的疏浚。

A. 维护　　B. 恢复

C. 新建　　D. 改建

E. 扩建

【参考答案】

一、单项选择题

1. B；　2. A

二、多项选择题

1. B、D；　2. C、D、E；　3. A、B

2.9.1 耙吸挖泥船施工

一 单项选择题

1. 耙吸挖泥船单点定位吹泥时水域宽度不低于（　　）倍船长。

A. 1.0　　B. 2.0

C. 2.5　　D. 3.0

2. 下列疏浚土之中，适用于 2.0～2.5kn 挖泥对地航速的是（　　）。

A. 黏性土类　　B. 中密砂

C. 密实砂　　D. 松散砂

3. 在紧急情况下，需要突击疏浚航道浅段，迅速增加水深时可采用（　　）。

A．装舱溢流施工法　　B．装舱不溢流施工法
C．旁通施工法　　D．吹填施工法

4．当耙吸挖泥船设有几档舱容或舱容可连续调节时，应根据（　　）选择合理的舱容。

A．水深　　B．土质
C．水流　　D．风浪

5．耙吸船开挖淤泥类土，对地航速宜采用（　　）。

A．0.5～1kn　　B．2～2.5kn
C．3～4kn　　D．5～6kn

6．关于耙吸挖泥船施工顺序的说法，正确的是（　　）。

A．当浚前断面的深度两侧较浅、中间较深时，应先开挖两侧
B．挖槽断面中间和两侧浚前水深基本相近时，先开挖中间，再挖两侧
C．在落潮流占优势的潮汐河口可利用落潮流的作用由外向里开挖
D．当水流为单向水流时，应从下游开始挖泥，逐渐向上游延伸

7．耙吸挖泥船挖掘较硬土质时，波浪补偿器压力应调（　　）。

A．高　　B．低
C．无关　　D．均可

8．耙吸挖泥船开挖松散和中等密实砂宜选用的耙头是（　　）。

A．冲刷型耙头　　B．挖掘型耙头
C．吸入型耙头　　D．主动挖掘型耙头

9．为增加装舱量，耙吸挖泥船应将泥舱中的水抽干施工的疏浚土质是（　　）。

A．软塑黏土　　B．粉土
C．细砂　　D．淤泥质土

10．耙吸挖泥船开挖硬黏土宜选用的耙头是（　　）。

A．主动挖掘型耙头　　B．挖掘型耙头
C．吸入型耙头　　D．冲刷型耙头

11．耙吸挖泥船根据船舶的泥舱容量分为四级，舱容为 8000m^3 的耙吸挖泥船属于（　　）。

A．小型耙吸挖泥船　　B．中型耙吸挖泥船
C．大型耙吸挖泥船　　D．超大型耙吸挖泥船

12．下列耙吸挖泥船疏浚监控分系统中，属于基本型疏浚监控系统的是（　　）。

A．疏浚轨迹与剖面显示系统　　B．疏浚自动控制系统
C．疏浚辅助决策系统　　D．功率管理系统

二　多项选择题

1．下列情况中，适宜旁通或边抛施工的有（　　）。

A．环保部门许可，对附近水域的回淤没有明显不利影响时
B．在紧急情况下，需要突击疏浚航道浅段，迅速增加水深时

C．疏浚增深的效果明显大于旁通泥沙对挖槽的回淤时

D．施工区水深较浅，不能满足挖泥船装舱的吃水要求时

E．当疏浚粉土、粉砂、流动性淤泥等不易在泥舱内沉淀的细颗粒土质时

2. 耙吸挖泥船挖满一舱泥的挖泥时间主要取决于（　　）。

A．挖泥船的性能　　B．开挖土质的难易

C．开挖泥层厚度　　D．泥浆在泥舱中的沉淀情况

E．施工区的水流流向

3. 耙吸挖泥船施工应根据开挖的土质选择合理的挖泥对地航速，对于 2.0～2.5kn 的挖泥对地航速适应的土质有（　　）。

A．黏性土　　B．淤泥

C．淤泥类土　　D．松散砂

E．中密砂

4. 耙吸挖泥船装舱施工的施工运转小时生产率与（　　）时间有关。

A．空载航行　　B．避让

C．重载航行　　D．检修

E．抛泥

5. 挖掘型耙头适用于挖掘（　　）等土质。

A．松散砂　　B．淤泥土类

C．密实砂　　D．波浪

E．硬黏土

6. 耙吸挖泥船的主要施工方法有（　　）。

A．装舱施工法　　B．旁通施工法

C．吹填施工法　　D．边抛施工法

E．横挖施工法

7. 当疏浚不易在泥舱内沉淀的细颗粒土质时，关于提高舱内泥浆浓度，增加装舱量措施的说法正确的有（　　）。

A．应将泥舱中的水抽干

B．将开始挖泥下耙时所挖吸的清水和稀泥浆排出舷外

C．将终止挖泥起耙时所挖吸的清水和稀泥浆排出舷外

D．增加泥泵进舱流量

E．加大挖泥对地航速

8. 关于耙吸挖泥船施工顺序的说法，正确的有（　　）。

A．当浚前断面两侧较浅、中间较深时，应先开挖两侧

B．当水流为单向水流时，应从下游开始挖泥，逐渐向上游延伸

C．当水流为单向水流时，应从上游开始挖泥，逐渐向下游延伸

D．当浚前断面两侧较浅、中间较深时，应先开挖中间

E．当一侧泥层较厚时，应先挖泥层较薄的一侧

9. 下列耙吸挖泥船疏浚监控分系统中，属于基本型疏浚监控系统的有（　　）。

A．吃水装载检测系统　　B．监测报警系统

C．疏浚自动控制系统　　D．疏浚仪器仪表

E．功率管理系统

10．把吸挖泥船艏喷施工时，应根据（　　）等选择就位点。

A．潮流　　B．风向

C．水深　　D．底质

E．水流

【参考答案】

一、单项选择题

1．B；　2．D；　3．C；　4．B；　5．B；　6．A；　7．B；　8．A；

9．B；　10．A；　11．B；　12．A

二、多项选择题

1．A、B、C、D；　2．A、B、C、D；　3．B、C、D；　4．A、C、E；

5．B、C；　6．A、B、C、D；　7．A、B、C；　8．A、C；

9．A、B、D；　10．A、B、C、E

2.9.2　绞吸挖泥船施工

一　单项选择题

1．绞吸挖泥船根据船舶的装机总功率分为四级，船舶装机总功率 N 为 8000kW 的绞吸挖泥船属于（　　）。

A．小型绞吸挖泥船　　B．中型绞吸挖泥船

C．大型绞吸挖泥船　　D．特大型绞吸挖泥船

2．下列挖泥船施工方法中，属于绞吸挖泥船的是（　　）。

A．锚缆横挖法　　B．扇形横挖法

C．斜向横挖法　　D．十字形横挖法

3．绞吸挖泥船加装潜水泵可提高（　　）。

A．时间利用率　　B．生产率

C．工程质量　　D．挖泥平整度

4．下列挖泥船疏浚监控分系统中，属于绞吸挖泥船基本型疏浚监控系统的是（　　）。

A．监测报警系统　　B．疏浚自动控制系统

C．疏浚辅助决策系统　　D．动力定位 / 动态跟踪系统

5．绞吸挖泥船挖掘生产率与下列因素中有关的是（　　）。

A．泥浆浓度　　B．流量

C．排距　　D．绞刀前移距

6．绞吸挖泥船在风浪较大地区施工应采用（　　）。

A. 钢桩定位　　B. 台车定位
C. 三缆定位　　D. 单缆定位

7. 绞吸挖泥船采用锚艇抛锚的钢桩横挖法和三缆横挖法施工的分条宽度以钢桩或三缆柱中心到绞刀前端水平投影长度的（　　）为宜。

A. 0.9 倍　　B. 1.0 倍
C. 1.1 倍　　D. 1.2 倍

8. 绞吸挖泥船开挖淤泥类土的分层挖泥厚度宜为绞刀直径的（　　）。

A. 1.0～1.5 倍　　B. 1.5～2.0 倍
C. 1.5～2.5 倍　　D. 2.0～2.5 倍

9. 绞吸挖泥船的绞刀应根据疏浚土类及其密实度选择，对于岩石宜选用（　　）。

A. 锥形方齿绞刀　　B. 锥形平刃绞刀
C. 锥形尖齿绞刀　　D. 锥形凿齿绞刀

二　多项选择题

1. 属于绞吸挖泥船施工方法的有（　　）。

A. 对称钢桩横挖法　　B. 三缆定位横挖法
C. 锚缆横挖法　　D. 扇形横挖法
E. 平行横挖法

2. 绞吸挖泥船的主要挖泥设备包括（　　）。

A. 绞刀　　B. 泥泵
C. 泥舱　　D. 泥门
E. 耙头

3. 影响绞吸挖泥船挖掘生产率的主要设备因素包括（　　）。

A. 绞刀功率　　B. 泥泵功率
C. 横移绞车功率　　D. 起桥绞车功率
E. 钢桩

4. 影响绞吸挖泥船吸输生产率的主要设备因素包括（　　）。

A. 绞刀功率　　B. 泥泵功率
C. 横移绞车功率　　D. 起桥绞车功率
E. 钢桩

5. 下列挖泥船疏浚监控分系统中，属于绞吸挖泥船基本型疏浚监控系统的有（　　）。

A. 设备控制与监视系统　　B. 监测报警系统
C. 疏浚自动控制系统　　D. 功率管理系统
E. 疏浚辅助决策系统

6. 绞吸挖泥船分层施工时上层挖泥宜较厚、最后一层应较薄，其目的是（　　）。

A. 保证挖宽　　B. 提高时间利用率
C. 保证质量　　D. 保证安全

E．提高绞吸挖泥船效能

7. 绞吸挖泥船的绞刀应根据疏浚土类及其密实度选择，冠形固定方齿绞刀适用于开挖（　　）等土质。

A．淤泥土类　　B．松散砂
C．软塑黏土　　D．可塑黏土
E．泥炭

8. 绞吸挖泥船开工展布包括（　　）。

A．避让　　B．定船位
C．架设排泥管线　　D．航修
E．抛锚

9. 绞吸挖泥船施工应（　　）。

A．按台车一次前移距进行分段
B．按边线拐点进行分段
C．按挖槽规格变化进行分段
D．根据商定的避让办法进行分段
E．按工期要求进行分段

10. 关于绞吸挖泥船分层挖泥厚度要求的说法，正确的有（　　）。

A．淤泥类土分层挖泥的厚度宜取绞刀直径的 1.5～2.5 倍
B．软黏土分层挖泥的厚度宜取绞刀直径的 1.0～2.0 倍
C．硬黏土分层挖泥的厚度宜取绞刀直径的 0.75～1.0 倍
D．密实砂分层挖泥的厚度宜取绞刀直径的 0.5～1.5 倍
E．软岩石分层挖泥的厚度宜取绞刀直径的 0.5～1.0 倍

【参考答案】

一、单项选择题

1. B；　2. A；　3. B；　4. A；　5. D；　6. C；　7. C；　8. C；
9. C

二、多项选择题

1. A、B、C；　2. A、B；　3. A、C；　4. A、B、C；
5. A、B；　6. C、E；　7. C、D、E；　8. B、C、E；
9. B、C、D、E；　10. A、B、C

2.9.3 链斗挖泥船施工

一 单项选择题

1. 下列挖泥船疏浚监控分系统中，属于链斗挖泥船基本型疏浚监控系统的是（　　）。

A．监测报警系统　　B．疏浚数据记录系统

C．无线数据传输系统　　D．动力定位 / 动态跟踪系统

2. 链斗挖泥船分条的宽度视主锚缆的抛设长度而定，一般情况下取（　　）。

A．60m　　B．100m

C．80m　　D．120m

3. 链斗挖泥船根据斗高和土质确定一次挖泥厚度，一般为斗高的（　　）。

A．0.5～1.0 倍　　B．1.0～2.0 倍

C．2.0～2.5 倍　　D．2.5～3.0 倍

4. 采用链斗挖泥船和吹泥船施工时，对于（　　）宜选用舱壁较陡的开底或开体泥驳。

A．砂　　B．粉土

C．黏性土　　D．淤泥

5. 施工区水流流速较大时链斗船宜采用（　　）。

A．斜向横挖法　　B．扇形横挖法

C．十字形横挖法　　D．平行横挖法

6. 链斗挖泥船的斗链运转速度与所挖土质有关，极硬土的斗链运转速度为（　　）斗 /min。

A．8～11　　B．12～15

C．16～19　　D．20～23

7. 链斗挖泥船的运转时间小时生产率与下列参数中的（　　）有关。

A．重载航速　　B．斗桥的倾斜系数

C．轻载航速　　D．泥驳载重量

8. 链斗挖泥船夹绑换驳适用于（　　）。

A．顺流挖泥　　B．逆流挖泥

C．横流挖泥　　D．均适用

9. 链斗挖泥船的斗链运转速度与所挖土质有关，极软土的斗链运转速度为（　　）斗 /min。

A．21～24　　B．25～28

C．29～32　　D．33～36

10. 挖槽狭窄、挖槽边缘水深小于挖泥船吃水时，链斗船宜采用（　　）施工。

A．斜向横挖法　　B．扇形横挖法

C．十字形横挖法　　D．平行横挖法

11. 当链斗挖泥船不受挖槽宽度和挖槽边缘水深限制时，链斗船宜采用（　　）施工。

A．斜向横挖法　　B．扇形横挖法

C．十字形横挖法　　D．平行横挖法

12. 挖槽边缘水深小于挖泥船吃水、挖槽宽度小于挖泥船长度时，链斗挖泥船宜采用（　　）。

A．扇形横挖法　　B．平行横挖法

C．十字形横挖法　　D．斜向横挖法

13．链斗挖泥船施工一般布设（　　）锚缆。

A．5 组　　B．3 组

C．6 组　　D．4 组

二 多项选择题

1．影响链斗挖泥船运转小时生产率的主要参数有（　　）。

A．斗链运转速度　　B．斗容

C．挖深　　D．航速

E．挖宽

2．关于链斗挖泥船施工方法选用的说法，正确的有（　　）。

A．挖槽狭窄、挖槽边缘水深小于挖泥船吃水时宜选用扇形横挖法施工

B．挖泥船不受挖槽宽度和边缘水深限制时宜选用斜向横挖法施工

C．施工区水流流速较大时可采用平行横挖法施工

D．施工区水流流速较大时可采用扇形横挖法施工

E．挖泥船不受挖槽宽度和边缘水深限制时宜选用十字形横挖法施工

3．关于链斗挖泥船艉锚布设要求的说法，正确的有（　　）。

A．艉锚缆通过区为水域时应设托缆方驳

B．艉锚缆通过区为滩地时应设托缆滚筒

C．艉锚缆长度应根据缆绳容量等确定，不宜低于 500m

D．艉锚宜下在挖泥中心线上

E．艉锚缆长视流向确定，逆流施工取 100～200m

4．计算确定链斗挖泥船所配泥驳数量应考虑的参数有（　　）。

A．泥斗容积　　B．斗链运转速度

C．泥斗充泥系数　　D．重载航速

E．轻载航速

5．链斗挖泥船的主要施工方法有（　　）。

A．斜向横挖法　　B．正向横挖法

C．扇形横挖法　　D．十字形横挖法

E．平行横挖法

6．链斗挖泥船应在（　　）分段施工。

A．挖槽边线为折线时

B．挖槽内泥层厚度相差较大时

C．挖槽规格不一时

D．挖槽内流速较大时

E．能避免或降低航行施工干扰时

7．关于链斗挖泥船施工工艺参数要求的说法，正确的有（　　）。

A．根据斗高和土质确定一次挖泥厚度

B．一次挖泥厚度一般为斗高的 2.0～2.5 倍
C．根据斗高和土质并参考分层厚度及横移速度确定前移距
D．硬土前移距大，软土前移距小
E．横移速度一般控制在 10～12m/min

8．链斗挖泥船艏锚布设应符合的规定有（　　）。
A．施工流速较大且稳定时可不设
B．宜下在挖泥中心线上
C．锚缆长度不宜低于 400m
D．锚缆长度不宜低于 500m
E．通过区为滩地时应设托缆滚筒

9．下列链斗挖泥船疏浚监控分系统中，属于基本型疏浚监控系统的有（　　）。
A．监测报警系统　　B．疏浚监测与控制系统
C．视频监视系统　　D．疏浚轨迹与剖面显示系统
E．无线数据传输系统

【参考答案】

一、单项选择题

1．A；　2．B；　3．B；　4．C；　5．D；　6．B；　7．B；　8．B；
9．B；　10．B；　11．A；　12．C；　13．C

二、多项选择题

1．A、B、C；　2．A、B、C；　3．D、E；　4．D、E；
5．A、C、D、E；　6．A、C、E；　7．A、C；　8．B、D、E；
9．A、B、C、D

2.9.4 抓斗挖泥船施工

一　单项选择题

1．抓斗挖泥船按其配置的设计斗容分为三级，属于中型抓斗挖泥船的是（　　）。
A．$8m^3$ 抓斗挖泥船　　B．$5m^3$ 抓斗挖泥船
C．$25m^3$ 抓斗挖泥船　　D．$30m^3$ 抓斗挖泥船

2．抓斗挖泥船施工时分条最大宽度不得超过抓斗吊机的有效工作半径的（　　）。
A．1.0 倍　　B．1.5 倍
C．2.0 倍　　D．2.5 倍

3．当土质稀软、泥层薄时，抓斗挖泥船挖泥作业时（　　）。
A．下斗间距宜大　　B．增加抓斗重叠量
C．减少抓斗重叠量　　D．下斗间距宜小

4．抓斗挖泥船挖掘黏土和密实砂，当抓斗充泥量不足时，应（　　）。

A. 下斗间距宜大

B. 增加抓斗重叠量

C. 减少抓斗重叠量

D. 下斗间距宜小

5. 锚缆定位的抓斗挖泥船施工宜布设（　　）锚缆。

A. 3 组

B. 5 组

C. 4 组

D. 6 组

6. 抓斗挖泥船开挖淤泥土类时宜选用（　　）。

A. 中型抓斗

B. 轻型平口抓斗

C. 带齿抓斗

D. 重型全齿抓斗

7. 抓斗挖泥船开挖中等密实砂时宜选用（　　）。

A. 带齿抓斗

B. 轻型平口抓斗

C. 中型抓斗

D. 重型全齿抓斗

8. 抓斗挖泥船开挖硬塑黏土时宜选用（　　）。

A. 带齿抓斗

B. 轻型平口抓斗

C. 重型全齿抓斗

D. 中型抓斗

9. 抓斗挖泥船作业时前移量宜取抓斗张开度的（　　）。

A. 0.2～0.3 倍

B. 0.3～0.4 倍

C. 0.6～0.8 倍

D. 0.8～0.9 倍

10. 抓斗挖泥船分段的长度取决于定位边缆长度和水流流向，顺流施工取艏边缆起始长度的（　　）。

A. 65%

B. 70%

C. 75%

D. 80%

11. 下列挖泥船疏浚监控分系统中，属于抓斗挖泥船基本型疏浚监控系统的是（　　）。

A. 挖泥自动控制系统

B. 疏浚数据记录系统

C. 无线数据传输系统

D. 监测报警系统

二 多项选择题

1. 关于锚缆定位的抓斗挖泥船布设锚缆的说法，正确的有（　　）。

A. 宜布设 4 组锚缆

B. 艏边锚 2 只，对称挖槽呈八字形布设于船艏前方两侧

C. 艉边锚 2 只，对称挖槽呈八字形布设于船艉前方两侧

D. 艉边锚 2 只，对称挖槽交叉呈八字形布设于船艉后方两侧

E. 艏边锚 2 只，对称挖槽交叉呈八字形布设于船艏后方两侧

2. 关于抓斗挖泥船分段长度的说法，正确的有（　　）。

A. 顺流施工取艏边缆起始长度的 75%

B. 顺流施工取艏边缆起始长度的 60%

C. 逆流施工取艏边缆起始长度的 75%

D. 逆流施工取艏边缆起始长度的 60%

E．逆流施工取艄边缆起始长度的 65%

3. 抓斗挖泥船分条的宽度应符合的要求有（　　）。

A．分条最大宽度不得超过挖泥船抓斗起重机的有效工作半径的 2 倍

B．最大挖宽一般不宜超过船长的 1.1～1.2 倍

C．当浚前水深大于挖泥船的吃水时，最小挖宽采用等于挖泥船前移换桩时所需的摆动宽度

D．在流速大的深水挖槽施工时，分条的挖宽不得大于挖泥船的船宽

E．在浅水区施工时，分条最小宽度应满足挖泥船作业和泥驳绑靠所需的水域要求

4. 关于抓斗挖泥船分层施工要求的说法，正确的有（　　）。

A．受水位影响需乘潮施工时

B．硬土质分层的厚度可酌情减少

C．泥层厚度超过抓斗一次所能开挖的厚度时

D．对 $2m^3$ 抓斗分层的厚度宜取 0.5～1.0m

E．对 $8m^3$ 抓斗分层的厚度宜取 2.5～3.0m

5. 关于确定抓斗挖泥船下斗的间距和前移量的说法，正确的有（　　）。

A．应根据土质和泥层厚度确定

B．土质稀软、泥层薄时，下斗间距宜大

C．土质坚硬，泥层厚时，斗距宜小

D．土质稀软、泥层厚时，斗距宜小

E．前移量宜取抓斗张开宽度的 0.6～0.8 倍

6. 抓斗挖泥船应根据不同土质选用不同类型的抓斗，抓斗类型分为（　　）。

A．轻型平口抓斗　　B．小型抓斗

C．中型抓斗　　D．重型全齿抓斗

E．超重型抓斗

7. 下列疏浚土之中，适用于斗容较大的轻型平口抓斗的有（　　）。

A．软塑黏土　　B．松散砂

C．可塑黏土　　D．中等密实砂

E．硬塑黏土

【参考答案】

一、单项选择题

1. A；　2. C；　3. A；　4. C；　5. C；　6. B；　7. C；　8. C；
9. C；　10. C；　11. D

二、多项选择题

1. A、B、D；　2. A、D；　3. A、D、E；　4. A、B、C；
5. A、B、C、E；　6. A、C、D、E；　7. A、B

2.9.5 铲斗挖泥船施工

一 单项选择题

1. 下列挖泥船施工方法中，铲斗挖泥船应采用的是（　　）。

A．斜向横挖法　　B．平行横挖法

C．十字形横挖法　　D．纵挖法

2. 铲斗挖泥船采用挖掘与提升铲斗同步挖掘法施工适用的土质是（　　）。

A．松散砂　　B．风化岩

C．密实砂　　D．淤泥土类

3. 下列疏浚土质中，适用于中型容量铲斗的是（　　）。

A．可塑黏土　　B．淤泥土类

C．硬塑黏土　　D．中等密实碎石

4. 泥层厚度过大时应分层开挖，铲斗挖泥船分层厚度一般不宜超过斗高（　　）。

A．1.2～1.5 倍　　B．1.2～1.8 倍

C．1.5～2.0 倍　　D．1.8～2.0 倍

5. 下列挖泥船疏浚监控分系统中，属于铲斗挖泥船基本型疏浚监控系统的是（　　）。

A．监测报警系统　　B．疏浚数据记录系统

C．无线数据传输系统　　D．挖泥自动控制系统

6. 铲斗挖泥船应根据不同土质选用不同铲斗，可塑黏土宜配备（　　）。

A．大容量铲斗　　B．中型容量铲斗

C．小容量铲斗　　D．小容量带齿铲斗

二 多项选择题

1. 关于铲斗挖泥船挖掘不同土质的施工参数控制的说法，正确的有（　　）。

A．挖硬土时回转角宜适当减小　　B．挖硬土时回转角宜适当增大

C．挖软土时回转角宜适当增大　　D．挖软土时回转角宜适当减小

E．挖软土时铲斗前移距适当减小

2. 关于铲斗挖泥船施工要求的说法，正确的有（　　）。

A．正铲挖泥船宜位于已开挖区域顺挖槽前进挖泥

B．正铲挖泥船宜位于未开挖区域顺挖槽后退挖泥

C．分层厚度应根据斗高和挖掘的土质确定

D．挖软土分层宜厚，挖硬土分层可薄

E．挖硬土时回转角宜适当减小，挖软土时宜适当增大

3. 铲斗挖泥船采用挖掘制动、提升铲斗挖掘法施工适用于（　　）。

A．密实砂　　B．淤泥土类

C．硬塑黏土　　D．松散砂

E．中等密实碎石

4. 铲斗挖泥船的中型容量铲斗适用于（　　）。

A．密实砂　　B．可塑黏土

C．硬塑黏土　　D．中等密实砂

E．中等密实碎石

5. 下列疏浚土质中，宜采用挖掘与提升铲斗同步挖掘法施工的有（　　）。

A．硬塑黏土　　B．淤泥土类

C．密实沙　　D．可塑黏土

E．风化岩

【参考答案】

一、单项选择题

1．D；　2．B；　3．A；　4．D；　5．A；　6．B

二、多项选择题

1．A、C；　2．A、C、D、E；　3．B、D；　4．B、D；

5．A、C、E

2.9.6 接力泵施工

一 单项选择题

1. 挖泥船或吹泥船（　　）不能满足管道输送距离要求且工程量较大时应设置接力泵。

A．泥泵转速　　B．泥泵扬程

C．泥泵流量　　D．泥泵功率

2. 接力泵施工中，接力泵吸入口压力较低且不得小于（　　）。

A．0.10MPa　　B．0.15MPa

C．0.20MPa　　D．0.25MPa

3. 接力泵施工中，接力泵排出端应设（　　）。

A．空气释放阀　　B．压力表

C．真空压力表　　D．放气阀

二 多项选择题

1. 关于设置在陆上的接力泵站应满足的要求的说法，正确的有（　　）。

A．水、电满足需求

B．满足泵站设备运输要求

C．风的条件满足接力泵站安全要求
D．地基稳定性好，承载力足够
E．减少施工噪声等对周边环境的不利影响

2．关于接力泵系统施工的要求，正确的有（　　）。
A．接力泵吸入口压力不得小于 0.1MPa
B．接力泵前端应设空气释放阀
C．系统停泵应从最后一级接力泵开始
D．系统停泵应从最前一级接力泵开始
E．应同时具备两种及以上的通信手段

【参考答案】

一、单项选择题

1．D；　2．A；　3．B

二、多项选择题

1．A、B、D、E；　2．A、B、C、E

2.9.7 联合施工

一 单项选择题

1．联合施工的主要特征是疏浚船型至少有（　　）。
A．两种　B．三种
C．四种　D．五种

二 多项选择题

1．"斗式或其他挖泥船—泥驳—吹泥船"联合施工方式适用的条件有（　　）。
A．内河或风浪较小的海区
B．具备运泥通道和靠泊条件
C．淤泥类土、砂质土及软黏土的吹填工程
D．吹填区距挖泥区水上距离较远的粗颗粒砂吹填
E．吹填区距挖泥区水上距离较远的软质岩石疏浚

【参考答案】

一、单项选择题

1．A

二、多项选择题

1. A、B、C

2.9.8 吹填工程施工

一 单项选择题

1. 挖泥船吹填施工中细砂在水面以上形成的坡度为（　　）。

A．1∶25～1∶50　　B．1∶50～1∶100

C．1∶15～1∶50　　D．1∶30～1∶100

2. 排水口的位置应根据吹填区地形等因素确定，禁止布置在（　　）。

A．排泥管线出口的地方　　B．吹填区死角

C．具有排水条件的地方　　D．有利于泥沙沉淀的地方

3. 吹填施工土方量计算应考虑吹填土的（　　）。

A．超深量　　B．超宽量

C．超挖量　　D．流失率

4. 关于吹填土的坡度的说法，错误的是（　　）。

A．淤泥水面以上的吹填坡度缓于细砂的吹填坡度

B．细砂水面以上的吹填坡度陡于水面以下的吹填坡度

C．同一种吹填土水面以上的吹填坡度缓于平静海域的吹填坡度

D．同一种吹填土平静海域的吹填坡度陡于有风浪海域的吹填坡度

5. 吹填工程完工后吹填平均高程不允许低于设计吹填高程时，高程平均允许偏差值可取（　　）。

A．＋0.10m　　B．＋0.20m

C．＋0.25m　　D．＋0.30m

6. 吹填工程完工后吹填平均高程允许有正负偏差时，高程平均允许偏差值可取（　　）。

A．±0.10m　　B．±0.20m

C．±0.25m　　D．±0.15m

7. 直接吹填施工方式适用于（　　）。

A．取土区风浪大、运距远的大中型吹填工程

B．风浪较小、运距远、疏浚土质较硬的大中型吹填工程

C．取土区与吹填区较近的码头后方陆域形成工程

D．风浪较小、运距远、疏浚土质较硬的中小型吹填工程

8. 关于就地取土筑埝施工要求的说法，错误的是（　　）。

A．取土区内取土坑不得贯通

B．排泥管架两侧不得取土

C．平坦区域取土边线与埝脚的距离不应小于5.0m

D．软泥滩上取土边线与埝脚的距离不应小于10.0m

二 多项选择题

1. 绞吸挖泥船在取土区挖泥装驳→泥驳重载航行到吹填区附近的储泥坑抛泥→绞吸挖泥船将泥土吹填至吹填区施工方式的特点有（　　）。

A. 可开挖较硬的土质　　B. 需要开挖储泥坑

C. 船组配套设备简单　　D. 施工组织复杂

E. 抗风浪能力相对较差

2. 吹填土进入吹填区后的流失率应根据（　　）等具体施工条件和经验确定。

A. 土的粒径　　B. 吹填水深

C. 吹填面积　　D. 吹填高程

E. 吹填高度

3. 吹填区排泥管线的布置应满足（　　）的要求，并应考虑吹填区的地形、地貌，几何形状对管线布置的影响。

A. 设计标高　　B. 吹填范围

C. 挖泥标高　　D. 挖泥范围

E. 吹填厚度

4. 吹填施工排泥管线的布设间距应根据（　　）等因素确定。

A. 泥泵功率　　B. 吹填土流程

C. 挖深　　D. 挖宽

E. 吹填土坡度

5. 属于吹填区排放余水控制应遵循原则的有（　　）。

A. 吹填区内设置沉淀池

B. 在排水口外适当位置设置防污屏

C. 泥浆流径合理，吹填土质均匀

D. 泥浆流径长，吹填平整度好

E. 吹填区内交错设置若干导流围埝

6. 当吹填土质为（　　）时，管线进入吹填区后应设置支管同时保留多个吹填出口。

A. 淤泥　　B. 粉细砂

C. 中粗砂　　D. 岩石

E. 泥炭土

7. 吹填工程应分层实施的情况有（　　）。

A. 不同的吹填高程有不同的土质要求时

B. 工程完工后吹填平均高程允许有正负偏差

C. 合同要求不同时间达到不同的吹填高程时

D. 围埝高度不足，需用吹填土在吹填区分层修筑围埝时

E. 吹填区底质为淤泥类土，吹填易引起底泥推移造成淤泥集中时

8. 计算吹填土方量时的主要参数有（　　）。

A. 吹填容积量　　B. 原地基沉降量
C. 超挖工程量　　D. 超填工程量
E. 吹填土流失率

【参考答案】

一、单项选择题

1. B;　2. A;　3. D;　4. B;　5. B;　6. D;　7. C;　8. B

二、多项选择题

1. A、B、D、E;　2. A、C、E;　3. A、B、E;　4. A、B、E;
5. C、D;　6. C、D;　7. A、C、D、E;　8. A、B、D、E

2.10 环保疏浚工程施工技术

复习要点

1. 环保疏浚污染底泥调查与勘测的内容和类别。
2. 环保挖泥船的类型及其特点和环保疏浚工程的技术特点。

2.10.1 环保疏浚污染底泥分类

一 单项选择题

1. 污染底泥疏浚区的地质钻探孔深度宜大于污染土层底部（　　）。
A. 1.0m　　B. 1.5m
C. 2.0m　　D. 2.5m

2. 环保疏浚污染土依据污染物类型和影响途径共分为（　　）。
A. 三类　　B. 四类
C. 五类　　D. 六类

二 多项选择题

1. 环保疏浚是一门环境工程与疏浚工程相互交叉的工程技术，工程内容包括（　　）。
A. 余水处理　　B. 污染底泥疏挖
C. 生态修复　　D. 污染底泥资源化利用
E. 污染底泥处理

2. 下列污染底泥中，属于复合污染底泥的有（　　）。
A. 氮、重金属含量超过当地参比值的污染底泥

B．磷、有机氯农药含量超过当地参比值的污染底泥
C．氮、磷营养盐含量超过当地参比值的污染底泥
D．多氯联苯、多环芳烃含量超过当地参比值的污染底泥
E．重金属、有机氯农药含量超过当地参比值的污染底泥

【参考答案】

一、单项选择题
1．B；　　2．B
二、多项选择题
1．A、B、E；　　2．A、B、E

2.10.2 环保挖泥船施工

一 单项选择题

1．环保疏浚工程的施工深度精度一般控制在（　　）。
A．0～5cm　　B．5～10cm
C．10～15cm　　D．15～20cm

二 多项选择题

1．下列疏浚技术特点中，属于环保疏浚工程的有（　　）。
A．底面平坦，断面规则　　B．底泥堆场余水需处理
C．疏浚泥层厚度薄　　D．施工中控制二次污染
E．疏浚精度要求高

【参考答案】

一、单项选择题
1．B
二、多项选择题
1．B、C、D、E

第2篇　港口与航道工程相关法规与标准

第3章　相关法规

3.1　港口法和航道法的相关规定

微信扫一扫
在线做题+答疑

复习要点

1. 港口法、航道法中和港口与航道的规划、建设的相关的规定。
2. 港口法和航道法中与施工相关的规定。

3.1.1　港口法相关规定

一　单项选择题

1.《中华人民共和国港口法》第十三条规定港口深水岸线的标准由（　　）制定。

A．国务院交通主管部门　　B．省交通主管部门

C．港口行政管理部门　　D．省规划管理部门

2.《中华人民共和国港口法》第七条规定港口规划应体现（　　）的原则。

A．最大经济和社会效益　　B．船舶进出港方便和装卸便利

C．满足港口发展　　D．合理利用岸线资源

3. 关于港口规划的说法，错误的是（　　）。

A．港口规划包括港口布局规划和港口总体规划

B．港口布局规划应当符合港口总体规划

C．港口总体规划是指一个港口在一定时期的具体规划

D．港口布局规划是指港口的分布规划

4.《中华人民共和国港口法》第七条规定编制港口规划应当组织（　　）论证。

A．国务院有关管理部门

B．国家发展和改革委员会

C．专家

D．省交通管理部门及规划管理部门

5.《中华人民共和国港口法》第十三条规定在港口总体规划区内建设港口设施，使用港口深水岸线的，由（　　）批准。

A．国务院交通主管部门

B．各省（自治区、直辖市）交通主管部门

C．国务院交通主管部门会同国务院经济综合宏观调控部门

D．港口行政管理部门

6.《中华人民共和国港口法》第十三条规定在港口总体规划区内建设港口设施，使用非深水岸线的，由（　　）批准。

A．国务院交通主管部门

B．各省（自治区、直辖市）交通主管部门

C．国务院交通主管部门会同国务院经济综合宏观调控部门

D．港口行政管理部门

7.《中华人民共和国港口法》第十五条规定港口建设项目的（　　）必须与主体工程同时设计、同时施工、同时投入使用。

A．安全和环境保护设施　　B．港口公路

C．港口给水排水设施　　D．港口铁路

8.《中华人民共和国港口法》第三十七条规定，禁止在港口水域内从事（　　）活动。

A．养殖　　B．采掘

C．爆破　　D．拆除

9.《中华人民共和国港口法》第五十六条规定，由港口行政管理部门责令停止违法行为的是（　　）。

A．违反港口规划建设港口、码头的

B．违反港口规划建设港口设施的

C．向港口水域倾倒泥土、砂石的

D．未经依法批准，建设港口设施使用港口岸线的

二　多项选择题

1.《中华人民共和国港口法》第五十五条规定，未经依法批准在港口从事可能危及港口安全的（　　），由港口行政管理部门责令停止违法行为。

A．违反港口规划建设港口

B．采掘活动

C．违反港口规划建设码头

D．违反港口规划建设港口设施

E．爆破活动

【参考答案】

一、单项选择题

1. A；　2. D；　3. B；　4. C；　5. C；　6. D；　7. A；　8. A；
9. C

二、多项选择题

1. B、E

3.1.2 航道法相关规定

一 单项选择题

1.《中华人民共和国航道法》第六条规定航道规划应当包括（　　）。

A. 规划目标　　B. 环境保护目标

C. 防洪目标　　D. 水资源利用目标

2.《中华人民共和国航道法》第十一条规定（　　）应当对工程质量和安全进行监督检查，并对工程质量和安全负责。

A. 航道监理单位　　B. 航道建设单位

C. 航道施工单位　　D. 航道使用单位

3.《中华人民共和国航道法》第三十六条规定，在河道内（　　）应当依照有关法律、行政法规的规定进行。

A. 设置渔具　　B. 设置水产养殖设施

C. 倾倒砂石　　D. 采砂

4.《中华人民共和国航道法》第三十三条规定与航道有关的工程建设活动损坏航道的，（　　）应当予以修复或者依法赔偿。

A. 管理单位　　B. 建设单位

C. 维护单位　　D. 使用单位

5.《中华人民共和国航道法》第四十三条规定，（　　），由负责航道管理的部门责令停止违法行为。

A. 危害航道设施安全的

B. 航道和航道保护范围内采砂，损害航道通航条件的

C. 在航道和航道保护范围内倾倒砂石及其他废弃物的

D. 在航道内设置渔具或者水产养殖设施的

二 多项选择题

1.《中华人民共和国航道法》第四十三条规定，由负责航道管理部门责令停止违法行为、没收违法所得的行为是（　　）。

A. 在航道内采砂，损害航道通航条件的

B. 在航道和航道保护范围内倾倒砂石的

C. 在航道内设置渔具或者水产养殖设施的

D. 在航道保护范围内采砂，损害航道通航条件的

E. 在通航建筑物及其引航道和船舶调度区内从事货物装卸的

【参考答案】

一、单项选择题

1. A；　2. B；　3. D；　4. B；　5. B

二、多项选择题

1. A、D

3.2 港口与航道建设管理有关规章的规定

复习要点

1. 港口工程建设、航道工程建设、水运建设市场监督管理和水运工程安全生产监督管理与施工相关的主要规定。

2. 船舶及其有关作业活动污染海洋环境防治管理与施工相关的主要规定。

3.2.1 港口建设管理的相关规定

一 单项选择题

1.《港口工程建设管理规定》第六条规定推行（　　）标准化管理，加强施工安全风险管控。

A. 施工质量和安全　　B. 施工技术和安全

C. 施工质量和技术　　D. 施工环保和技术

2.《港口工程建设管理规定》第三十九条规定由（　　）组织交工验收。

A. 项目单位　　B. 施工单位

C. 监理单位　　D. 所在地港口行政管理部门

二 多项选择题

1. 下列工程验收的主要工作内容中，属于交工验收的有（　　）。

A. 检查工程执行有关部门批准文件情况

B. 检查施工自检报告、施工总结报告及施工资料

C. 对合同是否全面执行、工程质量是否合格做出结论

D. 检查工程执行强制性标准情况

E. 对存在问题和尾留工程提出处理意见

2.《港口工程建设管理规定》第六条规定鼓励港口工程建设采用（　　）。

A. 新技术　　B. 新设备

C. 新工艺　　D. 新结构

E. 新材料

3.《港口工程建设管理规定》第三十九条规定港口工程建设项目合同段完工后，由项目单位组织（　　）等单位进行交工验收。

A．设计单位　　B．试验检测单位
C．海事局　　D．监理单位
E．海洋局

4.《港口工程建设管理规定》第四十九条规定，港口工程建设项目竣工验收的主要内容有（　　）。

A．检查工程合同履约情况
B．检查工程实体质量
C．检查工程执行有关部门批准文件情况
D．检查施工自检报告、施工总结报告及施工资料
E．对存在问题和尾留工程提出处理意见

5.《港口工程建设管理规定》第四十条规定交工验收应当具备的条件有（　　）。

A．项目单位组织对工程质量的检测结果合格
B．监理单位对工程质量的评定（评估）合格
C．监理单位组织对工程质量的检测结果合格
D．质量监督机构对工程交工质量核验合格
E．质量单位对工程质量的评定（评估）合格

6.《港口工程建设管理规定》第四十一条规定交工验收的主要工作内容有（　　）。

A．检查监理单位独立抽检资料　　B．检查工程实体质量
C．检查施工单位独立抽检资料　　D．检查工程观感质量
E．出具竣工验收意见

【参考答案】

一、单项选择题

1．A；　2．A

二、多项选择题

1．B、C；　2．A、B、C、E；　3．A、B、D；　4．A、C、D；
5．A、B、D；　6．A、B

3.2.2 航道建设管理的相关规定

一 单项选择题

1.《航道建设管理规定》第七十三条规定，应当建立健全工程建设项目档案管理制度，保证档案资料真实、准确和完整的单位是（　　）。

A．项目单位　　B．建设单位
C．监理单位　　D．施工单位

2.《航道工程建设管理规定》第四十条规定，航运枢纽工程在截流前、水库蓄水前、通航前、机组启动前等关键阶段，组织阶段验收的单位是（　　）。

A. 项目单位　　B. 试验检测单位

C. 交通运输主管部门　　D. 运行管理单位

二 多项选择题

1. 关于航道工程建设管理规定的说法中，正确的有（　　）。

A. 应当坚持生态优先、绿色发展

B. 阶段验收时应检查工程实体质量

C. 应推行施工质量和安全标准化管理

D. 交工验收时应检查工程执行有关部门批准文件情况

E. 由项目单位组织相关单位进行交工验收

2. 根据《航道工程建设管理规定》，交工验收的主要工作内容有（　　）。

A. 检查施工自检报告、施工总结报告及施工资料

B. 检查设计单位对工程设计符合性评价意见和设计总结报告

C. 检查拟投入运行的工程是否具备运行条件

D. 检查工程执行有关部门批准文件情况

E. 检查廉政建设合同执行情况

3. 根据《航道工程建设管理规定》，竣工验收的主要工作内容有（　　）。

A. 检查按法规办理的各专项验收或者备案情况

B. 检查廉政建设合同执行情况

C. 对存在问题和尾留工程提出处理意见

D. 检查工程资料是否按规定整理齐全

E. 对航道工程建设、设计等单位的工作做出综合评价

4. 根据《航道工程建设管理规定》，阶段验收的主要工作内容有（　　）。

A. 检查已完工程交工验收情况

B. 检查工程资料是否按规定整理齐全

C. 检查拟投入运行的工程是否具备运行条件

D. 检查廉政建设合同执行情况

E. 检查在建工程是否正常、有序

【参考答案】

一、单项选择题

1. A；　2. A

二、多项选择题

1. A、C、E；　2. A、B；　3. A、B、C、E；　4. A、B、C、E

3.2.3 水运建设市场监督管理的相关规定

一 单项选择题

1.《水运建设市场监督管理办法》第八条规定，水运建设市场从业单位不包括（　　）。

A．项目单位　　B．项目代建单位

C．监理单位　　D．招标代理单位

2.《水运建设市场监督管理办法》第三十七条规定违反本办法规定，施工单位超越资质等级承揽工程并尚未开工建设的，处工程合同价款（　　）的罚款。

A．1%　　B．2%

C．3%　　D．4%

3.《水运建设市场监督管理办法》第四十条规定施工单位不按照工程设计图纸或者施工技术标准施工的，处工程合同价款（　　）的罚款。

A．1% 以上 2% 以下　　B．2% 以上 3% 以下

C．2% 以上 4% 以下　　D．3% 以上 4% 以下

二 多项选择题

1.《水运建设市场监督管理办法》第十七条规定施工单位经项目单位同意，可以将（　　）分包给具有相应资质条件的单位承担。

A．非主体工程　　B．分部工程

C．非关键性工程　　D．单项工程

E．适合专业化施工的工程

2.《水运建设市场监督管理办法》第二十条规定（　　）应当加强工程款管理，专款专用。

A．监理单位　　B．项目单位

C．主管部门　　D．施工单位

E．代建单位

3.《水运建设市场监督管理办法》第十九条规定，水运建设各相关单位应当按照合同约定全面履行义务，项目单位（　　）。

A．应当合理组织施工

B．应当加强现场管理，确保工程质量

C．应当按照合理工期组织项目实施

D．应当加强现场管理，确保生产安全

E．不得任意压缩合理工期和无故延长工期

【参考答案】

一、单项选择题

1. A；　2. B；　3. C

二、多项选择题

1. A、C、E；　2. B、D；　3. C、E

3.2.4 水运工程安全生产监督管理的相关规定

一 单项选择题

1. 根据《公路水运工程安全生产监督管理办法》，施工单位编制的风险等级较高的分部分项工程专项施工方案经施工单位（　　）签字后报监理工程师批准执行。

A. 主要负责人　　B. 技术负责人

C. 项目经理　　D. 项目总工

2.《公路水运工程安全生产监督管理办法》第十四条规定，按照年度施工产值配备专职安全生产管理人员，且按专业配备，2 亿元以上的最少不少于（　　）。

A. 6 名　　B. 4 名

C. 7 名　　D. 5 名

3.《公路水运工程安全生产监督管理办法》第二十四条规定施工单位应当依据风险评估结论，对风险等级较高的（　　）编制专项施工方案。

A. 单项工程　　B. 单位工程

C. 分部分项工程　　D. 临时工程

4.《公路水运工程安全生产监督管理办法》第五十六条规定施工单位未按照规定设置安全生产管理机构的，责令限期改正，可以处（　　）以下的罚款。

A. 5 万元　　B. 7 万元

C. 10 万元　　D. 15 万元

二 多项选择题

1.《公路水运工程安全生产监督管理办法》第三十六条规定，施工单位的专职安全生产管理人员应履行的职责有（　　）。

A. 督促落实本单位施工安全风险管控措施

B. 组织或者参与本合同段施工应急救援演练

C. 组织制定项目安全生产教育和培训计划

D. 制止和纠正违章指挥、违章操作和违反劳动纪律的行为

E. 结合项目特点，组织制定项目安全生产规章制度和操作规程

2.《公路水运工程安全生产监督管理办法》第三十五条规定项目负责人对项目安全生产工作负有的职责有（　　）。

A．组织制定项目安全生产规章制度和操作规程

B．组织制定项目安全生产教育和培训计划

C．及时、如实报告生产安全事故并组织自救

D．督促项目安全生产费用的规范使用

E．督促落实本单位施工安全风险管控措施

3.《公路水运工程安全生产监督管理办法》第四十条规定施工单位应当建立健全安全生产技术分级交底制度，明确安全技术分级交底的（　　）。

A．方法　　B．确认手续

C．人员　　D．内容

E．原则

4.《公路水运工程安全生产监督管理办法》第五十五条规定从业单位及相关责任人违反本办法规定，逾期未改正的，对从业单位处1万元以上3万元以下的罚款，下列适用此条款的行为有（　　）。

A．未按照规定配备安全生产管理人员的

B．未按照规定设置安全生产管理机构的

C．主要负责人和安全生产管理人员未按照规定经考核合格的

D．未按批准的专项施工方案进行施工，导致重大事故隐患的

E．从业单位未全面履行安全生产责任，导致重大事故隐患的

【参考答案】

一、单项选择题

1．B；　2．D；　3．C；　4．A

二、多项选择题

1．A、B、D；　2．A、B、C、D；　3．A、B、D、E；　4．D、E

3.2.5　防止船舶及其有关作业活动污染海洋环境防治管理的相关规定

一　单项选择题

1.《中华人民共和国船舶及其有关作业活动污染海洋环境防治管理规定》第九条规定在港区水域内洗舱的，在作业前应将作业时间、作业地点、作业单位和船舶名称等信息向（　　）报告。

A．港口管理机构　　B．海事管理机构

C．海洋管理机构　　D．环保管理机构

2. 违反《中华人民共和国船舶及其有关作业活动污染海洋环境防治管理规定》，由海事管理机构予以警告，或者处2万元以下罚款的情形是（　　）。

A．超过标准向海域排放污染物的

B．船舶未持有防治船舶污染海洋环境的证书、文书的

C．船舶向海域排放本规定禁止排放的污染物的

D．未按照规定在船上留存船舶污染物排放或者处置记录的

3.《中华人民共和国船舶及其有关作业活动污染海洋环境防治管理规定》第五十四条规定违反本规定，船舶向海域排放本规定禁止排放的污染物的，处（　　）的罚款。

A．3 万元以上 10 万元以下　　B．3 万元以上 15 万元以下

C．3 万元以上 20 万元以下　　D．3 万元以上 25 万元以下

二 多项选择题

1.《中华人民共和国船舶及其有关作业活动污染海洋环境防治管理规定》第四十条规定船舶应当在出港前将上一航次（　　）等信息按照规定报告海事管理机构。

A．消耗的燃料种类　　B．消耗的燃料数量

C．运行工况　　D．主机、辅机功率

E．锅炉功率

2.《中华人民共和国船舶及其有关作业活动污染海洋环境防治管理规定》第九条规定，船舶从事需向海事管理机构报告的作业活动有（　　）。

A．在沿海港口进行舷外拷铲、油漆作业的

B．在港区水域内洗舱、清舱、驱气的

C．进行船舶水上拆解、打捞、修造的

D．冲洗沾有污染物、有毒有害物质的甲板的

E．委托船舶污染物接收单位进行污染物接收作业的

【参考答案】

一、单项选择题

1. B；　2. B；　3. C

二、多项选择题

1. A、B、D、E；　2. A、B、C、D

第 4 章　相关标准的强制性条文

4.1　港口工程建设标准强制性条文的相关规定

微信扫一扫
在线做题＋答疑

复习要点

1. 水运工程混凝土严禁使用的水泥品种强制要求。

2. 海水环境工程中严禁采用碱活性粗、细骨料的强制要求。

3. 模板吊环严禁使用冷拉钢筋。

4. 预应力钢筋混凝土结构施工的预应力钢筋和预埋管道的强制要求。

5. 重力式码头设计施工对于基床、墙身、倒滤层、沉箱浮游稳定性以及施工船舶选择和防台风的强制要求。

6. 高桩码头施工对于已沉桩区警示、不利环境下夹桩检查、已安装构件加固、桩基检测和岸坡稳定措施的强制要求。

7. 防波堤设计施工对于施工期防护措施、施工船舶的选择和爆破排淤施工通告的强制要求。

8. 船闸施工对于施工期监测、围堰拆除、基坑周边堆载、钢结构制造和设备电器接地等强制要求。

9. 水运工程质量控制、检验和验收的强制性要求。

4.1.1　对混凝土的有关规定

单项选择题

1. 对后张法和后张法预应力混凝土，结构、构件中钢丝、钢丝束、钢绞线断裂或滑脱的数量，严禁超过结构、构件同一截面钢丝总根数的限制分别是（　　）。

A. 3%、3%　　　　B. 3%、5%

C. 5%、3%　　　　D. 5%、5%

【参考答案】

单项选择题

1. B

4.1.2 对重力式码头施工的有关规定

一 单项选择题

1. 沉箱靠自身浮游稳定时，必须验算其浮游稳定性，决定沉箱浮游稳定性的指标是（　　）。

A. 重心高度　　B. 干舷高度

C. 定倾半径　　D. 定倾高度

2. 在受台风影响地区施工时，开工前应为施工船舶提供（　　）。

A. 防风锚缆　　B. 应急拖轮

C. 避风锚地　　D. 应急预案

3. 沉箱需要远程浮运时，以液体压载的沉箱定倾高度不小于（　　）。

A. 0.2m　　B. 0.3m

C. 0.4m　　D. 0.5m

二 多项选择题

1. 采用浮运拖带法水上运输沉箱前的验算要求有（　　）。

A. 进行各种工况的浮游稳定性验算

B. 验算沉箱吃水时应计入所有附着物的重量

C. 仅需按常规工况条件验算浮游稳定性

D. 沉箱压载宜用砂、石或混凝土块等固体物

E. 用水压载时，应精确计算自由液面对稳定性的影响

2. 工程建设标准强制性条文中《码头结构设计规范》JTS 167—2018 第 2.3.9 规定，当码头前沿底流速较大，地基土有被冲刷的危险时，重力式码头应考虑的措施有（　　）。

A. 加大基床外肩宽度　　B. 放缓边坡

C. 不得采用明基床　　D. 增大埋置深度

E. 采用护底块石

【参考答案】

一、单项选择题

1. D；　2. C；　3. C

二、多项选择题

1. A、D、E；　2. A、B、D、E

4.1.3 对高桩码头施工的有关规定

一 单项选择题

1. 外海或工况恶劣条件下，选择高桩码头结构施工船型的标准是（　　）。

A. 干舷高　　B. 船型大

C. 抗风浪能力强　　D. 吃水深

2. 桩基静载荷试验前应进行的检测是（　　）。

A. 平面位置偏差　　B. 垂直度

C. 桩身强度　　D. 桩身完整性

二 多项选择题

1. 高桩码头施工中须强制落实的技术安全问题有（　　）。

A. 对已沉桩的区域应设置明显警示标志

B. 大风浪前检查夹桩设施是否牢固可靠

C. 岸坡顶部堆放预制构件时的岸坡稳定性

D. 构件安装后的稳定性

E. 禁止打桩船在建筑物上带缆

【参考答案】

一、单项选择题

1. C;　　2. D

二、多项选择题

1. A、B、C、D

4.1.4 对防波堤施工的有关规定

一 单项选择题

1. 防波堤与护岸结构在规定的设计使用年限内应满足功能要求是（　　）。

A. 在正常施工和正常使用时，主体结构能保持整体稳定

B. 在正常维护条件下，具有良好的工作性能

C. 在发生设定的偶然事件下，具有良好的工作性能

D. 在设计地震状况下，具有良好的工作性能

2. 对于施工过程中未成型的防波堤与护岸，进行模型试验研究的内容是（　　）。

A. 护面块体形式　　B. 断面的波浪稳定

C．防护措施　　D．护面块体的重量

二　多项选择题

1．下列各项中，属于爆破排淤施工前发布的爆破通告内容有（　　）。

A．爆破地点　　B．安全警戒范围

C．每次爆破起爆时间　　D．每次爆破炸药量

E．警戒标志

【参考答案】

一、单项选择题

1．B；　2．C

二、多项选择题

1．A、B、C、E

4.1.5　对船闸施工的有关规定

一　单项选择题

1．围堰拆除应制定专项方案，且应在围堰内土建工程、机电设备安装工程通过（　　）后进行。

A．专项检验　　B．专项验收

C．专项检测　　D．专项监测

2．碳素结构钢在环境温度低于（　　）时，不应进行冷矫正和冷弯曲。

A．−10℃　　B．−12℃

C．−16℃　　D．−18℃

3．低合金结构钢在加热矫正时，加热温度不应超过 900℃。低合金结构钢在加热矫正后应（　　）。

A．降温冷却　　B．控制冷却温度

C．自然冷却　　D．控制冷却速度

二　多项选择题

1．船闸工程施工期间应进行观测和监测的项目有（　　）。

A．地下水位观测　　B．施工围堰位移观测

C．施工基坑位移观测　　D．施工基坑裂缝观测

E．船闸水工结构的沉降观测

2．下列关于碳素结构钢和低合金结构钢冷矫正、加热矫正和冷弯曲的说法正确的

有（　　）。

A．碳素结构钢在环境温度低于 −12℃时，不应进行冷矫正

B．低合金结构钢在环境温度低于 −16℃时，不应进行冷弯曲

C．碳素结构钢在加热矫正时，加热温度不应超过 900℃

D．低合金结构钢在加热矫正后应自然冷却

E．低合金结构钢在加热矫正时，加热温度不应超过 900℃

【参考答案】

一、单项选择题

1．B；　　2．C；　　3．C

二、多项选择题

1．A、B、C、E；　　2．C、D、E

4.1.6　对干船坞和船台滑道施工的有关规定

单项选择题

1．坞口与坞室结构间应设置（　　）。

A．施工缝　　B．变形缝

C．后浇带　　D．止水带

【参考答案】

单项选择题

1．B

4.1.7　水运工程质量检验标准中的强制性条文

一　单项选择题

1．码头前沿安全地带以外的泊位水域（　　）。

A．严禁存在浅点

B．允许有不超过检查点总数 5% 的浅点

C．允许有不超过 10cm 的浅点

D．允许有不超过检查点总数 10% 的浅点

2．有备淤深度的港池疏浚工程，边缘水域的底质为中、硬底质时（　　）。

A．允许有不超过 10cm 的浅点

B．不得存在浅点

C．允许有不超过检查点总数 5% 的浅点

D．允许有不超过检查点总数 10% 的浅点

3．无备淤深度的港池疏浚工程设计底边线以内水域（　　）。

A．允许有不超过 10cm 的浅点

B．允许有不超过检查点总数 5% 的浅点

C．严禁存在浅点

D．允许有不超过检查点总数 10% 的浅点

4．无备淤深度的航道疏浚工程设计底边线以内水域（　　）。

A．允许有不超过检查点总数 5% 的浅点

B．严禁存在浅点

C．允许有不超过检查点总数 10% 的浅点

D．允许有不超过 10cm 的浅点

5．陆上爆破开挖施工程序应满足设计要求，严禁上下层同时（　　）作业、弃渣堆集过高。

A．垂直　　B．水平

C．交差　　D．分步

6．中、硬底质的一次性维护疏浚工程，设计底边线以内水域（　　）。

A．严禁存在浅点

B．不得存在浅点

C．允许有不超过 10cm 的浅点

D．允许存在不超过检查点总数 5% 浅点

二 多项选择题

1．对涉及结构安全和使用功能的有关产品，监理单位应进行（　　）。

A．见证性抽检　　B．委托第三方检验

C．查看检验记录　　D．平行检验

E．补充检验

2．施工单位在隐蔽工程隐蔽前应（　　）。

A．自检合格　　B．通知有关单位验收

C．通知质量监督单位　　D．形成验收文件

E．通知第三方检测机构

3．下列规定中，属于单位工程质量合格应符合的规定有（　　）。

A．所含分项工程的质量均应合格

B．所含分部工程的质量均应合格

C．主要功能项目抽查结果应符合要求

D．观感质量应符合要求

E．隐蔽工程的验收应符合要求

4．工程观感质量应按（　　）进行。

A. 验收人员现场检查　　　　B. 必要的测量
C. 验收人员共同确认　　　　D. 评分制（10 分制）
E. 典型区域检查法

【参考答案】

一、单项选择题

1. A;　2. B;　3. C;　4. B;　5. A;　6. B

二、多项选择题

1. A、D;　2. A、B、D;　3. B、C、D;　4. A、C

4.2 航道工程建设标准强制性条文的相关规定

复习要点

1. 航道整治工程中要求从事爆破工程具备符合资格条件的人员范围和围堰施工的技术要求。

2. 疏浚与吹填工程中大型设备水上拖带的要求和码头、护岸与其他水工建筑物前沿挖泥的技术要求。

4.2.1 对航道整治工程施工的有关规定

一 单项选择题

1. 航道整治工程应根据国家相关规定，针对（　　）制定生产安全事故和突发事件应急预案。

A. 工程特点　　　　B. 工程类别
C. 工程规模　　　　D. 工程阶段

2. 围堰施工前要对所选择的围堰结构进行（　　）。

A. 地基沉降计算　　　　B. 护面稳定性计算
C. 整体稳定性验算　　　　D. 胸墙稳定性计算

3. 爆破作业必须在船舶、人员全部撤离到（　　）才能起爆。

A. 爆破范围外　　　　B. 施工范围外
C. 警戒范围外　　　　D. 通航范围外

二 多项选择题

1. 下列从事爆破工程的人员中，须经过专业培训考核，并应取得相应上岗证的有（　　）。

A. 项目经理

B. 技术员

C. 项目总工

D. 安全员

E. 库管员

【参考答案】

一、单项选择题

1. A；　2. C；　3. C

二、多项选择题

1. B、D、E

4.2.2 对疏浚吹填工程施工的有关规定

一 单项选择题

1. 码头、护岸和其他水工建筑物前沿挖泥，必须严格（　　）。

A. 按设计的要求控制超挖

B. 按计算超深控制超挖

C. 按计算超宽控制超挖

D. 按设备的性能控制超挖

二 多项选择题

1. 关于大型设备水上拖航途中要求的说法，正确的有（　　）。

A. 拖航途中拖轮和被拖船必须正确显示号灯、号型

B. 拖航途中拖轮和被拖船严格遵守国际海上避碰规则

C. 拖航途中拖轮和被拖船严格遵守 VTS 管理规则

D. 拖航途中拖轮和被拖船严格遵守船舶报告系统管理规定

E. 拖航途中被拖船甲板高度必须符合当地港航管理部门的要求

【参考答案】

一、单项选择题

1. A

二、多项选择题

1. A、B、C、D

第3篇　港口与航道工程项目管理实务

第5章　港口与航道工程企业资质与施工组织

5.1　港口与航道工程企业资质

微信扫一扫
在线做题+答疑

复习要点

1．水运工程设计企业资质类别及其分级和其可承包的工程规模与范围。

2．港口与航道工程施工企业资质类别及其分级和其可承包的工程规模与范围。

5.1.1　设计企业资质

一　单项选择题

1．港口工程专业乙级资质可承担（　　）。

A．沿海5万t级与内河1000t级以下集装箱码头

B．沿海5万t级与内河1000t级以下散货码头

C．沿海3万t级与内河1000t级以下件杂货码头

D．沿海3万t级与内河1000t级以下件滚装码头

2．航道工程专业乙级资质可承担的沿海航道工程设计的航道等级是（　　）。

A．7万吨级以下　　B．5万吨级以下

C．8万吨级以下　　D．6万吨级以下

二　多项选择题

1．水运工程设计行业资质分为（　　）。

A．特级资质　　B．甲级资质

C．一级资质　　D．乙级资质

E．二级资质

2．关于港口工程专业甲级资质可承包范围的说法，正确的有（　　）。

A．可承担码头设计　　B．可承担防波堤设计

C．可承担护岸设计　　D．可承担海上人工岛设计

E．可承担疏浚与吹填项目设计

【参考答案】

一、单项选择题

1. A；　2. B

二、多项选择题

1. B、D；　2. A、B、C、D

5.1.2 施工企业资质

一 单项选择题

1. 港口与航道总承包二级资质可承担的港口与航道工程包括（　　）。
   A．人工岛及平台
   B．海上风电
   C．各种升船机
   D．内河 1000 吨级以下航道工程
2. 港口与海岸工程专业承包二级资质可承担的港口与海岸工程施工包括（　　）。
   A．海上风电　　B．1500m 以下围堤护岸工程
   C．5 万吨级以下船坞　　D．水深 8m 的防波堤

二 多项选择题

1. 港口与航道工程总承包企业资质分为（　　）。
   A．特级　　B．一级
   C．二级　　D．三级
   E．四级
2. 港口与海岸工程专业承包资质分为（　　）。
   A．特级　　B．一级
   C．二级　　D．三级
   E．四级
3. 航道工程专业承包资质分为（　　）。
   A．特级　　B．一级
   C．二级　　D．三级
   E．四级
4. 通航建筑物工程专业承包资质分为（　　）。
   A．特级　　B．一级
   C．二级　　D．三级
   E．四级
5. 港航设备安装及水上交管工程专业承包资质分为（　　）。

A．特级　　B．一级

C．二级　　D．三级

E．四级

6．航道工程专业承包二级资质企业可承担（　　）。

A．沿海 5 万吨级以下航道工程

B．内河 1000 吨级以下航道工程

C．600 万 m^3 以下疏浚工程

D．6 万 m^3 以下水下炸礁清礁工程

E．700 万 m^3 以下陆域吹填工程

7．港口与航道工程总承包二级资质企业可承担以下（　　）工程项目的施工。

A．水深小于 7m 的防波堤　　B．5 万吨级以下船坞船台和滑道工程

C．1200m 以下围堤护岸工程　　D．海上灯塔

E．海上风电

【参考答案】

一、单项选择题

1．D；　2．C

二、多项选择题

1．A、B、C、D；　2．B、C、D；　3．B、C、D；　4．B、C、D；

5．B、C；　6．A、B、C、D；　7．A、B、C

5.2 施工项目管理机构

复习要点

项目管理机构的组建和各职能部门的工作内容。

5.2.1 项目管理机构的组建

多项选择题

1．项目经理部的组建原则是（　　）。

A．依据合同要求　　B．符合项目特点

C．精干高效　　D．培养新人

E．新、老技术人员搭配

2．项目部的组织构架应根据中标项目的规模、特点进行设计，并根据施工管理的各方面要求设置职能部门，以保证项目管理的（　　）。

A．先进性　　B．系统性

C．科学性　　D．专业性

E．经济性

【参考答案】

多项选择题

1．A、B、C；　　2．B、C、D

5.2.2 项目管理机构的工作内容

一 单项选择题

1．项目部负责施工组织设计及专项施工方案的编制、申报及调整工作的职能部门是（　　）。

A．质量部　　B．工程部

C．安全部　　D．计合部

2．项目部负责项目内部经济分析与考核工作的职能部门是（　　）。

A．计合部　　B．财务部

C．工程部　　D．质量部

3．项目部负责组织召开质量例会的职能部门是（　　）。

A．工程部　　B．安全部

C．计合部　　D．质量部

4．项目部负责进场物资、设备的计量和检验工作的职能部门是（　　）。

A．工程部　　B．质量部

C．物设部　　D．计合部

5．项目部负责危险源和环境因素的辨识评价、应急预案的编制及演练的职能部门是（　　）。

A．工程部　　B．安全部

C．计合部　　D．质量部

二 多项选择题

1．项目部负责或参与工程计量的职能部门有（　　）。

A．工程部　　B．安全部

C．计合部　　D．质量部

E．财务部

2．项目部负责或参与工程交工验收的职能部门有（　　）。

A．工程部　　B．安全部

C．计合部　　D．质量部

E. 财务部

【参考答案】

一、单项选择题

1. B；　2. A；　3. D；　4. C；　5. B

二、多项选择题

1. A、C；　2. A、D

5.3 施工技术管理与大型施工船舶调遣

复习要点

1. 港口与航道工程施工技术管理的主要工作以及各项主要工作的重点内容。

2. 港口与航道工程危大工程安全专项施工方案的内容组成。

3. 港口与航道工程施工组织设计的编审要求及其内容组成。

4. 大型工程船舶拖航、调遣的总体要求和起航与拖航、遇险避难安全救助的主要要求。

5. 大型工程船舶安全备航的主要工作和海船的航区类别。

5.3.1 施工技术管理

一 单项选择题

1. 组织各工种对图纸进行学习、熟悉、审查，同时组织各专业间的会审组织者是（　　）。

A. 项目经理　B. 项目总工

C. 项目工程部经理　D. 项目工程部主任工程师

2. 下列工程项目管理内容中，属于技术管理主要内容的是（　　）。

A. 安全教育培训　B. 项目成本核算

C. 测量与试验检测　D. 应急预案编制

3. 港口与航道工程图纸的审查，一般分为（　　）。

A. 一种形式　B. 两种形式

C. 三种形式　D. 四种形式

4. 关于港口与航道工程危险性较大工程专项施工方案编制要求的说法，错误的是（　　）。

A. 施工单位应在危大工程施工前组织工程技术人员编制专项施工方案

B. 实行施工总承包的，应由施工总承包单位组织编制

C. 实行工程施工分包的，其专项施工方案可由分包单位组织编制

D．实行专业工程分包的，其专项施工方案可由专业承包单位组织编制

5．关于港口与航道工程技术交底的说法，错误的是（　　）。

A．在单项工程正式施工前应进行工程技术交底

B．在单位工程正式施工前应进行工程技术交底

C．在分部工程正式施工前应进行工程技术交底

D．在分项工程正式施工前应进行工程技术交底

6．下列港口与航道工程技术交底内容中，属于分项工程交底的是（　　）。

A．施工工艺　　B．工程的特点难点

C．任务的划分　　D．施工的总体部署

7．高桩码头工程施工组织设计编制依据有：招标投标文件、（　　）、设计文件、施工规范和验收标准及有关文件、会议纪要等。

A．监理合同　　B．勘察合同

C．工程承包合同　　D．设计合同

8．高桩码头工程施工组织设计编制中，“工程项目主要情况”包括工程名称、建设地点、建设规模、总工期、（　　）、主要工程量、分包队伍选择、施工流程和工艺特点、新技术、新材料应用等。

A．质量评定　　B．质量规划

C．质量认证　　D．质量等级

9．高桩码头工程施工组织设计编制中，“工程规模”主要阐述表示工程特征的（　　）、停靠船型和等级、码头及引桥的数量、主要尺度、标高和主要结构形式、码头前沿水深、后方道路堆场的数量和面积、主要装卸设备的规格和数量等。

A．标准值　　B．数值

C．代表值　　D．统计值

10．高桩码头工程施工组织设计编制中，“自然条件”包括岸线和水深情况、水位资料、潮流资料、风、气温、降雨、（　　）等。

A．交通条件

B．水电供应条件

C．工程地质条件

D．建设项目地区预制构件加工能力

11．高桩码头工程施工组织设计编制中，“技术经济条件”包括：预制构件加工、机械设备租赁、劳动力市场情况等建设项目地区的施工能力；钢材、木材、水泥、黄沙和石子等大宗建筑材料供应情况；交通条件和（　　）。

A．潮流资料　　B．水电条件

C．工程地质条件　　D．水位资料

12．高桩码头工程施工组织设计编制中，高桩码头施工工序主要有施工挖泥、沉桩、构件安装、现浇混凝土和岸坡施工等，沉桩是（　　）。

A．一般工序　　B．主要工序

C．关键工序　　D．重要工序

13．高桩码头工程施工组织设计编制中，分析和确定施工特点是施工的（　　）

问题。

A．特殊　　B．主要

C．关键　　D．重要

14．高桩码头工程施工组织设计编制中，“施工的总体部署”包括叙述整个工程施工的总设想和安排，各（　　）和重要建筑物的施工顺序及相互之间的前后和连接关系；施工船机的配备；预制构件的加工和运输等内容。

A．分部工程　　B．单项（单位）工程

C．整体工程　　D．隐蔽工程

15．高桩码头工程施工组织设计编制中，主要施工方案的内容有：挖泥、测量、沉桩、构件预制及安装、模板工程、钢筋工程、（　　）、土石方工程、设备安装工程、附属设施安装工程等。

A．混凝土工程　　B．砌筑工程

C．粉刷工程　　D．照明工程

16．高桩码头工程施工组织设计编制中，“沉桩施工方案”包括障碍物的探摸清除，（　　），编制运桩图和落驳图，锤、桩船（桩架）、桩垫木和替打的选用，锚缆和地笼的布设，桩的运输和堆放，斜坡上沉桩技术措施及岸坡稳定，桩的高应变和低应变动测。

A．确定梁板安装顺序　　B．确定测量顺序

C．确定制桩顺序　　D．确定沉桩顺序

17．高桩码头工程施工组织设计编制中，“各项资源的需用计划”包括：劳动力需用计划、材料需用计划、（　　）、预制构件和半成品需用计划等。

A．工资计划　　B．混凝土试验计划

C．施工船舶和机械需用计划　　D．分期分批竣工项目计划

18．施工组织设计应经（　　）审查后报企业审定。

A．项目总工程师　　B．项目经理

C．项目技术主管　　D．项目工程主管

19．在（　　），将经项目经理审查、企业主管领导人审批后的施工组织设计报送业主和工程监理单位。

A．宣布中标之后　　B．工程开工之前

C．工程开工之后　　D．工程开工令下达之后

20．所报送的施工组织设计，经（　　）审核确认后才能正式批准开工。

A．业主　　B．监理工程师

C．工程质量监督站　　D．企业法人代表

21．实现在施工组织设计中所确定的（　　），是编制施工组织设计要实现的最终效果和目的。

A．最优施工方案　　B．协调各方面的关系

C．技术经济指标　　D．统筹安排各项工作

22．在沉箱重力式码头施工中，沉箱安放就位填充完毕后，后方抛石棱体及倒滤层的抛填，应（　　）。

A．从墙后开始抛填　　B．在岸边从陆上向海中推填

C．根据施工方便随机抛填　　D．海、陆双向对头抛填

23. 在沉箱重力式码头施工中，沉箱安放就位填充完毕后，后方抛石棱体及倒滤层应从墙后开始抛填，是为了（　　）。

A．增强沉箱抗浪的能力　　B．保持沉箱的稳定性

C．避免将岸坡淤泥挤入棱体下　　D．保持岸坡稳定

24. 下列自然和客观条件中，属于施工组织条件的是（　　）。

A．地形、地貌情况　　B．地震情况

C．气象、水文情况　　D．水、电供应情况

25. 下列斜坡堤施工组织设计的内容中，属于“总体部署和主要施工方案”部分的是（　　）。

A．资源需求计划　　B．试验检测

C．施工进度保证措施　　D．文明施工

26. 下列疏浚与吹填工程施工组织设计的内容中，属于“工程内容及工程量”部分的是（　　）。

A．工期与质量要求　　B．工程名称

C．运泥航路情况　　D．临时设施

27. 以下属于施工自然条件的是（　　）。

A．交通　　B．补给

C．水文　　D．修船

28. 以下属于施工组织条件的是（　　）。

A．地质　　B．修船

C．水文　　D．气象

29. 下列疏浚与吹填工程施工组织设计的内容中，不属于“施工现场准备工作计划”部分的是（　　）。

A．施工船舶调遣计划　　B．施工队伍进场计划

C．施工设备进场计划　　D．燃物料消耗和供应计划

30. 下列疏浚与吹填工程施工组织设计的内容中，不属于“工程概况”部分的是（　　）。

A．建设目的　　B．围埝的结构形式

C．工程地点　　D．工期与质量要求

二　多项选择题

1. 港口与航道工程项目技术管理的主要内容包括（　　）。

A．技术策划　　B．典型施工

C．技术交流　　D．内业技术资料

E．产值统计

2. 港口与航道工程项目技术管理的作用有（　　）。

A．保证施工全过程符合技术规范要求

B．保证施工组织设计及时直接报送监理

C．不断提高施工技术水平和科学管理水平

D．开展项目的技术攻关

E．积极推广新技术

3．港口与航道工程的图纸会审，参加单位应包括（　　）。

A．总包施工单位　　B．分包施工单位

C．设计单位　　D．质检单位

E．监理单位

4．港口与航道工程危险性较大工程专项施工方案中的“施工计划”部分应包括的内容有（　　）。

A．施工进度计划　　B．劳动力计划

C．材料与设备计划　　D．施工设备调遣计划

E．安全生产费用使用计划

5．港口与航道工程分项工程技术交底主要包括（　　）等。

A．作业标准　　B．环保要求

C．验收标准　　D．设计要求

E．材料消耗

6．技术交底的主要内容有（　　）。

A．图纸内容和设计要求

B．施工总包与分包、与业主的协调工作内容

C．分项工程交底

D．与地方和质检部门的公关关系

E．设计变更

7．关于港口与航道工程施工组织设计编制方法的说法，正确的有（　　）。

A．施工组织设计的编制应贯彻统筹规划的原则

B．施工组织设计应在项目总工的领导下进行编写

C．施工组织设计的编制应充分体现施工合同的总体要求

D．施工组织设计的编制应力求达到技术先进、措施可靠

E．施工组织设计经项目经理审查签字后，应报企业主要领导审定

8．高桩码头工程施工组织设计编制依据有：（　　）、设计文件、施工规范和验收标准及有关文件、会议纪要等。

A．监理合同　　B．勘察合同

C．工程承包合同　　D．设计合同

E．招标投标文件

9．高桩码头工程施工组织设计编制中，“工程项目主要情况”包括工程名称、建设地点、建设规模、总工期、（　　）、主要工程量、分包队伍选择、新技术、新材料应用等。

A．施工流程　　B．质量规划

C．质量认证　　D．质量等级

E．施工工艺特点

10．以下各项中，属于编制高桩码头施工组织设计中的工程规模描述内容有（　　）。

A．工程位置　　B．主要结构形式

C．岸线和水深　　D．最高和最低潮位

E．停靠船型和等级

11．高桩码头工程施工组织设计编制中，“自然条件”包括岸线和水深情况、潮流资料、风、气温、降雨、（　　）等。

A．交通条件　　B．水电供应条件

C．工程地质条件　　D．建设项目地区预制构件加工能力

E．水位资料

12．高桩码头工程施工组织设计编制中，“技术经济条件”包括：预制构件加工、劳动力市场情况等建设项目地区的施工能力；钢材、木材、水泥、黄沙和石子等大宗建筑材料供应情况；交通条件和（　　）。

A．机械设备租赁条件　　B．水电供应条件

C．工程地质条件　　D．水位资料

E．潮流资料

13．高桩码头工程施工组织设计编制中，高桩码头施工工序主要有（　　）、现浇混凝土和岸坡施工等。

A．沉桩　　B．测量

C．施工挖泥　　D．构件安装

E．系船柱安装

14．高桩码头工程施工组织设计编制中，应按工程地质报告所提供的资料，将与施工有关的资料列入，包括土层厚度，层顶标高，重力密度，天然含水量，内摩擦角，黏聚力，压缩系数，（　　）等。分析施工中应注意的事项。

A．标准贯入击数　　B．静力触探值

C．土的层底标高　　D．土的平均厚度

E．土层名称

15．高桩码头工程施工组织设计编制中，“施工的总体部署”包括叙述整个工程施工的总设想和安排，各（　　）的施工顺序及相互之间的连接关系；施工船机的配备；预制构件的加工和运输等内容。

A．分部工程　　B．单项（单位）工程

C．分项工程　　D．重要建筑物

E．隐蔽工程

16．高桩码头工程施工组织设计编制中，主要施工方案的内容有：挖泥、测量、构件预制及安装、模板工程、钢筋工程、（　　）、土石方工程、设备安装工程、附属设施安装工程等。

A．混凝土工程　　B．沉桩

C．粉刷工程　　D．照明工程

E．砌筑工程

17．高桩码头工程施工组织设计编制中，“沉桩施工方案”包括障碍物的探摸清除，(　　)，编制运桩图和落驳图，桩船（桩架）、桩垫木和替打的选用，锚缆和地笼的布设，桩的运输和堆放，斜坡上沉桩技术措施及岸坡稳定，桩的高应变和低应变动测。

A．确定梁板安装顺序　　B．锤的选用
C．确定制桩顺序　　D．确定沉桩顺序
E．确定测量顺序

18．高桩码头工程施工组织设计编制中，“各项资源的需用计划”包括：劳动力需用计划、材料需用计划、(　　)等。

A．工资计划　　B．预制构件和半成品需用计划
C．施工船舶和机械需用计划　　D．分期分批竣工项目计划
E．混凝土试验计划

19．施工组织设计的主要内容包括(　　)。

A．施工的组织管理机构
B．施工的总体部署和主要施工方案
C．业主、监理、质量监督应承担的责任
D．施工进度计划
E．施工索赔计划

20．施工组织设计的主要技术经济指标包括(　　)。

A．工期指标　　B．质量指标
C．安全指标　　D．成本指标
E．业绩（形象）工程指标

21．下列施工工序中，属于斜坡堤施工的工序有(　　)。

A．护底施工　　B．垫层块石施工
C．护滩施工　　D．护面块体安装
E．块石棱体施工

22．斜坡堤施工组织设计中的资源需求计划主要有(　　)等。

A．施工船舶使用计划　　B．工程设备使用计划
C．工程主要物资需用计划　　D．工程预制构件使用计划
E．施工船舶避风锚地使用计划

23．疏浚工程施工组织设计中的“工程内容及工程量”部分应包括(　　)等内容。

A．疏浚深度　　B．计算超深工程量
C．沉降量　　D．吹填平整度要求
E．流失量

24．疏浚与吹填工程施工组织设计中的“施工设备的选择与配备”部分测算各施工船舶的月作业天数及月度、年度产量应考虑的因素有(　　)等。

A．施工工况　　B．施工土质
C．船舶性能　　D．工程特点

E．质量要求

25．疏浚工程中属于施工自然条件的是（　　）。

A．水文　　B．气象

C．工程地质　　D．交通

E．水电供应

26．疏浚工程中属于施工组织条件的是（　　）。

A．水文　　B．气象

C．工程地质　　D．交通

E．水电供应

27．疏浚与吹填工程施工组织设计中的“施工设备的选择与配备”部分选择施工船舶的类型、规格应考虑的因素有（　　）等。

A．施工工况　　B．工期要求

C．船舶性能　　D．质量要求

E．施工土质

28．疏浚与吹填工程施工组织设计中的“工程概况”部分应包括（　　）等内容。

A．工程名称　　B．围埝的结构形式

C．工程规模　　D．工程地点

E．建设目的

29．疏浚与吹填工程施工组织设计中的“施工现场准备工作计划”部分应包括（　　）等内容。

A．施工船舶调遣计划　　B．施工队伍进场计划

C．临时用工计划　　D．燃物料消耗和供应计划

E．管线使用计划

30．疏浚与吹填工程施工组织设计中的“编制依据”部分应包括（　　）等内容。

A．合同文件　　B．标后预算

C．设计文件　　D．标准

E．有关的法律、法规

【参考答案】

一、单项选择题

1．C；　2．C；　3．B；　4．C；　5．A；　6．A；　7．C；　8．D；
9．C；　10．C；　11．B；　12．C；　13．C；　14．B；　15．A；　16．D；
17．C；　18．B；　19．B；　20．B；　21．C；　22．A；　23．C；　24．D；
25．B；　26．C；　27．C；　28．B；　29．D；　30．B

二、多项选择题

1．A、B、C、D；　2．A、C、D、E；　3．A、B、C、E；　4．A、B、C、E；
5．A、B、C、D；　6．A、C、E；　7．A、C、D；　8．C、E；
9．A、D、E；　10．B、E；　11．C、E；　12．A、B；

13. A、C、D；
14. A、B、C、E；
15. B、D；
16. A、B；
17. B、D；
18. B、C；
19. A、B、D；
20. A、B、C、D；
21. A、B、D、E；
22. A、B、C、D；
23. A、B；
24. A、B、C；
25. A、B、C；
26. D、E；
27. B、D；
28. A、C、D、E；
29. A、B；
30. A、C、D、E

5.3.2 大型施工船舶调遣

一 单项选择题

1. 下列工程船舶中，属于大型施工船舶的是（　　）。

A. 拖轮　　B. 自航驳

C. 炸礁船　　D. 测量船

2. 对单船或两艘拖轮及两艘以上执行同一任务，均应指定（　　）担任总船长。

A. 被拖船船长　　B. 主拖船船长

C. 助拖船船长　　D. 任意船长均可

3. 对单船或两艘拖轮及两艘以上执行同一任务，（　　）对整个船队的航行有绝对指挥权。

A. 主拖船船长　　B. 被拖船船长

C. 助拖船船长　　D. 任意船长均可

4. 编队（组）航行时，（　　）负责主持制定拖航计划和安全实施方案。

A. 被拖船船长　　B. 任一拖船船长

C. 助拖船船长　　D. 主拖船船长

5. 出海拖航时，被拖船在限定航区内，为短途拖航，超越限制航区或在限制航区超过（　　）时为长途拖航。

A. 50 海里　　B. 300 海里

C. 100 海里　　D. 200 海里

6. 根据生产调度安排，工程船舶调遣令由（　　）。

A. 企业安全总监签发　　B. 企业负责人签发

C. 企业主管生产领导签发　　D. 企业法定代表人签发

7. 出海拖航的拖轮（包括使用外单位的）应为（　　）。

A. 客轮　　B. 散货轮

C. 内河拖轮　　D. 专供拖带用的出海拖轮

8. 执行拖航任务时，任何船只（　　）。

A. 严禁搭乘无关人员随航　　B. 只能搭乘 1 人

C. 只能搭乘 2 人　　D. 只能搭乘 3 人

9. 按照有关安全技术操作规程和实施细则，由（　　）负责组织对所有拖航船舶的安全技术状态进行全面检查和封舱加固。

A. 主拖船船长　　B. 被拖船船长

C．助拖船船长　　D．任意船船长均可

10．近海航区中，包括中国渤海、黄海及东海距岸不超过（　　）海里的海域。

A．100　　B．150

C．200　　D．250

二　多项选择题

1．大型施工船舶或船队调遣起航后每天（　　）时应向主管单位调度部门报告航行情况。

A．08：00　　B．12：00

C．18：00　　D．20：00

E．24：00

2．大型施工船舶出海调遣航区划分为（　　）。

A．远海航区　　B．近海航区

C．沿海航区　　D．内海航区

E．遮蔽航区

【参考答案】

一、单项选择题

1．C；　2．B；　3．A；　4．D；　5．D；　6．B；　7．D；　8．A；　9．A；　10．C

二、多项选择题

1．A、B、D、E；　2．A、B、C、E

第 6 章 工程招标投标与合同管理

6.1 工程招标投标

微信扫一扫
在线做题+答疑

复习要点

1. 水运工程建设项目依法必须进行招标的标准、招标方式及其适用的项目范围、不得参加投标的限制条件和联合体投标的相关规定。

2. 评标委员会成员组成的要求及其应当否决投标人投标的主要情形和中标人的投标应当符合的条件与定标标准。

6.1.1 工程招标

一 单项选择题

1. 水运工程建设项目方可开展监理、施工、设备、材料等招标的条件是（　　）。

A. 通过初步设计审批后

B. 通过施工图设计审批后

C. 通过项目建议书审批后

D. 通过可行性研究报告审批后

2. 水运工程施工招标中，在资格预审文件停止发售之日止，获取资格预审文件的潜在投标人少于（　　）个的，招标人应当依照规定进行重新招标。

A. 2　　B. 3

C. 4　　D. 5

3. 自资格预审文件停止发售之日起至提交资格预审申请文件截止之日止，不得少于（　　）日。

A. 3　　B. 5

C. 7　　D. 10

4. 水运工程实行邀请招标的，应报（　　）审批。

A. 上级管理部门　　B. 港区海事部门

C. 交通运输主管部门　　D. 招标投标管理部门

5. 水运工程依法必须招标的项目，全部使用国有资金投资，或者国有资金投资占控股或主导地位的，应当（　　）。

A. 邀请招标　　B. 公开招标

C. 议标　　D. 由招标人选择，主管部门批准

6. 水运工程建设项目依法必须进行招标的施工单项合同估算价标准是（　　）。

A. 在 400 万元人民币以上的工程

B. 在 300 万元人民币以上的工程

C．在200万元人民币以上的工程

D．在100万元人民币以上的工程

二 多项选择题

1．下列情形中，可以进行邀请招标的有（　　）。

A．受自然环境限制，只有少量潜在投标人可供选择的

B．技术复杂、有特殊要求，只有少量潜在投标人可供选择的

C．涉及国家安全、国家秘密不适宜进行招标的

D．需要采用不可替代的专利或者专有技术的

E．利用扶贫资金实行以工代赈、需要使用农民工，不适宜进行招标的

2．水运工程施工招标方式有（　　）。

A．公开招标　　B．邀请招标

C．公开议标　　D．有限竞争招标

E．邀请议标

3．水运工程建设项目的招标包括（　　）等的招标。

A．施工　　B．规划

C．监理　　D．招标代理机构

E．监测

4．水运工程招标投标，资格预审审查方法包括（　　）。

A．合格制　　B．有限数量制

C．推荐制　　D．淘汰制

E．邀请制

5．公开招标，招标人通过国务院有关部门指定的（　　）发布招标公告进行招标。

A．行业主流媒体　　B．中介机构

C．广告公司　　D．电话

E．建设单位门户网站

6．水运工程施工招标工作程序主要包括（　　）。

A．招标　　B．所有潜在投标人投标

C．开标　　D．评标

E．签订合同

【参考答案】

一、单项选择题

1．A；　2．B；　3．B；　4．C；　5．B；　6．A

二、多项选择题

1．A、B；　2．A、B；　3．A、C、D、E；　4．A、B；

5．A、E；　6．A、C、D、E

6.1.2 工程投标

一 单项选择题

1. 投标人在投标截止时间之前撤回已提交投标文件的，招标人应当自收到投标人书面撤回通知之日起（　　）日内退还已收取的投标保证金。

A．5　　B．7

C．10　　D．15

2. 招标人和中标人应当自中标通告发出之日起（　　）日内签订书面合同。

A．20　　B．30

C．45　　D．60

3. 水运工程施工开标由（　　）组织并主持，投标人的法定代表人或其授权的代理人应到会。

A．招标人　　B．招标投标管理部门

C．招标机构上级管理部门　　D．评标委员会

二 多项选择题

1. 水运工程投标人可以（　　）投标。

A．单独

B．联合体中资格等级最高的单位的身份

C．两个以上法人以一个投标人的身份共同

D．组成一个联合体以一个投标人的身份共同

E．联合体的两个法人并列

2. 下列情形中，招标人应当拒收资格预审申请文件、投标文件的有（　　）。

A．逾期送达的

B．投标联合体没有提交共同投标协议的

C．未送达指定地点的

D．投标人不符合国家或者招标文件规定的资格条件的

E．未按资格预审文件、招标文件要求密封的

3. 关于评标委员会成员组成要求的说法，正确的有（　　）。

A．评标委员会人数为五人以上单数

B．与投标人有利害关系的人员不得进入评标委员会

C．技术、经济等方面的专家不得少于成员总数的二分之一

D．招标人的代表应具有相关招标知识和经验

E．评标委员会成员由招标人的代表及有关技术、经济等方面的专家组成

【参考答案】

一、单项选择题

1. A；　2. B；　3. A

二、多项选择题

1. A、D；　2. A、C、E；　3. A、B、E

6.2 工程合同管理

复习要点

1. 港口与航道工程合同签署时间、地点与对授权代理人的要求和标准施工承包合同的主要条款内容与发包人、监理人、承包人的职责。

2. 港口与航道工程合同价款支付的申请程序与支付时间的规定和合同索赔的原因、工期索赔的分析方法、费用索赔的主要内容及其计算原则以及合同争议解决的方式。

3. 港口与航道工程开工、隐蔽工程覆盖检查的工作程序与设计变更的范围、内容及相关方的权责。

6.2.1 水运工程标准施工承包合同的主要条款

单项选择题

1.《水运工程标准施工招标文件》JTS 110—8—2008 的“通用合同条款”中的第二部分“合同双方的责任、权力和义务”中的合同双方包括（　　）。

A. 设计人　　B. 代建人

C. 勘察人　　D. 发包人

【参考答案】

单项选择题

1. D

6.2.2 发包人、监理人、承包人的职责与相互关系

一　单项选择题

1. 办理航行通告、抛泥区许可证等施工所需各种手续的责任人是（　　）。

A. 承包人　　B. 分包人

C．发包人　　D．监理人

2. 水运工程建设用地、水域的征用应由（　　）负责办理。

A．承包人　　B．发包人

C．承包人与发包人共同　　D．承包人与政府有关部门

3. 发包人向承包人无偿提供符合合同约定的施工水域或场地的时间，是在计划开工日期（　　）前。

A．7d　　B．14d

C．21d　　D．28d

4. 设计交底会的主持方是（　　）。

A．发包人　　B．设计单位

C．承包人　　D．监理人

5. 发包人需更换其代表时，应至少提前（　　）书面通知承包人。

A．3d　　B．7d

C．10d　　D．14d

6. 发包人向承包人提供施工现场地质、地下管线、测量控制点交验等资料的时间，是在计划开工日期（　　）前。

A．7d　　B．10d

C．14d　　D．21d

7. 承包人对所施工工程的照管和维护责任到（　　）为止。

A．隐蔽工程验收合格　　B．主体工程验收合格

C．工程接收证书颁发　　D．工程交工并结算

二 多项选择题

1. 下列港口与航道工程施工合同职责中，属于承包人的有（　　）。

A．发出开工通知　　B．提供施工场地

C．组织设计交底　　D．依法纳税

E．为他人提供方便

2. 施工合同中，（　　）应由发包人完成。

A．土地征用和拆迁

B．提供施工船舶的临时停泊设施

C．提供地下管线资料

D．保护施工现场地下管道和邻近建筑物及构筑物

E．提供相应的工程进度计划及统计报表

3. 以下权力中，属于监理人的权力的有（　　）。

A．对合同履行进行管理　　B．审查批准施工组织设计

C．变更合同要求　　D．对承包人发出指示

E．更改或撤销所发指示

【参考答案】

一、单项选择题

1. C；　2. B；　3. B；　4. A；　5. C；　6. C；　7. C

二、多项选择题

1. D、E；　2. A、B、C；　3. A、B、D、E

6.2.3 合同的签署与授权

单项选择题

1. 招标人和中标人应当自中标通知书发出之日起（　　）内签署合同。

A. 15d　　B. 28d

C. 30d　　D. 45d

2. 合同成立的地点是（　　）。

A. 项目所在地　　B. 业主注册地

C. 递交标书地　　D. 签字盖章地

【参考答案】

单项选择题

1. C；　2. D

6.2.4 项目开工工作程序

单项选择题

1. 监理人对承包人报送的施工组织设计的批复或提出修改意见所需的时间最长不能多于（　　）。

A. 5d　　B. 7d

C. 10d　　D. 14d

2. 监理人应在计划开工日期（　　）前，向承包人发出开工通知。

A. 7d　　B. 10d

C. 14d　　D. 28d

3. 承包人应在计划开工日期（　　）前，向发包人和监理人报送施工组织设计。

A. 5d　　B. 7d

C. 14d　　D. 28d

4. 分项工程的开工应事先得到监理人的书面同意，承包人应提前（　　）将申请开工的书面通知报送监理人。

A．8h　　　　B．12h

C．24h　　　　D．48h

【参考答案】

单项选择题

1．B；　2．A；　3．B；　4．D

6.2.5 隐蔽工程覆盖检查工作程序

一 单项选择题

1．承包人在自检合格后，填写隐蔽工程验收申请单，在覆盖前（　　）通知监理人进行验收。

A．8h　　　　B．12h

C．24h　　　　D．48h

2．关于隐蔽工程覆盖检查工作程序的说法，正确的有（　　）。

A．监理人应在接到验收通知 60h 内进行验收

B．承包人自检合格后，在覆盖前 48h 通知监理人进行验收

C．若验收不合格，承包人应按监理人的要求整改后覆盖

D．监理人未按约定时间进行检查的，承包人不得完成覆盖工作

【参考答案】

单项选择题

1．D；　2．B

6.2.6 合同的索赔及争议和解决

一 单项选择题

1．下列发包人违约的情形中，承包人不能向发包人发出通知，要求发包人采取措施纠正违约行为的是（　　）。

A．发包人无法继续履行合同的

B．发包人原因造成停工的

C．发包人未按合同约定支付预付款，导致付款延误的

D．发包人拖延、拒绝批准付款申请，导致付款延误的

2．港口与航道工程施工中，（　　）不是工期索赔计算的分析方法。

A．网络分析方法　　　　B．按实际记录确定补偿工期

C．概率分析法　　D．比例分析法

3. 水运工程施工过程中，索赔费用的计算原则是（　　）。

A．计算合理　　B．真实可信

C．证据确凿　　D．赔（补）偿实际损失

二 多项选择题

1. 下列自然灾害和社会性突发事件中，属于不可抗力的有（　　）。

A．台风　　B．海啸

C．瘟疫　　D．水灾

E．暴动

2. 属于承包人对发包人提出索赔的索赔事件包括（　　）。

A．施工设备故障　　B．地质变化

C．不可抗力因素　　D．材料涨价

E．第三人造成的违约

3. 索赔事件主要包括（　　）。

A．发包人违约　　B．工程量增加

C．设计方案改变　　D．不可抗力因素

E．第三人造成的违约

4. 施工中因不可抗力事件的影响而使承包商受到损失时，可以进行索赔的款项可能包括（　　）。

A．直接费　　B．间接费

C．利润损失　　D．施工现场管理费

E．公司总部管理费

5. 不可抗力导致的人员伤亡、财产损失、费用增加和（或）工期延误等后果的承担原则是（　　）。

A．永久工程以及因工程损害造成的第三方人员伤亡和财产损失由发包人承担

B．承包人设备的损坏由承包人承担

C．发包人和承包人各自承担其人员伤亡和其他财产损失及其相关费用

D．承包人的停工损失由发包人承担

E．不能按期竣工的，应合理延长工期

6. 因不可抗力解除合同后，合同双方的合规做法有（　　）。

A．承包人应按约定撤离施工场地

B．已订货材料的退货费用由发包方承担

C．已定货材料的退货事宜由发包方负责办理

D．已定货材料未及时退货造成的损失由发包方承担

E．合同解除后的付款由发包人确定

【参考答案】

一、单项选择题

1. A；　2. C；　3. D

二、多项选择题

1. B、C、D、E；　2. C、E；　3. A、D、E；　4. A、B、D、E；

5. A、B、C、E；　6. A、B

6.2.7 港口与航道工程合同价款与支付

单项选择题

1. 发包人应在监理人收到进度付款申请单后的（　　）内，将进度应付款支付给承包人。

A. 14d　　B. 21d

C. 28d　　D. 30d

2. 下列付款申请单的内容中，属于进度付款申请单的是（　　）。

A. 竣工结算合同总价

B. 应扣减的质量保证金

C. 应支付的竣工付款金额

D. 发包人已支付承包人的工程价款

【参考答案】

单项选择题

1. C；　2. B

6.2.8 港口与航道工程设计变更

单项选择题

1. 调整工程量清单项目的综合单价的前提，是依据该单项工程量的变化幅度和对合同总价影响幅度确定。当变化幅度达（　　）时可调整。

A. 单项超 10% 且总价超 2%

B. 单项超 10% 且总价超 3%

C. 单项超 20% 且总价超 2%

D. 单项超 20% 且总价超 3%

2. 变更指示应由（　　）发出。

A. 发包人　　B. 监理人

C．设计人　　　　　　　　　　D．质量监督人

【参考答案】

单项选择题

1．C；　2．B

第 7 章　施工进度管理

7.1　施工进度计划

微信扫一扫
在线做题 + 答疑

复习要点

1．进度目标应根据合同工期要求确定，并应对总目标进行分解，按专业、节点进行控制。

2．进度计划的编制应根据工艺关系、组织关系、搭接关系、劳动力计划、材料和设备供应计划等条件进行编制。

3．港口航道工程常用的施工进度计划图为横道图和网络图。

7.1.1　施工进度目标

一　单项选择题

1．项目进度控制应以实现（　　）为最终目标。

A．最短工期　　B．最大经济效益

C．施工合同约定的竣工日期　　D．业主下达的工期

2．项目进度控制机构应以（　　）为责任主体。

A．项目总工程师　　B．分管进度计划的项目副经理

C．项目经理　　D．子项目负责人

3．项目部应向（　　）提出开工申请报告。

A．业主　　B．监理工程师

C．企业法人代表　　D．当地的工程质量监督站

二　多项选择题

1．项目进度目标可以按（　　）进行分解。

A．单位工程　　B．施工阶段

C．承包专业　　D．年、季、月进度计划

E．经济效益高低

【参考答案】

一、单项选择题

1．C；　2．C；　3．B

二、多项选择题

1. A、B、C、D

7.1.2 施工进度计划编制

一 单项选择题

1. 单位工程施工进度计划的编制依据包括（　　）。
   A. 进度控制报告的要求　　B. 工期尽可能短的原则
   C. 施工总进度计划　　D. 适应分包商能力的原则
2. 项目部应按（　　）下达的开工令指定的日期开工。
   A. 建设单位　　B. 监理工程师
   C. 企业领导　　D. 工程质量监督机构

二 多项选择题

1. 施工总进度计划的编制依据包括（　　）。
   A. 项目的工程承包合同　　B. 项目的施工组织设计
   C. 设计的进度计划　　D. 企业的效益情况
   E. 政府的监督意见
2. 施工总进度计划的内容应包括（　　）。
   A. 编制说明　　B. 施工总进度计划表
   C. 分批工程施工工期一览表　　D. 效益量化指标
   E. 资源需求量及供应平衡表
3. 单位工程施工进度计划的编制依据包括（　　）。
   A. 项目管理目标责任书　　B. 施工总进度计划
   C. 施工方案　　D. 总监理工程师随时提出的意见
   E. 施工现场的平均可工作天数
4. 目前，常用的施工进度计划图的表达方法有（　　）。
   A. 直方图法　　B. 横道图
   C. 进度曲线图　　D. 鱼刺图
   E. 网络图

【参考答案】

一、单项选择题

1. C；　2. B

二、多项选择题

1. A、B、C；　2. A、B、C、E；　3. A、B、C、E；　4. B、E

7.2　施工进度的控制

复习要点

1. 施工进度计划的实施与检查应基于分解的年、季、月和节点计划，落实责任，根据计划组织资源供应，跟踪检查计划完成情况。

2. 计划实施过程中进行及时准确的进度统计，对形象季度、实物工程量和施工产值进行统计，找出出现偏差的原因，做出计划调整方案。

3. 常用的计划分析比较方法有横道图比较法、列表比较法和前锋线网络计划分析法。

7.2.1　施工进度计划实施与检查

一　单项选择题

1. 项目年度、季度的施工进度计划均属（　　）。
   A. 实施性的计划　　B. 控制性计划
   C. 操作性极强的计划　　D. 要落实到班组的计划

2. 工程月、旬（或周）施工进度计划是（　　）。
   A. 实施性的计划　　B. 控制性计划
   C. 确定总进度目标的计划　　D. 控制总工期的计划

二　多项选择题

1. 工程施工进度计划的实施包括（　　）。
   A. 总进度计划目标的分解　　B. 绘制施工进度计划图
   C. 组织资源供应　　D. 落实承包责任制
   E. 落实施工条件

2. 施工进度计划检查的内容包括（　　）。
   A. 进度执行情况的综合叙述　　B. 向监理工程师提出报告
   C. 进度偏差及原因分析　　D. 解决问题的措施及计划调整意见
   E. 实际的施工进度图

【参考答案】

一、单项选择题

1. B；　2. A

二、多项选择题

1. A、C、D、E；　2. A、C、D、E

7.2.2 施工进度计划分析与调整

一 单项选择题

1. 在对进度计划调整时，对落后的关键线路（　　）。

A．无需调整　　B．必须立即采取措施加快

C．允许暂时落后　　D．利用以后的时差可自然调整

2. 在对进度计划调整时，大量超前领先的非关键线路（　　）。

A．应继续保持其领先地位

B．对于保证进度计划是有利的

C．可能受其他线路发展的制约造成窝工浪费，应予调整

D．可能转化为关键线路

3. 在对进度计划调整时，落后的非关键线路（　　）。

A．因其是非关键线路，无需调整

B．必须对其进行调整

C．若其前方有足够的时差可利用，预见其发展趋势良好，可不予调整

D．必将转化为关键线路

二 多项选择题

1. 检查工程进度计划完成情况常用的统计方法有（　　）。

A．工程形象进度统计法　　B．实物工程量统计法

C．施工产值统计法　　D．投入产出比统计法

E．劳动生产率统计法

2. 港航工程中实际进度与计划进度相比较常用的方法有（　　）。

A．横道图比较法　　B．列表比较法

C．产值效益比较法　　D．资金周转率比较法

E．前锋线网络计划比较法

【参考答案】

一、单项选择题

1．B；　2．C；　3．C

二、多项选择题

1．A、B、C；　2．A、B、E

第 8 章　施工质量管理

8.1　施工质量监督

复习要点

1. 水运工程质量监督管理制度中各级质量监督机构的职责。
2. 从项目实施至竣工的质量监督程序及相应的工作要求。
3. 水运工程质量监督督查和质量安全督查的主要内容。
4. 违反水运工程质量监督规定的处罚。

8.1.1　水运工程质量监督机构职责

一　单项选择题

1. 水运工程质量信用评价的管理单位是（　　）。

A. 工程质量监督机构　　B. 交通运输主管部门

C. 工商管理机构　　D. 建设单位

二　多项选择题

1. 水运工程质量监督管理的工作要求是（　　）。

A. 依法　　B. 科学

C. 规范　　D. 公开

E. 公正

【参考答案】

一、单项选择题

1. B

二、多项选择题

1. A、B、C、E

8.1.2　水运工程质量监督程序

单项选择题

1. 负责向交通运输主管部门或建设工程质量监督机构申请办理工程质量监督手续

的单位是（　　）。

A．施工单位　　B．建设单位

C．监理单位　　D．中介单位

2. 水运工程交工验收前，（　　）应当组织对工程质量是否合格进行检测，出具交工验收质量检测报告。

A．监理单位　　B．检测单位

C．建设单位　　D．质量监督机构

3. 水运工程竣工验收前，（　　）应当组织对工程质量进行复测，出具工程质量鉴定报告。

A．监理单位　　B．检测单位

C．建设单位　　D．质量监督机构

【参考答案】

单项选择题

1．B；　2．C；　3．D

8.1.3 水运工程质量监督内容

一 单项选择题

1. 检查大型设备或船舶相关证书是否齐全、有效，检验是否合格，管理台账是否规范，属于质量安全管理行为督查中（　　）方面的抽查内容。

A．管理体系　　B．施工组织

C．质量管理　　D．安全管理

2. 质量安全督查工作由（　　）组织实施。

A．交通运输部安全监督管理部门

B．交通运输部安全与质量监督管理部门

C．交通运输部质量监督管理部门

D．交通运输部水运市场监督管理部门

3. 下列水运工程项目质量安全管理行为督查的抽查指标项中，属于施工组织抽查内容的抽查指标项是（　　）。

A．大型设备或船舶　　B．施工自检

C．机构与职责　　D．风险防控

4. 水运工程项目实体质量督察对梁、板等构件的检测数量宜不少于（　　）。

A．1个　　B．2个

C．3个　　D．4个

5. 检查现浇混凝土与构件接槎以及分层浇筑施工缝连接、错牙情况。属于（　　）的督查内容。

A．施工工序　　B．施工工艺
C．实体质量　　D．质量管理行为

二　多项选择题

1．下列质量安全督查时抽查的内容中，属于项目施工工艺及现场安全督查内容的有（　　）。
A．抛石基床夯实方法是否符合设计要求
B．原材料出厂合格证书是否齐全
C．施工船舶证书是否齐全、检验是否合格
D．混凝土抗压强度是否符合设计要求
E．混凝土配合比设计是否符合设计要求

2．水运工程质量监督检查的主要内容包括（　　）。
A．主要工程材料、构配件的质量情况
B．从业单位对工程质量法律、法规的执行情况
C．主要施工船舶、设备检验合格情况
D．从业单位质量责任落实及质量保证体系运行情况
E．从业单位对公路水运工程建设强制性标准的执行情况

3．下列水运工程项目质量安全管理行为督查的抽查指标项中，属于质量管理的有（　　）。
A．目标和制度　　B．原材料及产品
C．施工自检　　D．质量问题整改
E．机构与职责

4．下列质量安全督查时抽查的内容中，属于实体质量督查内容的有（　　）。
A．检查构件成品保护情况
B．检查监测点布设是否符合要求
C．检查坝体抛填是否均匀
D．检查预埋件与混凝土面高差
E．检查钢结构油漆涂刷遍数是否符合要求

5．水运工程项目实体质量督查的检测数量，对于港口工程中的（　　）宜取一件。
A．沉箱　　B．胸墙
C．挡浪墙　　D．梁
E．板

【参考答案】

一、单项选择题

1．B；　2．B；　3．A；　4．B；　5．C

二、多项选择题

1. A、C、E；　　2. A、B、D、E；　　3. B、C、D；　　4. A、D；

5. A、B、C

8.1.4 违反水运工程质量监督规定的处罚

单项选择题

1. 施工单位不按照施工技术标准施工造成工程质量一般事故的，处所涉及单位工程合同价款（　　）的罚款。

A. 1%　　B. 1% 以上 2% 以下

C. 2% 以上 3% 以下　　D. 3% 以上 4% 以下

【参考答案】

单项选择题

1. C

8.2 施工质量控制

复习要点

1. 施工质量控制的建立质量保证体系、质量责任终身制及施工现场质量控制要求等九项措施。

2. 水运工程施工中常见的质量问题的防范方法。

3. 质量事故等级划分及质量事故报告要求。

8.2.1 港口与航道工程质量控制措施

一 单项选择题

1. 关于港口与航道工程质量控制措施要求的说法，错误的是（　　）。

A. 施工单位应对工程采用的主要材料、构配件和设备等进行现场验收

B. 施工单位应按规定对涉及结构安全的现场检验项目进行抽样检验

C. 施工单位应当依法规范分包行为，并对各自承担的工程质量负总责

D. 施工单位应当严格按照工程设计图纸、施工技术标准和合同约定施工

二 多项选择题

1. 关于港口与航道工程质量控制措施的说法，错误的有（　　）。

A. 工程质量应满足业主的要求

B. 专业工序之间的交接应经项目总工认可

C. 工序之间应进行交接检验

D. 施工现场应建立质量管理机构

E. 工序控制应按设计文件和技术交底的要求进行

【参考答案】

一、单项选择题

1. B

二、多项选择题

1. A、B

8.2.2 港口与航道工程质量通病的防治

一 单项选择题

1. 混凝土表面局部出现直径大于 10mm、小于 30mm，深度大于 5mm 但不大于钢筋保护层厚度或 50mm 的孔洞称为（　　）。

A. 麻面　　B. 空洞

C. 蜂窝　　D. 气泡

2. 在预埋件、预留孔、结构突变的阴阳角等位置产生的开裂的裂缝是（　　）。

A. 约束裂缝　　B. 结构裂缝

C. 沉缩裂缝　　D. 收缩裂缝

3. 为防止联锁块横向位移，收边联锁块面积大于整块面积（　　）的，采用切割块，其他的用混凝土补铺。

A. 20%　　B. 25%

C. 30%　　D. 50%

二 多项选择题

1. 裙角露石是指构件底脚局部水泥浆流失，混凝土粗骨料轻微外露但不松散，产生这种情况的主要原因有（　　）。

A. 振捣不充分　　B. 模板底脚止浆条损坏

C. 混凝土和易性差　　D. 混凝土坍落度过大

E．模板刚度不足

2. 质量通病治理取得成效的经验包括有（　　）。

A．找出通病成因　　B．加强成品检查

C．从细小细微抓起　　D．加大奖罚措施

E．不断改进工艺

3. 为保证联锁块填缝砂的饱满，需要采取的措施有（　　）。

A．选用级配良好的细砂　　B．选用级配良好的中粗砂

C．选用干砂　　D．扫砂压实交替多遍

E．干砂含水量不大于 5%

【参考答案】

一、单项选择题

1. C；　2. D；　3. B

二、多项选择题

1. B、C、E；　2. A、C、E；　3. A、C、D

8.2.3 港口与航道工程质量事故等级划分

一 单项选择题

1. 重大质量事故是指造成直接经济损失（　　）的事故。

A．1 亿元以上

B．5000 万元以上 1 亿元以下

C．1000 万元以上 5000 万元以下

D．100 万元以上 1000 万元以下

2. 造成直接经济损失 1000 万元以上 5000 万元以下的质量事故是（　　）。

A．特别重大质量事故　　B．较大质量事故

C．重大质量事故　　D．一般质量事故

二 多项选择题

1. 重大质量事故是指（　　）的事故。

A．造成直接经济损失 1 亿元以上的

B．造成直接经济损失 5000 万元以上 1 亿元以下

C．大型水运工程主体结构垮塌、报废

D．造成直接经济损失 1000 万元以上 5000 万元以下

E．中型水运工程主体结构垮塌、报废

【参考答案】

一、单项选择题

1. B；　2. B

二、多项选择题

1. B、C

8.2.4 港口与航道工程质量事故报告的有关要求

一 单项选择题

1. 工程项目交工验收前，(　　) 为工程质量事故报告的责任单位。

A. 质监单位　　B. 监理单位

C. 建设单位　　D. 施工单位

2. 事故报告责任单位应在接报 (　　)，核实、汇总并向负责项目监管的交通运输主管部门及其工程质量监督机构报告。

A. 1h 内　　B. 2h 内

C. 3h 内　　D. 4h 内

二 多项选择题

1. 在下列质量事故中，发生 (　　) 时，省级交通运输主管部门应在接报 2h 内进一步核实，并按规定上报。

A. 一般质量事故　　B. 特别重大质量事故

C. 较大质量事故　　D. 重大质量事故

E. 超大质量事故

【参考答案】

一、单项选择题

1. D；　2. B

二、多项选择题

1. B、D

8.3 水运工程质量检查、检验与交、竣工验收

复习要点

1. 水运工程质量检验应按单位工程、分部工程和分项工程及检验批进行。

2．单位工程、分部工程和分项工程的定义和划分规定。

3．质量检验的基本规定和检查与检验的合格标准。

4．质量检查与检验的程序和组织及记录表格式。

5．港口与航道工程交、竣工验收的内容和要求。

8.3.1 水运工程质量检查与检验的划分

一 单项选择题

1．水运工程质量检验中，按建筑施工的（　　）划分分项工程。

A．工程性质　　B．主要工序（工种）

C．工程量　　D．施工工期

2．港口工程质量检验评定中，按建筑物的（　　）划分分部工程。

A．工程材料　　B．主要部位

C．工程量　　D．施工顺序

3．水运工程质量检验标准中对单位工程的规定，一般指具备独立施工条件建成后能发挥（　　）的工程。

A．设计功能　　B．使用功能

C．生产功能　　D．主要功能

4．港口工程质量检验中，码头工程按（　　）划分单位工程。

A．泊位　　B．主要部位

C．工程材料　　D．施工顺序

5．水运工程质量检验标准中对长度较长的防波堤划分单位工程时，一个单位工程的划分长度是（　　）。

A．500～1000m　　B．800～1000m

C．1000～2000m　　D．2000～2500m

6．水运工程质量检验标准中对长度较长的堤坝、护岸划分单位工程时，一个单位工程的划分长度是（　　）。

A．1～2km　　B．2～5km

C．5～7km　　D．7～10km

7．港口工程质量检验中，施工企业在开工前应对单位工程和分部、分项工程做出明确划分，（　　）据此进行质量控制和检验。

A．报上级领导机关同意后

B．报送上级领导机关

C．报水运工程质量监督机构备案后

D．报送监理工程师同意后

8．陆域形成的吹填工程可按（　　）的区域划分单位工程。

A．设计文件　　B．施工阶段

C．施工分区　　D．检验阶段

9. 分期实施的疏浚工程按（　　）划分单位工程。

A. 工程量　　　　B. 疏浚土质情况

C. 施工阶段　　　　D. 工期长短

二 多项选择题

1. 港口工程质量检验中，把工程划分为（　　）。

A. 独立工程　　　　B. 单位工程

C. 分部工程　　　　D. 分项工程

E. 工程项目

2. 港口工程质量检验中，按工程的（　　）划分单位工程。

A. 工期长短　　　　B. 独立施工条件

C. 工程费用　　　　D. 承担施工单位的数量

E. 设计功能

3. 港口工程质量检验中，按工程的使用功能、结构形式、施工和竣工验收的独立性划分单位工程。具体规定如下：（　　）。

A. 码头工程按泊位划分单位工程

B. 船台工程做为一个单位工程

C. 滑道工程做为一个单位工程

D. 工程较小的附属引堤做为一个单位工程

E. 港区内道路工程按设计单元组成一个单位工程

【参考答案】

一、单项选择题

1. B;　2. B;　3. A;　4. A;　5. C;　6. B;　7. C;　8. A;
9. C

二、多项选择题

1. B、C、D;　2. B、E;　3. A、B、C、E

8.3.2 水运工程质量检查与检验的合格标准

一 单项选择题

1. 主要检验项目是指（　　）中对安全、卫生、环保和公众利益起决定性的检验项目。

A. 单位工程　　　　B. 分项工程

C. 分部工程　　　　D. 主体工程

2. 主要检验项目是指分项工程中对（　　）起决定性作用的检验项目。

A．工程进度　　　　　　　　B．工程质量
C．工程安全　　　　　　　　D．工程造价

3. 检验批质量合格的标准包括（　　）。

A．主要检验项目应全部合格

B．主要检验项目中允许偏差的抽检合格率达到 80% 以上

C．一般检验项目中允许偏差的抽检合格率达到 90% 以上

D．一般检验项目的检验合格率达到 90% 以上

4. 分项工程质量合格的标准包括（　　）。

A．分项工程所含验收批的质量合格率达到 90% 以上

B．分项工程所含验收批的质量应全部合格

C．不划分验收批的分项工程主要检验项目的合格率应达到 90% 以上

D．不划分验收批的分项工程主要检验项目的合格率应达到 80% 以上

5. 分部工程的质量合格标准包括（　　）。

A．所含分项工程的质量全部合格

B．所含分项工程的质量合格率达到 90% 以上

C．不合格的项目不影响结构的安全

D．外观质量合格率达到 95% 以上

6. 单位工程质量合格的标准包括（　　）。

A．所含分部工程的质量合格率达 95% 以上

B．所含分部工程的质量全部合格

C．不合格的项目不影响工程的使用功能

D．主要功能项目抽检合格率达 95% 以上

7. 建设项目和单项工程的质量合格标准包括（　　）。

A．所含单位工程的合格率达到 95% 以上

B．工程资料完整

C．所含单位工程全部合格

D．主要功能项目抽检全部合格

8. 当分项工程质量不合格时，对其处理包括（　　）。

A．返工重做可认定质量合格

B．经检测能达到设计要求时可认定为合格

C．经返工加固处理可予以验收

D．经检测达不到设计要求认定为不合格

9. 观感质量检查评为二级的项目，允许少量测点的偏差超过允许的偏差值，但未超过规定值的（　　）倍。

A．1.2　　　　　　　　B．1.5
C．1.4　　　　　　　　D．2.0

10. 观感质量检查，评为二级的项目，允许少量测点的偏差超过允许的偏差值，但超过允许值的测点数不超过总测点数的（　　）。

A．10%　　　　　　　　B．15%

C．20%　　D．5%

二　多项选择题

1. 在港口工程质量检验中，把工程划分为（　　）。
   A．单项工程　　B．工程项目
   C．单位工程　　D．分项工程
   E．分部工程
2. 在港口工程检验批质量检验中，将检验项目划分为（　　）。
   A．主要检验项目　　B．指定检验项目
   C．一般检验项目　　D．允许偏差项目
   E．特殊项目
3. 在水运工程质量检验标准中主要检验项目是指（　　）的项目。
   A．对安全起决定性作用
   B．对环境起决定性作用
   C．对工程造价起决定性作用
   D．对工程观瞻起决定性作用
   E．对工期影响起决定性作用
4. 检验批质量检验的合格标准包括（　　）。
   A．主要检验项目合格率在 80% 以上
   B．主要检验项目全部合格
   C．一般检验项目合格率在 80% 以上
   D．一般检验项目全部合格
   E．允许偏差项目的抽检合格率在 90% 以上
5. 分项工程质量合格的标准包括（　　）。
   A．所含验收批的质量全部合格
   B．所含验收批的质量合格率在 90% 以上
   C．允许偏差项目的抽检合格率达到 80% 以上
   D．允许偏差项目合格率达到 90% 以上
   E．不划分验收批的主要检验项目合格率应达到 90% 以上
6. 分部工程质量合格标准包括（　　）。
   A．所含分项工程质量全部合格
   B．所含分项工程质量合格率达到 90% 以上
   C．工程质量控制资料完整
   D．所含分项工程质量合格率达到 80% 以上
   E．地基基础的安全功能检验符合有关规定
7. 单位工程质量合格标准包括（　　）。
   A．所含分部工程质量合格率达到 90% 以上
   B．所含分部工程质量全部合格

C．所含分部工程质量合格率达到 80% 以上

D．主要功能项目抽检结果符合相关规定

E．观感质量符合规范要求

8．当分项工程质量检验不合格时，对其处理包括（　　）。

A．返工重做并重新进行检验

B．返工重做达到要求的也认定为不合格

C．返工重做能满足安全要求的可予验收

D．经检测能达到设计要求的可认定为合格

E．经检测能满足结构安全和使用要求的可认定合格

【参考答案】

一、单项选择题

1．B；　2．C；　3．A；　4．B；　5．A；　6．B；　7．C；　8．B；　9．B；　10．C

二、多项选择题

1．A、C、D、E；　2．A、C；　3．A、B；　4．B、D；　5．A、C；　6．A、C、E；　7．B、D、E；　8．A、C、D、E

8.3.3　水运工程质量检查与检验的程序和组织

一　单项选择题

1．水运工程项目实施，应当在（　　）划分单位工程、分部和分项工程。

A．编制施工方案时　　B．开工之后

C．开工之前　　D．编制施工组织设计时

2．分项工程的质量检验应由（　　）组织进行。

A．施工单位负责人

B．施工单位分项工程负责人

C．施工单位分项工程技术负责人

D．施工单位技术负责人

3．单位工程、分部分项工程的划分应由（　　）组织进行。

A．监理单位　　B．施工单位

C．建设单位　　D．质量监督部门

4．验收批的质量检验应由（　　）组织进行。

A．监理工程师

B．施工单位负责人

C．施工单位技术负责人

D．施工单位分项工程技术负责人

5. 分部工程的质量检验应由（　　）组织进行。

A. 施工单位负责人　　B. 施工单位项目技术负责人

C. 质量监督部门　　D. 监理工程师

6. 单位工程完工后应由（　　）组织进行质量检验。

A. 监理单位　　B. 建设单位

C. 施工单位　　D. 质量监督部门

7. 检验批的质量由施工单位组织自检合格后应报（　　）。

A. 建设单位　　B. 质量监督单位

C. 监理单位　　D. 企业质量部门

8. 分项工程的质量由施工单位组织自检合格后应报（　　）。

A. 监理单位　　B. 建设单位

C. 质量监督单位　　D. 企业主要部门

9. 检验批质量由施工单位自检合格后报监理单位，由（　　）组织进行检验与确认。

A. 建设单位　　B. 监理工程师

C. 质量监督单位　　D. 企业质检部门

10. 分项工程的质量由施工单位组织自检合格后，由监理工程师组织（　　）检查确认。

A. 建设单位　　B. 质量监督单位

C. 施工单位专职质量检查员　　D. 设计单位

11. 分部工程的质量由施工单位组织自检合格后，报（　　）。

A. 监理单位　　B. 建设单位

C. 质量监督单位　　D. 企业质检部门

12. 单位工程完工后，由施工单位组织自检合格后报（　　）。

A. 建设单位　　B. 质量监督单位

C. 监理单位　　D. 企业质检部门

二 多项选择题

1. 水运工程开工前，建设单位应组织（　　）对单位工程、分部、分项工程进行划分。

A. 设计单位　　B. 施工单位

C. 质检单位　　D. 监理单位

E. 质量监督单位

2. 建设单位收到单位工程竣工报告后应及时组织（　　）对单位工程进行预验收。

A. 质检单位　　B. 施工单位

C. 监理单位　　D. 设计单位

E. 质量监督单位

3. 分部工程的质量由施工单位组织自检合格后，报监理单位，由总监理工程师组织（　　）进行检验与确认。

A．质量监督部门　　B．施工单位项目负责人

C．施工单位质量负责人　　D．施工单位技术负责人

E．建设单位

4．分部工程质量由施工单位组织自检合格后，由总监理工程师组织对地基基础质量检验确认时（　　）应参与检验。

A．质检单位　　B．勘察单位

C．施工单位　　D．设计单位

E．质量监督部门

5．单位工程观感质量评价应由质量监督机构组织（　　）参加进行。

A．质检单位　　B．建设单位

C．施工单位　　D．监理单位

E．设计单位

6．观感质量检查项目评价采取（　　）方法进行。

A．10分制评分　　B．观察检查

C．必要的测量　　D．共同讨论

E．平均分数

7．观感质量评价分为（　　）项目。

A．一级　　B．二级

C．三级　　D．特级

E．不通过

【参考答案】

一、单项选择题

1．C；　2．C；　3．C；　4．D；　5．B；　6．C；　7．C；　8．A；
9．B；　10．C；　11．A；　12．C

二、多项选择题

1．B、D；　2．B、C、D；　3．B、C、D；　4．B、C、D；
5．B、C、D；　6．B、C、D；　7．A、B、C、E

8.3.4　港口与航道工程交、竣工验收

一　单项选择题

1．港口工程建设项目交工验收的组织单位是（　　）。

A．行业主管部门　　B．项目单位

C．施工单位　　D．港口行政管理部门

2．交工验收检查工程实体观感质量时，码头工程要检查的主要内容是（　　）。

A．接岸结构　　B．防浪墙
C．护面　　D．侧缘石

3．港口工程竣工验收核查结论应是（　　）。

A．同意竣工或不同意竣工　　B．优秀或良好
C．合格或不合格　　D．优良或不合格

二　多项选择题

1．交工验收时，要检查施工单位施工总结报告的主要内容有（　　）。

A．现场项目主要施工人员配置情况
B．施工依据
C．施工期沉降位移观测情况
D．工程质量施工自检结论
E．施工进度、工程质量和施工安全管理情况

2．下列资料中，属于交工验收时要检查的施工资料内容有（　　）。

A．测量控制点验收记录　　B．原材料试验或检验报告
C．图纸审查记录　　D．工程质量事故及调查处理资料
E．廉政教育培训记录

3．下列各单位的报告中，属于交工验收时需要出具的有（　　）。

A．施工单位的自检报告　　B．施工单位的施工总结报告
C．项目单位的工作报告　　D．监理单位的工程质量评估报告
E．检测机构的检测报告

【参考答案】

一、单项选择题

1．B；　2．A；　3．C

二、多项选择题

1．A、B、E；　2．A、B、D；　3．A、B、D、E

第 9 章　施工成本管理

9.1　水运工程概算预算

微信扫一扫
在线做题+答疑

复习要点

1. 沿海港口建设工程、内河航运建设工程与疏浚工程建设项目总概算费用的组成和建筑安装工程费用项目、疏浚与吹填单位工程费用项目的组成。

2. 沿海港口工程与内河航运工程的分类和《沿海港口水工建筑工程定额》JTS/T 276—1—2019、《内河航运水工建筑工程定额》JTS/T 275—1—2019 和《疏浚工程预算定额》JTS/T 278—1—2019 应用时应执行的有关规定。

3. 工程船舶机械艘（台）班费用的组成与停置艘（台）班费的计算方法。

4.《水运工程混凝土和砂浆材料用量定额》JTS/T 277—2019 应用时应执行的有关规定。

9.1.1　沿海港口建设工程和内河航运建设工程概算和预算编制

一　单项选择题

1. 临时设施费属于建筑安装工程费费用中的（　　）。
   A. 定额直接费　　B. 其他直接费
   C. 企业管理费　　D. 专项税费

2. 港口与航道工程的监理费属于（　　）。
   A. 前期工作费　　B. 建设管理费
   C. 工程建设其他费用　　D. 其他相关费用

3. 建设用地征用费属于沿海港口建设工程项目总概算中的（　　）。
   A. 工程建设其他费用　　B. 工程费用
   C. 预留费用　　D. 专项概算

4. 下列沿海港口工程中，按二类工程施工取费的是（　　）。
   A. 直立式防波堤　　B. 码头吨级＜ 10000t
   C. 海上孤立建筑物　　D. 取水构筑物

5. 下列内河航运工程中，按二类工程施工取费的是（　　）。
   A. 通航建筑物　　B. 码头吨级＞ 1000t
   C. 系靠船建筑物　　D. 土石结构水坝

6. 下列概算表格中，属于概算辅助表格的是（　　）。
   A. 人工材料单价表　　B. 主要材料用量汇总表
   C. 单项工程概算汇总表　　D. 建筑安装单位工程概算表

7. 当单位工程预算突破相应概算时应分析原因，对合理部分可在（　　）调剂解决。

A．总概算范围内　　B．预留费中

C．总估算范围内　　D．建筑工程费中

二 多项选择题

1. 下列费用中，属于沿海港口单位建筑安装工程费用中的其他直接费的有（　　）。

A．安全文明施工费　　B．材料二次倒运费

C．施工队伍进退场费　　D．社会保险费

E．住房公积金

2. 沿海港口建设项目总概算中的工程费用包括（　　）。

A．建筑工程费　　B．办公和生活家具购置费

C．安装工程费　　D．工器具及生产家具购置费

E．设备购置费

3. 港口与航道工程的建设管理费包括（　　）。

A．项目单位开办费　　B．项目单位经费

C．代建管理费　　D．人员培训费

E．生产生活家具购置费

4. 下列施工图预算表中，属于主要表格的有（　　）。

A．建筑安装单位工程预算表

B．主要材料用量汇总表

C．工程船舶艘班用量汇总表

D．工程船舶艘班单价表

E．建筑安装单位工程施工取费明细表

5. 下列内河航运工程中，按一类工程施工取费的有（　　）。

A．码头吨级≥ 1000t　　B．导助航建筑物

C．取水构筑物　　D．防洪堤

E．桥涵

6. 下列沿海港口工程中，按一类工程施工取费的有（　　）。

A．码头吨级≥ 10000t　　B．直立式挡砂堤

C．取水构筑物　　D．护岸

E．廊道

7. 下列费用中，属于内河航运建筑安装工程费用中的其他直接费的有（　　）。

A．施工浮标抛撤费　　B．施工队伍进退场费

C．卧冬费　　D．施工辅助费

E．开工展布、收工集合费

【参考答案】

一、单项选择题

1. B；　2. C；　3. A；　4. B；　5. D；　6. C；　7. A

二、多项选择题

1. A、B、C；　2. A、C、E；　3. A、B、C；　4. A、B、E；
5. A、B、C、E；　6. A、B、C、E；　7. B、D

9.1.2　沿海港口和内河航运水工建筑工程定额的应用

一　单项选择题

1. 下列沿海水工工程中，在编制工程概算时不计概算扩大系数的是（　　）。

A．海上孤立建筑物工程　　B．栈引桥工程
C．大型土石方工程　　D．斜坡式引堤工程

2. 下列沿海水工工程中，在编制工程概算时概算扩大系数按 1.02～1.05 确定的是（　　）。

A．直立式护岸　　B．斜坡式防波堤
C．栈引桥　　D．斜坡式引堤

3. 下列内河航运工程中，编制概算时概算扩大系数按 1%～3% 计的是（　　）。

A．一般水工工程　　B．堆场道路工程
C．陆域构筑物工程　　D．大型土石方工程

4. 应用内河航运水工建筑工程定额时，编制施工图预算可（　　）。

A．直接使用
B．各项加扩大系数后使用
C．算出定额直接费后加扩大系数
D．各项加大 3% 后使用

5. 应用内河航运水工建筑工程定额时，编制概算时可（　　）。

A．直接使用
B．各项加扩大系数后使用
C．套用定额算出定额直接费后乘以概算扩大系数
D．各项加大 3% 后使用

二　多项选择题

1. 下列关于《内河航运水工建筑工程定额》规定的说法，正确的有（　　）。

A．编制施工图预算时，应根据各章节的相应规定直接使用本定额
B．定额中凡注明“×× 以内”或“×× 以下”者，均不包括“××”本身
C．大型土石方工程概算扩大系数为 1%～3%

D．堆场道路工程概算扩大系数为 2%～5%

E．本定额项目的“工程内容”已包括次要工序的工程内容

2.《沿海港口水工建筑工程定额》中关于定额中材料消耗的说法，正确的有（　　）。

A．包括了工程本身直接使用的材料、成品或半成品

B．包括了按规定摊销的施工用料

C．除另有说明外，均可调整

D．包括了其场内运输和操作消耗

E．不包括运输和操作消耗

3. 关于《沿海港口水工建筑工程定额》中运距定额计价的说法，正确的有（　　）。

A．运距小于等于基本运距时不做调整

B．水上运输距离 30km 以内的，按相应增运距定额计价

C．陆上运输距离超过 30km 的，不适用增运距定额

D．水上运输距离超过 300km 的，不适用增运距定额

E．定额中的基本运距及增运距应按定额规定执行

【参考答案】

一、单项选择题

1．C；　2．A；　3．B；　4．A；　5．C

二、多项选择题

1．A、E；　2．A、B、D；　3．A、C、E

9.1.3　水运工程混凝土和砂浆材料用量定额的应用

一　单项选择题

1.《水运工程混凝土和砂浆材料用量定额》中的普通塑性混凝土定额坍落度基准值为（　　）。

A．50mm　　B．60mm

C．70mm　　D．80mm

2.《水运工程混凝土和砂浆材料用量定额》规定，普通干硬性混凝土定额配合比维勃稠度（　　）。

A．以 10s 基准　　B．以 20s 为基准

C．以 30s 为基准　　D．以 40s 为基准

3. 水运工程混凝土和砂浆材料用量定额中，计算 $1m^3$ 混凝土及砂浆材料用量时（　　）。

A．可以直接套用

B．尚应考虑施工中倒运的损失量

C．尚应考虑混凝土运输中的损失量

D．尚应考虑砂、石筛洗中的耗损量

4.《水运工程混凝土和砂浆材料用量定额》规定普通流动性混凝土设计坍落度每增减 10mm，胶凝材料用量相应增减（　　）。

A．1%　　B．2%

C．1.5%　　D．2.5%

5.《水运工程混凝土和砂浆材料用量定额》的细骨料以中（粗）砂为准，当采用细砂时，水泥用量和水增加（　　）。

A．2%　　B．3%

C．4%　　D．5%

二　多项选择题

1．关于《水运工程混凝土和砂浆材料用量定额》规定的说法，正确的有（　　）。

A．本定额中混凝土和砂浆等定额为 $1m^3$ 复合材料体积用量

B．普通塑性混凝土定额坍落度基准值为 120mm

C．普通干硬性混凝土定额配合比维勃稠度以 20s 为基准

D．定额中粉煤灰规格一般为Ⅰ级粉煤灰

E．定额中水泥强度等级按经济合理的原则确定，使用时一般不做调整

【参考答案】

一、单项选择题

1．C；　2．B；　3．A；　4．B；　5．D

二、多项选择题

1．A、C、E

9.1.4　沿海港口水工建筑及装卸机械设备安装工程船舶机械艘（台）班费用定额的应用

一　单项选择题

1．下列船舶机械费用中，属于船舶机械艘（台）班二类费用的是（　　）。

A．机械安拆及辅助费　　B．机械配员的人工费用

C．船舶辅材费　　D．船舶航修费

2．根据《沿海港口工程船舶机械艘（台）班费用定额》计算轻型井点设备 1 个台班的时间是（　　）。

A．8h　　B．10h

C．12h　　D．24h

二 多项选择题

1. 下列费用中，属于《沿海港口工程船舶机械艘（台）班费用定额》中一类费用的有（　　）。

A．船舶检修费　　B．动力费

C．船舶小修费　　D．船舶航修费

E．船舶辅材费

【参考答案】

一、单项选择题

1. B；　2. D

二、多项选择题

1. A、C、D、E

9.1.5 内河航运工程船舶机械艘（台）班费用定额的应用

一 单项选择题

1. 下列船舶机械费用中，属于船舶机械艘（台）班一类费用的是（　　）。

A．人工费用　　B．船舶管理费

C．动力费用　　D．饮用水费用

2.《内河航运工程船舶机械艘（台）班费用定额》规定潜水组停置组日费为使用组日费的（　　）。

A．50%　　B．60%

C．70%　　D．80%

3. 内河航运工程船舶机械设备艘（台）班费用包括第一类费用和第二类费用，（　　）属于第二类费用。

A．船舶检修费　　B．人工费

C．船舶小修费　　D．船舶航修费

二 多项选择题

1. 下列内河航运工程船舶费用中，属于二类费用的有（　　）。

A．定员人工费用　　B．船舶管理费

C．动力费用　　D．定员饮用水费用

E．船舶辅助材料费

【参考答案】

一、单项选择题

1. B;　　2. D;　　3. B

二、多项选择题

1. A、C、D

9.1.6 疏浚工程概算和预算编制

一 单项选择题

1. 疏浚与吹填工程中的安全文明施工费属于（　　）。
   A. 间接费　　B. 定额直接费
   C. 企业管理费　　D. 其他直接费

二 多项选择题

1. 疏浚与吹填单位工程费用中的其他直接费包括（　　）。
   A. 疏浚测量费　　B. 施工队伍调遣费
   C. 安全文明施工费　　D. 管架安拆费
   E. 开工展布、收工集合费
2. 下列疏浚与吹填单位工程的费用中，属于其他直接费的有（　　）。
   A. 社会保险费　　B. 安全文明施工费
   C. 卧冬费　　D. 管架安拆费
   E. 施工队伍调遣费
3. 下列费用中，属于疏浚与吹填单位工程费用中的其他直接费的有（　　）。
   A. 管架安拆费　　B. 施工队伍调遣费
   C. 疏浚测量费　　D. 卧冬费
   E. 开工展布、收工集合费

【参考答案】

一、单项选择题

1. D

二、多项选择题

1. A、C;　　2. B、C;　　3. C、D

9.1.7 疏浚工程预算定额的应用

一 单项选择题

1. 疏浚工程的工况级别划分为（　　）。
   A. 一至五级　　B. 一至六级
   C. 一至七级　　D. 一至十级
2. 疏浚工程预算定额中抛泥运距是指（　　）。
   A. 挖泥区中心至卸泥区远边的距离
   B. 挖泥区至卸泥区的平均距离
   C. 挖泥区中心至卸泥区中心的距离
   D. 挖泥区远边至卸泥区远边的距离

二 多项选择题

1. 根据《疏浚与吹填工程设计规范》，疏浚工程量应包括（　　）。
   A. 设计断面工程量　　B. 计算超宽工程量
   C. 施工期回淤工程量　　D. 流失量
   E. 计算超深工程量
2. 疏浚工程预算定额中挖泥船施工平均挖深应根据（　　）等要素计算。
   A. 设计底高程　　B. 平均泥层厚度
   C. 计算超深值　　D. 施工期的平均水位
   E. 施工期的平均水深

【参考答案】

一、单项选择题

1. C;　　2. C

二、多项选择题

1. A、B、C、E;　　2. A、B、C、D

9.1.8 疏浚工程船舶艘班费用定额的应用

多项选择题

1. 计算疏浚工程船舶停置费用时，应包括（　　）等费用。
   A. 船舶检修费　　B. 船舶折旧费
   C. 船舶保修费　　D. 艘班人工费

E．材料费与燃料费

2. 排泥管线每百米台班费用定额由（　　）组成。

A．折旧费　　B．材料费

C．维修费　　D．安装拆除费

E．储存费

【参考答案】

多项选择题

1. B、C、D、E；　　2. A、C、D

9.2 工程计量

复习要点

1. 港口与航道工程工程量清单计价所采用的单价方式和所包括的项目及其费用。
2. 港口与航道工程计量的方法、周期与工程量计算规则。
3. 港口与航道工程价款变更解释合同文件的优先顺序、指示人和变更的估价原则。

9.2.1 水运工程工程量清单编制

一 单项选择题

1. 招标人要求计列的、不以图纸计算工程量的费用项目是（　　）。

A．分部工程项目　　B．分项工程项目

C．计日工项目　　D．一般项目

2. 为完成招标人提出的合同范围以外的、不能以实物计量的零星工作所需的人工、材料、船舶机械项目是（　　）。

A．分部工程项目　　B．分项工程项目

C．计日工项目　　D．一般项目

3. 工程量清单计价采用（　　）。

A．市场价格单价　　B．定额价格单价

C．协商价格单价　　D．综合单价

二 多项选择题

1. 水运工程工程量清单计价包括（　　）清单费用等全部费用。

A．单位工程量　　B．单项工程量

C．一般项目　　D．计日工项目

E. 分部分项工程量

2. 暂列金额是指招标人在工程量清单中暂定，用以（　　）而预留的费用。

A. 尚未确定的工程材料的采购

B. 尚未确定的工程设备的采购

C. 尚未确定的船舶机械使用费

D. 尚未确定的工程服务的采购

E. 可能发生的合同变更

3. 清单报价中不得做为竞争性费用的有（　　）。

A. 规费　　B. 安全文明施工费

C. 税金　　D. 调遣费

E. 施工措施费

4. 最高投标限价或标底的编制应根据（　　）等编制。

A. 施工组织设计　　B. 现场施工条件

C. 招标文件　　D. 投标人技术能力

E. 合理的施工方法

【参考答案】

一、单项选择题

1. D;　2. C;　3. D

二、多项选择题

1. C、D、E;　2. A、B、D、E;　3. A、B、C;　4. B、C、E

9.2.2 水运工程工程量清单计价

一 单项选择题

1. 一般情况下，单价子目已完成工程量的计量周期是（　　）。

A. 按周计量　　B. 按旬计量

C. 按月计量　　D. 按季度计量

2. 施工合同签订生效 28d 内或计划开工日期前，发包人应向承包人支付不少于合同总价（　　）的工程预付款，具体额度按照合同约定。

A. 20%　　B. 15%

C. 5%　　D. 10%

3. 疏浚与吹填工程合同双方对于采用同一测图分别计算的工程土方量，两者的差值小于或等于两者中较大值的 2% 时，其土方量取两者的（　　）。

A. 大值　　B. 小值

C. 平均值　　D. 大值、小值均可

4. 在同一疏浚与吹填工程进行土方计量时，交工宜和（　　）采用同一方法计算。

A．检测时　　B．浚中

C．设计时　　D．浚前

5．装机总功率为 10000kW 绞吸挖泥船的计算超宽值是（　　）。

A．2.0m　　B．3.0m

C．4.0m　　D．5.0m

6．一次性维护疏浚工程宜采用（　　）计量。

A．舱载量　　B．泵送量

C．实测下方　　D．干土质量

7．疏浚与吹填工程合同双方对于采用同一测图分别计算的工程土方量，两者的差值小于或等于两者中较大值的（　　）时，其土方量取两者的平均值。

A．5%　　B．4%

C．3%　　D．2%

8．土石方工程按设计图纸计算填筑工程量时，不应扣除预埋件和面积小于和等于（　　）的孔洞所占的体积。

A．$0.2m^2$　　B．$0.3m^2$

C．$0.4m^2$　　D．$0.5m^2$

9．关于基础打入桩工程量计算规定的说法，错误的是（　　）。

A．钢桩以根或体积计算工程量

B．混凝土桩以根或体积计算工程量

C．斜度大于 8：1 的打入桩桩基按斜桩计算

D．斜度小于或等于 8：1 的打入桩桩基按直桩计算

二　多项选择题

1．下列关于疏浚工程土方计量的说法，正确的有（　　）。

A．应分别计算设计工程量和计费工程量

B．计费工程量应以浚前图、浚后图计算

C．应分别计算实际施工工程量和计费工程量

D．实际施工工程量应以浚前图、浚后图计算

E．设计工程量应以浚前图、浚后图计算

2．关于土石方工程工程量计算规则的说法，正确的有（　　）。

A．土石方开挖工程量应按设计图纸计算净量

B．大于 $0.7m^3$ 的孤石应按石方开挖计算

C．水下抛填工程应计入原土沉降增加的工程量

D．基床粗平按建筑物底面尺寸各边加宽 1.5m 计算

E．基床细平按建筑物底面尺寸各边加宽 1.0m 计算

3．吹填工程以吹填区测图进行吹填计量时，应分别计算（　　）。

A．地形变化量　　B．施工期沉降量

C．超填量　　D．流失量

E. 固结量

4. 关于混凝土工程工程量计算规则的说法，正确的有（　　）。

A. 水上现浇混凝土桩帽应扣除桩头嵌入部分的体积

B. 预制混凝土空心方桩的工程量不应扣除中空体积

C. 预制梁的接头和接缝现浇混凝土工程量应单独计算

D. 不应扣除单孔面积小于或等于 $0.2m^2$ 孔洞所占的体积

E. 混凝土的工程量应根据设计图纸以体积计算

【参考答案】

一、单项选择题

1. C；　2. D；　3. C；　4. D；　5. C；　6. C；　7. D；　8. A；
9. A

二、多项选择题

1. C、D；　2. A、B、C；　3. A、B、C；　4. C、D、E

9.2.3 工程价款变更的依据与方法

一 单项选择题

1. 承包人在收到变更指示或变更意向书后，向监理人提交变更报价书所允许的最长时间是（　　）。

A. 7d　　B. 10d

C. 14d　　D. 20d

二 多项选择题

1. 关于解释合同文件优先顺序的说法，正确的有（　　）。

A. 通用合同条款优先于中标通知书

B. 专用合同条款优先于通用合同条款

C. 合同协议书优先于专用合同条款

D. 投标函及投标函附录优先于专用合同条款

E. 中标通知书优先于合同协议书

【参考答案】

一、单项选择题

1. C

二、多项选择题

1. B、C、D

9.3 施工成本控制

复习要点

1. 在成本策划、标后预算的基础上制定成本目标，并编制施工预算和进行成本管理目标分解。

2. 项目部及职能部门成本管理职责，以及成本归集、核算、分析、管控考核的奖励的方法。

9.3.1 施工成本目标

一 单项选择题

1. 负责编制成本策划的主体是（　　）。

A. 项目部　　B. 项目部的计合部

C. 实施单位　　D. 项目部的财务部

二 多项选择题

1. 下列文件中属于编制标后预算依据的有（　　）。

A. 标前成本测算　　B. 投标施工组织设计

C. 项目合同文件　　D. 项目成本策划方案

E. 分包、租赁指导单价

2. 下列说法中，属于项目经理部分解落实成本责任时掌握的原则有（　　）。

A. 全面覆盖　　B. 权责对等

C. 及时准确　　D. 奖惩结合

E. 风险共担

【参考答案】

一、单项选择题

1. C

二、多项选择题

1. A、C、D、E；　　2. A、B、D、E

9.3.2 施工成本控制措施

一 单项选择题

1. 负责编制《成本预控方案》的部门是（　　）。

A. 工程部　　B. 质量部

C. 计合部　　D. 财务部

2. 召开项目部成本分析会的召集人是（　　）。

A. 项目经理　　B. 商务副经理

C. 计合部长　　D. 财务部长

3. 编制成本预控方案的人员是（　　）。

A. 项目经理　　B. 商务副经理

C. 计合部长　　D. 预算人员

4. 下列成本管理职责中属于项目经理部的是（　　）。

A. 编制项目成本策划书　　B. 编制项目施工预算

C. 确定项目成本管理目标　　D. 调整标后预算

二 多项选择题

1. 项目部召开成本分析会的目的有（　　）。

A. 成本归集　　B. 成本核算

C. 分析盈亏　　D. 制定措施

E. 考评奖罚

【参考答案】

一、单项选择题

1. C；　2. A；　3. D；　4. B

二、多项选择题

1. C、D

第 10 章　施工安全管理

10.1　水上水下活动通航安全管理

复习要点

1. 水上水下作业或活动通航安全管理应遵循的原则、管理机构与职责划分和适用的施工作业。

2. 从事水上水下作业或活动应当符合的条件、申请材料的内容组成、施工通航安全保障方案的主要内容和许可证变更与注销的相关规定。

3. 水上水下作业或活动各主体的职责内容和违反《中华人民共和国水上水下作业和活动通航安全管理规定》的情形及其处罚标准。

10.1.1　水上水下活动通航安全管理的范围

一　单项选择题

1. 下列港口施工作业中，应当经海事管理机构许可，并核定相应安全作业区的是（　　）。

A. 港口道路施工　　B. 航道养护疏浚

C. 打捞沉船沉物　　D. 港口堆场施工

2. 全国水上水下作业和活动通航安全监督管理工作的负责单位是（　　）。

A. 国务院交通运输主管部门　　B. 各地安全监督部门

C. 中国海事局　　D. 交通运输部海事局

二　多项选择题

1. 水上水下作业和活动通航安全管理的目的是（　　）。

A. 保障船舶的航行安全　　B. 保障船舶的停泊安全

C. 保护水域环境　　D. 维护水上交通秩序

E. 维护港口运营秩序

2. 水上水下活动通航安全管理的原则是（　　）。

A. 安全第一　　B. 预防为主

C. 方便群众　　D. 科学合理

E. 依法管理

3. 下列施工作业中，需海事管理机构许可并核定水上水下作业安全作业区的有（　　）。

A. 航道疏浚　　B. 码头后方陆域回填

C. 海上拖运沉箱　　D. 高桩码头沉桩

E. 板桩码头拉杆安装

【参考答案】

一、单项选择题

1. C；　2. D

二、多项选择题

1. A、B、C、D；　2. A、B、C、E；　3. A、C、D

10.1.2 从事水上水下通航安全活动的申请

一 单项选择题

1. 水上水下作业或者活动水域涉及两个以上海事管理机构的，许可证的申请应当向（　　）提出。

A. 其中任一海事管理机构

B. 其共同的上一级海事管理机构

C. 其下一级海事管理机构

D. 其上一级海事管理机构

2. 在港口进行可能危及港口安全的采掘、爆破等活动，建设单位、施工单位应当报经（　　）许可。

A. 海事管理机构　　B. 港口行政管理部门

C. 当地安全监督机构　　D. 当地公安机关

3. 对通航安全可能构成重大影响的水上水下作业或者活动，在许可前（　　）应当组织专家进行技术评审。

A. 建设单位　　B. 施工单位

C. 海事管理机构　　D. 港口行政管理部门

4. 施工通航安全保障方案的编制单位是（　　）。

A. 建设单位　　B. 施工单位

C. 主办单位　　D. 第三方咨询单位

二 多项选择题

1. 许可在管辖水域内从事水上水下作业或者活动需符合的条件有（　　）。

A. 有关的人员、船舶、设施符合安全航行、停泊和作业的要求

B. 有作业活动的进度安排、施工作业图纸

C. 已制定水上水下作业或者活动方案

D. 有符合水上交通安全要求的保障措施、应急预案和责任制度

E．有符合防治船舶污染水域环境要求的保障措施、应急预案和责任制度

2．申请在管辖水域内从事需经许可的水上水下作业或者活动，施工单位应向海事管理机构报送的材料有（　　）。

A．港口行政管理部门的许可文件

B．申请书

C．申请人、经办人相关证明材料

D．作业或者活动方案

E．作业或者活动保障措施方案、应急预案和责任制度文本

3．对施工通航安全保障方案的编制质量要求有（　　）。

A．资料齐全　　B．分析全面、技术可行

C．文字简洁　　D．图文并茂

E．措施具有针对性和可操作性

4．对上报的施工通航安全保障方案，施工单位应当负责的方面有（　　）。

A．方案的内容　　B．方案的结果

C．方案的结论　　D．资料的合法性

E．资料的真实性

【参考答案】

一、单项选择题

1．B；　2．B；　3．C；　4．B

二、多项选择题

1．A、C、D、E；　2．B、C、D、E；　3．A、B、E；　4．A、C、D、E

10.1.3　水上水下通航安全活动许可证的管理

一　单项选择题

1．许可证有效期届满不能结束水上水下作业或者活动的，建设单位、主办单位或者施工单位向海事管理机构申请办理延续手续的最晚时间是（　　）。

A．应当于许可证有效期届满 5 个工作日前

B．应当于许可证有效期届满 3 个工作日前

C．应当于许可证有效期届满 6 个工作日前

D．应当于许可证有效期届满 4 个工作日前

二　多项选择题

1．下列情形中，属于需要办理水上水下作业或者活动许可证注销手续的有（　　）。

A．水上水下作业或者活动中止的

B．提前完工的

C．因许可事项变更而重新办理了新的许可证的

D．2 个月以上未开工的

E．因不可抗力导致许可的水上水下作业或者活动无法实施的

【参考答案】

一、单项选择题

1．A

二、多项选择题

1．A、B、C、E

10.1.4 对从事水上水下施工生产活动主体的规定

一 单项选择题

1．在管辖海域内从事体育等水上水下活动，可能影响海上交通安全的，将活动涉及的海域范围报告海事管理机构的最晚时间是（　　）。

A．应当提前 10 个工作日　　B．应当提前 5 个工作日

C．应当提前 3 个工作日　　D．应当提前 6 个工作日

2．在工程涉及通航安全的部分完工后或者工程竣工后，应将工程有关通航安全的技术参数报海事管理机构备案的单位是（　　）。

A．施工单位　　B．航道局

C．建设单位　　D．竣工资料编制单位

二 多项选择题

1．属于海事管理机构核定水上水下作业或者活动安全作业区范围的根据有（　　）。

A．作业或者活动水域的范围　　B．自然环境

C．交通状况　　D．通航安全保障

E．应急预案

【参考答案】

一、单项选择题

1．A；　2．C

二、多项选择题

1．A、B、C

10.1.5 对水上水下活动通航安全的监督

多项选择题

1. 属于海事管理机构对水上水下作业活动监督检查的内容有（　　）。

A. 航行船舶　　B. 主办单位的海上设施

C. 责任制度落实情况　　D. 通航安全保障措施

E. 应急预案

【参考答案】

多项选择题

1. B、C、D、E

10.1.6 对违反水上水下活动通航安全管理规定的处罚

多项选择题

1. 下列情形中，属于海事管理机构应当责令建设单位、施工单位改正的有（　　）。

A. 建设单位未落实安全生产主体责任的

B. 未经许可擅自更换或者增加作业或者活动船舶的

C. 未按照规定采取通航安全保障措施进行水上水下作业或者活动的

D. 雇佣不符合安全标准的船舶进行水上水下作业或者活动的

E. 因恶劣自然条件严重影响作业或者活动及通航安全的

2. 对违法船舶、海上设施的所有人、经营人或者管理人处 3 万元以上 30 万元以下罚款的情形有（　　）。

A. 船舶、海上设施未取得许可证从事施工作业的

B. 船舶、海上设施使用涂改的许可证从事施工作业的

C. 从事可能影响海上交通安全的水上水下活动的

D. 超出核定的安全作业区进行施工作业的

E. 船舶、海上设施使用非法受让的许可证从事施工作业的

【参考答案】

多项选择题

1. A、B、C、D；　　2. A、B、D、E

10.2 海上航行警告和航行通告管理

复习要点

1. 在沿海水域从事必须事先申请发布海上航行警告、航行通告的活动和申请程序与书面申请的内容组成。

2. 海上航行警告、航行通告管理机构、职责划分与发布主体、方式和违反《中华人民共和国海上航行警告和航行通告管理规定》的情形及其处罚标准。

10.2.1 海上航行警告和航行通告的管理

一 单项选择题

1. 主管发布海上航行通告的机构是（　　）。

A. 所在地方主管交通的安技部门

B. 海事局

C. 国家海上安全局

D. 地方交通厅、局

二 多项选择题

1. 各级海事管理机构在以文件发布沿航行通告的同时，需将航行通告通过中国海事局网站向社会公布。还可以（　　）发布本区域航行通告。

A. 在本单位网站发布　　B. 发送传真或邮寄

C. 宣传栏张贴　　D. 无线电话发布

E. 微信发布

2. 在中华人民共和国沿海水域从事扫海、疏浚、爆破、打桩、拔桩、起重、钻探等作业，必须事先向所涉及的海区的区域主管机关申请办理和发布（　　）。

A. 海上航行警告　　B. 航行通告

C. 打桩令　　D. 开工令

E. 疏浚令

3. 海上航行通告由国家主管机关或者区域主管机关（　　）。

A. 以无线电报发布　　B. 以书面形式发布

C. 以无线电话发布　　D. 通过报纸发布

E. 通过广播发布

【参考答案】

一、单项选择题

1. B

二、多项选择题

1. A、B、C、E；　2. A、B；　3. B、D、E

10.2.2 海上航行警告和航行通告申请的程序

一 单项选择题

1. 应当在海上打桩活动开始之日的（　）天前向所涉及海区的主管机关递交发布海上航行警告、航行通告的书面申请。

A. 3　B. 7

C. 15　D. 30

2. 在海上拖运超大型沉箱施工应当在启拖开始之日（　）天前向起拖地所在海区的区域主管机关递交发布海上航行警告、航行通告的书面申请。

A. 3　B. 5

C. 7　D. 10

3. 在海上拖运超大型沉箱，申请发布航行通告书面申请应包括（　）。

A. 拖轮名称　B. 超大型沉箱的结构

C. 船长姓名　D. 超大型沉箱的制作单位和使用单位

二 多项选择题

1. 进行使船舶航行能力受到限制的超长、超高、笨重拖带作业的航行警告、航行通告的书面申请内容包括（　）等。

A. 启拖时间

B. 拖带总长度

C. 拖船、被拖船或者被拖物的名称

D. 启始位置、终到位置及主要转向点位置

E. 活动起止日期和每日活动时间

【参考答案】

一、单项选择题

1. B；　2. A；　3. A

二、多项选择题

1. A、B、C、D

10.2.3 对违反海上航行警告和航行通告管理规定的处罚

一 单项选择题

1. 违反海上航行通告的当事人对处罚决定不服的，可以自接到处罚决定通知之日起（　　）d 内向中华人民共和国海事部门申请复议。

A. 7　　B. 10

C. 15　　D. 30

2. 未依照《中华人民共和国海上航行警告和航行通告管理规定》规定的时间申请发布海上航行警告、航行通告的，国家主管机关或者区域主管机关可以给予警告，可以并处（　　）。

A. 四百元以下罚款　　B. 三百元以下罚款

C. 八百元以下罚款　　D. 六百元以下罚款

【参考答案】

单项选择题

1. C；　2. C

10.3 安全事故防范

复习要点

1. 人的不安全行为和物的不安全状态就是事故隐患。
2. 港口与航道工程施工安全风险评估的范围和评估工作的六个步骤。
3. 风险评估的方法、评估阶段和风险等级划分，以及风险控制措施。
4. 安全生产事故应急预案的编制、修订和实施。
5. 项目负责人现场带班生产制度。
6. 施工安全防护、安全生产和用电安全生产的具体要求。
7. 大型施工船舶的安全生产要求和防台风。

10.3.1 构成港口与航道工程施工安全隐患的根本因素

一 单项选择题

1. 伤亡事故预防，就是要做好（　　），消除人和物的不安全因素，实现作业行为和作业条件安全化。

A. 安全教育　　B. 安全技术交底

C．安全生产风险评估　　　　　　D．持证上岗

二 多项选择题

1．消除人的不安全行为，实现作业行为安全化的主要措施有（　　）。

A．开展安全思想教育和安全规章制度教育，提高职工安全认识

B．进行安全知识岗位培训和安全技术交底，提高职工的安全技术素质，落实岗位安全责任制，安全生产三类人员和特种作业人员必须持证上岗

C．推行安全标准化操作和作业许可审批，严格按照安全操作规程和程序进行作业

D．搞好均衡生产，注意劳逸结合，使职工保持充沛的精力和良好的状态

E．签订安全合同，落实企业主责

2．消除物的不安全状态，实现作业条件安全化的主要措施有（　　）。

A．鼓励采用新工艺、新技术、新设备、新材料，保证安全措施费用足额使用，改善劳动条件

B．加强安全技术的研究，采用安全防护装置，隔离危险部位

C．采用符合标准的安全防护用具、机械设备和机具配件

D．建立安全总监巡查制度，及时发现和整改安全隐患

E．创建“平安工地”，定期对施工项目进行安全评价，持续改进安全绩效

【参考答案】

一、单项选择题

1．C

二、多项选择题

1．A、B、C、D；　　2．A、B、C、E

10.3.2　港口与航道工程施工安全事故防范的特点和措施

一 单项选择题

1．港口与航道工程施工安全风险评估工作包括前期准备、现场调查、总体风险评估、专项风险评估等（　　）。

A．四个步骤　　　　　　B．五个步骤

C．六个步骤　　　　　　D．七个步骤

2．港口与航道工程施工安全风险评估分为（　　）。

A．两个阶段　　　　　　B．三个阶段

C．四个阶段　　　　　　D．五个阶段

3．港口与航道工程总体风险评估宜在（　　）完成。

A．立项阶段　　B．项目施工招标前

C．设计阶段　　D．项目施工前

4．港口与航道工程专项风险评估贯穿整个（　　）。

A．建设过程　　B．建设与运营过程

C．设计过程　　D．施工过程

5．港口与航道工程总体风险评估等级分为（　　）。

A．三级　　B．四级

C．五级　　D．六级

6．不属于港口与航道工程风险接受准则内容的是（　　）。

A．不期望　　B．可忽略

C．可接受　　D．可控制

7．港口与航道工程应急预案体系一般由项目综合应急预案、合同段施工专项应急预案与现场处置方案组成，项目综合应急预案编制的单位是（　　）。

A．设计单位　　B．监理单位

C．建设单位　　D．施工单位

8．港口与航道工程应急预案编制工作小组的牵头人是项目或合同段的（　　）。

A．主要负责人　　B．生产负责人

C．安全负责人　　D．技术负责人

9．港口与航道工程应急预案编制包括编制工作小组成立、资料收集、风险评估等（　　）。

A．六个步骤　　B．七个步骤

C．四个步骤　　D．五个步骤

二　多项选择题

1．下列航道工程中，需要开展施工安全风险评估的有（　　）。

A．新建堤坝总长度大于或等于 2km 的工程

B．沿海疏浚工程量大于或等于 200 万 m^3 的工程

C．新建及调整助航设施数量大于或等于 50 个的工程

D．内河疏浚工程量大于或等于 50 万 m^3 的工程

E．新建护岸总长度大于或等于 3km 的工程

2．下列港口工程中，需要开展施工安全风险评估的有（　　）。

A．沿海集装箱码头大于或等于 10 万吨级的工程

B．离岸距离大于或等于 500m 的港口工程

C．沿海液体化工码头大于或等于 2 万吨级的工程

D．潮差大于或等于 3m 的河口地区港口工程

E．长江中下游码头大于或等于 5000 吨级的工程

3．现场处置方案的内容应包括（　　）。

A．注意事项　　B．应急工作职责

C．处置措施　　D．适用范围

E．风险事件描述

4. 合同段施工专项应急预案中的“应急预案管理”部分应包括（　　）等内容。

A．应急预案评审　　B．应急预案的培训

C．应急演练　　D．应急预案修订

E．应急预案发布

5. 宜根据合同段现场应急处置岗位分工编制作业岗位应急处置卡，应急处置卡应包括（　　）等内容。

A．作业岗位名称　　B．工程部位或作业环节

C．应急电话　　D．不同风险事件的应急处置措施

E．风险事件描述

6. 施工现场带班生产制度中所称的公路水运工程施工企业项目负责人，是指公路水运工程施工合同段的（　　）。

A．项目经理　　B．项目书记

C．项目副经理　　D．项目工会主席

E．项目总工

7. 开展平安工地建设的项目施工期间对施工单位的要求有（　　）。

A．至少每两个月开展一次平安工地建设情况自查自纠

B．及时改进安全管理中的薄弱环节

C．至少每季度开展一次自我评价

D．对扣分较多的指标及反复出现的突出问题要采取措施完善

E．自我评价报告应报监理单位

【参考答案】

一、单项选择题

1. C；　2. A；　3. B；　4. D；　5. B；　6. D；　7. C；　8. A；
9. B

二、多项选择题

1. A、E；　2. A、C、E；　3. A、B、C、E；　4. B、C、D；
5. A、B、C、D；　6. A、C、E；　7. B、C、D、E

10.3.3 通用作业的安全防护要求

一 单项选择题

1. 陆上作业时，当风力大于等于（　　）级时，应对设备采取防风固定措施。

A．6　　B．7

C．8　　D．9

2. 起重吊装作业时，当被吊物的重量达到起重设备额定起重能力的（　　）及以上时，应进行试吊。

A．70%　　B．80%

C．90%　　D．95%

3. 两台起重设备的两个主吊钩起吊同一重物时，各起重设备的实际起重量，严禁超过其额定起重能力的（　　），且钩绳必须处于垂直状态。

A．70%　　B．80%

C．90%　　D．95%

4. 起重吊装作业时，起重机吊臂、吊具、辅具、钢丝绳和重物等与22kV架空输电线路的垂直和水平方向安全距离限值分别是（　　）。

A．1.5m 和 1.0m　　B．3.0m 和 1.5m

C．4.0m 和 2.0m　　D．5.0m 和 4.0m

5. 载人升降设备用钢丝绳的安全系数应不小于（　　）。

A．5　　B．8

C．10　　D．14

6. 潜水作业的水深超过（　　）时，应在现场备有减压舱等设备。

A．15m　　B．20m

C．25m　　D．30m

7. 强夯施工警戒区的警戒范围最小不得小于吊臂长度的（　　）。

A．1.0 倍　　B．1.5 倍

C．1.8 倍　　D．2.0 倍

8. 爆破施工中，不应进行爆破作业的气象条件是（　　）。

A．能见度不大于 100m 的雾　　B．能见度不大于 200m 的雾

C．中雨　　D．大雨

二 多项选择题

1. 潜水员水下安装的作业安全规定有（　　）。

A．构件基本就位和稳定后，潜水员方可靠近待安装构件

B．潜水员不得站在两构件间操作，供气管也不得置于构件缝中

C．流速较大时，潜水员应在顺流方向操作

D．构件安装应使用专用工具调整构件的安装位置

E．潜水员不得将身体的任何部位置于两构件之间

2. 建筑物拆除正确的拆除方法有（　　）。

A．自上而下　　B．逐层分段

C．将保留部分进行加固　　D．上下立体交叉作业

E．先水上后水下

3. 下列信息中，属于爆破作业前施工单位发布爆破通告内容的有（　　）。

A．工程名称　　B．爆破地点

C．爆破装药量　　D．安全警戒范围

E．每次爆破起爆时间

【参考答案】

一、单项选择题

1．C；　2．C；　3．B；　4．C；　5．D；　6．D；　7．B；　8．A

二、多项选择题

1．A、B、D、E；　2．A、B、C、E；　3．A、B、D、E

10.3.4　施工作业安全生产的要求

一　单项选择题

1．起吊混凝土桩时，捆绑位置的偏差不得大于（　　）。

A．200mm　　B．250mm

C．300mm　　D．350mm

2．起吊混凝土预制构件时，吊绳与水平夹角不得小于（　　）。

A．30°　　B．35°

C．40°　　D．45°

3．用起重船助浮安装沉箱，起重船吊重不得超过其额定负荷的（　　）。

A．70%　　B．80%

C．90%　　D．100%

二　多项选择题

1．水上沉桩作业的安全要求包括（　　）。

A．打桩架上的作业人员应在电梯笼内或作业平台上操作

B．移船时锚缆不得绊桩

C．水上悬吊桩锤沉桩应设置固定桩位的导桩架和工作平台

D．在砂性土中施打开口或半封闭桩尖的钢管桩应采取防止上浮措施

E．沉桩后应及时进行夹桩

2．吊装消浪块体正确的作业安全要求有（　　）。

A．自动脱钩应安全、可靠

B．起吊时应待钩绳受力、块体离地，挂钩人员方可离开

C．用自动脱钩起吊的块体在吊安过程中严禁碰撞任何物体

D．刚安的扭王字块、扭工字块、四角锥等异形块体上不得站人

E．调整块体位置应采用可靠的安全防护措施

【参考答案】

一、单项选择题

1. A；　2. D；　3. B

二、多项选择题

1. A、B、C、E；　2. A、C、D、E

10.3.5 施工用电安全生产的要求

一 单项选择题

1. 港口与航道工程安全生产要求中，现场施工用电必须实行（　　），所有电器设备必须做到“一机、一闸、一漏电”。

A. 两相三线制　　B. 两相四线制

C. 三相五线制　　D. 三相四线制

二 多项选择题

1. 下列漏电保护器额定动作电流和动作时间参数中，不满足漏电保护器安全生产要求的有（　　）。

A. 开关箱中漏电保护器的额定漏电动作时间不大于 0.15s

B. 潮湿场所开关箱的漏电保护器额定漏电动作电流不大于 15mA

C. 总配电箱中漏电保护器的额定漏电动作电流不大于 30mA

D. 总配电箱中漏电保护器的额定漏电动作时间不大于 0.1s

E. 总配电箱中漏电保护器的额定漏电动作电流与额定漏电动作时间的乘积不大于 30mA·s

【参考答案】

一、单项选择题

1. C

二、多项选择题

1. A、C、D

10.3.6 大型施工船舶作业安全生产的要求

一 单项选择题

1. 船舶上使用的移动灯具的电压不得大于（　　），电路应设有过载和短路保护。

A．12V B．24V

C．36V D．50V

2. 耙吸挖泥船遇有不良工况船身摇晃较大时，吹填作业应立即停止，并（　　）。

A．下锚驻位 B．拆除管线接口

C．放松锚缆 D．改用柔性管线

二 多项选择题

1. 进入施工船舶的封闭处所作业的安全规定有（　　）。

A．施工船舶应配备必要的通风器材、防毒面具、急救医疗器材、氧气呼吸装置等应急防护设备或设施

B．作业人员进入封闭处所前，封闭处所应进行通风，并测定空气质量

C．在封闭处所内动火作业前，动火受到影响的舱室必须进行测氧、清舱、测爆接触性通风时，要输氧换气

D．封闭处所内存在接触性有毒物质时，作业人员应穿戴相应的防护用品

E．作业人员进入封闭处所进行作业时，封闭处所外应有监护人员，并确保联系畅通

【参考答案】

一、单项选择题

1．D；　2．B

二、多项选择题

1．A、B、D、E

10.3.7 大型施工船舶的防台风

一 单项选择题

1. 大型施工船舶防风、防台是指船舶防御风力在（　　）级以上的季风和热带气旋。

A．8 B．7

C．6 D．5

2. 台风是中心风力达（　　）级以上的风。

A．12 B．10

C．8 D．13

3. 热带风暴：中心风力达（　　）级的风。

A．6～7 B．5～6

C．10～11 D．8～9

4. 中心风力 12 级以上的风被称为（　　）。

A. 台风　　B. 热带风暴

C. 强热带风暴　　D. 热带低压

5. 当台风中心在48h内可能进入防台界线以内水域，此时的防台工作属于（　　）阶段。

A. 防台戒备　　B. 防台准备

C. 防台实施　　D. 抗击台风

6. 水上水下施工作业船舶（含辅助船舶，以下同）应做好撤离施工现场的准备工作，检查锚泊设备。以上工作要求属于（　　）阶段。

A. 防台准备　　B. 防台实施

C. 防台戒备　　D. 抗击台风

7. 联系拖带拖轮就位待命，确保随时撤离，属于台风中心（　　）内可能进入防台界限水域应做的工作。

A. 12h　　B. 24h

C. 36h　　D. 48h

8. 按照不低于船舶最低安全配员证书的要求立即召回船员，属于防台的（　　）阶段的要求。

A. 防台戒备　　B. 防台准备

C. 防台实施　　D. 抗击台风

9. 施工单位应立即通知水上水下施工作业船舶停止作业并合理安排有序撤离，属于（　　）阶段的工作要求。

A. 防台戒备　　B. 防台准备

C. 防台实施　　D. 抗击台风

10. 加强巡视检查，加固锚链，备妥主机，采取一切有效手段防止船舶发生走锚、丢锚等险情，属于（　　）阶段的工作要求。

A. 防台戒备　　B. 防台准备

C. 抗击台风　　D. 防台实施

11. 强台风的中心风力为14～15级，风速为（　　）。

A. 24.5～32.6m/s　　B. 32.7～41.4m/s

C. 41.5～50.9m/s　　D. 51.0～60.1m/s

二 多项选择题

1. 在北半球，热带气旋按其风力大小可分为（　　）。

A. 台风　　B. 强热带风暴

C. 龙卷风　　D. 热带风暴

E. 热带低压

2. 下列防台相关的工作中，属于防台实施阶段的有（　　）。

A. 做好台风可能在本地区登陆的各项应急工作

B. 将已拆卸的主机、舵机、锚机等重要设备装配复原，恢复正常功能

C. 通知水上水下施工作业船舶停止作业

D. 以不低于船舶最低安全配员证书的要求立即召回船员

E. 合理安排施工船舶有序撤离

3. 防台警报解除后，水上防台单位应做好的工作有（　　）。

A. 继续关注台风动向

B. 检查船舶的航行操纵设备、锚泊、系泊设备的受损情况

C. 发现沉船、沉物、漂流物时应立即报告当地海事局

D. 及时总结防台经验教训

E. 对防台设备和属具进行一次一般性检查

【参考答案】

一、单项选择题

1. C；　2. A；　3. D；　4. A；　5. B；　6. A；　7. D；　8. B；
9. C；　10. C；　11. C

二、多项选择题

1. A、B、D、E；　2. A、C、E；　3. B、C、D

10.4 施工安全监督及事故处理

复习要点

1. 水运工程安全工作的工作方针、主体责任、管理体制和工作机制。
2. 生产安全事故与水上交通事故的等级划分及事故处理程序。

10.4.1 港口与航道工程施工安全生产的监督管理

多项选择题

1. 水运工程安全生产工作的机制包括（　　）。

A. 从业单位负责　　B. 职工自律

C. 政府监管　　D. 行业参与

E. 社会监督

【参考答案】

多项选择题

1. A、C、E

10.4.2 港口与航道工程施工安全事故等级划分

一 单项选择题

1. 除油品外的其他有害污染物泄漏事故等级，(　　)统计和确定事故等级。

A. 按照泄漏体积　　B. 按照泄漏质量

C. 按照泄漏波及范围　　D. 按照直接经济损失

2. 水上交通特别重大事故，指造成(　　)人以上死亡(含失踪)的，或者 100 人以上重伤的，或者 1 亿元以上直接经济损失的事故。

A. 3　　B. 10

C. 20　　D. 30

3. 水上交通事故引起的水环境污染重大事故，指船舶溢油(　　)致水域环境污染的，或者在海上造成 1 亿元以上 2 亿元以下、在内河造成 5000 万元以上 1 亿元以下直接经济损失的事故。

A. 1t 以上 100t 以下　　B. 100t 以上 500t 以下

C. 500t 以上 1000t 以下　　D. 1000t 以上

4. 船舶因其他船舶兴波冲击造成损害，其事故等级的计算方法参照(　　)等级的计算方法。

A. 自沉事故　　B. 船舶碰撞事故

C. 船舶触碰事故　　D. 风灾事故

5. 船舶发生事故后为减少损失主动抢滩的，事故种类按照(　　)种类、损失按最终造成的损失进行统计。

A. 搁浅事故　　B. 搁浅前的事故

C. 自沉事故　　D. 触礁事故

二 多项选择题

1. 港口与航道工程水上交通事故分级标准表中分为(　　)。

A. 特别重大事故　　B. 一般事故

C. 较大事故　　D. 重大事故

E. 小事故

2. 统计水上交通事故的基本计算方法包含(　　)等。

A. 死亡(含失踪)人数按事故发生后 7 日内的死亡(含失踪)人数进行统计

B. 重伤人数参照国家有关人体伤害鉴定标准确定

C. 船舶溢油数量按实际流入水体的数量进行统计

D. 直接经济损失按水上交通事故对船舶和其他财产造成的直接损失进行统计

E. 船舶沉没或者全损按发生沉没或者全损的船舶原值进行统计

3. 交通运输部水上交通事故分级标准与(　　)。

A．船舶吨位有关　　B．船舶主机功率有关

C．伤亡人数有关　　D．直接经济损失额有关

E．海域有关

【参考答案】

一、单项选择题

1．D；　2．D；　3．C；　4．B；　5．B

二、多项选择题

1．A、B、C、D；　2．A、B、C、D；　3．C、D

10.4.3 港口与航道工程施工安全事故处理程序

一 单项选择题

1．事故发生后，事故现场有关人员应当立即向（　　）报告。

A．当地安全生产监督管理部门　　B．119

C．单位负责人　　D．110

2．对于重大事故及以下等级的事故，负责事故调查的人民政府应当自收到事故调查报告之日起，（　　）日内做出批复。

A．10　　B．15

C．20　　D．30

二 多项选择题

1．事故发生后，关于事故报告程序，说法正确的有（　　）。

A．现场人员向本单位负责人报告

B．现场人员向当地劳动保障行政部门报告

C．单位负责人向当地安全生产监督管理部门报告

D．单位负责人向当地劳动保障行政部门报告

E．当地安全生产监督管理部门接报后通知工会

2．以下各项中属于事故报告内容的有（　　）。

A．事故发生单位概况

B．事故发生的时间、地点以及事故现场情况

C．事故发生的原因和事故性质

D．事故造成的伤亡和直接经济损失

E．已经采取的措施

3．以下各部门中，属于事故调查组人员派出部门的有（　　）。

A．安全生产监督管理部门　　B．监察机关

C．公安机关　　D．民政部门

E．工会

4. 船舶发生海损事故是指（　　）的海上交通等事故。

A．碰撞或浪损　　B．沉没和人身伤亡

C．触礁或搁浅　　D．重大设备损坏

E．火灾或爆炸

5. 对海上交通事故的发生，拒不加强管理或在限期内达不到安全要求的，海事局有权责令其（　　）。

A．停航　　B．接受警告通报

C．改航　　D．接受经济处罚

E．停止作业

6. 对海上交通事故发生负有责任的人员，海事局可以根据其责任的性质和程度依法给予（　　）处罚。

A．警告　　B．罚款

C．扣留职务证书　　D．行政处分

E．追究刑事责任

7. 事故发生单位应按照负责事故调查的人民政府的批复，开展的工作有（　　）。

A．对本单位负有事故责任的人员进行处理

B．认真吸取事故教训

C．落实防范措施

D．落实整改措施

E．监督防范和整改措施的落实

【参考答案】

一、单项选择题

1. C；　2. B

二、多项选择题

1. A、C、E；　2. A、B、E；　3. A、B、C、E；　4. A、B、C、E；

5. A、C、E；　6. A、B、C；　7. A、B、C、D

第 11 章 绿色建造及施工现场环境管理

11.1 绿色建造管理

微信扫一扫
在线做题+答疑

复习要点

1. 港口工程绿色设计策划的主要内容与内河航道绿色建设中的工程措施和绿色施工的定义与绿色施工管理内容的组成。

2. 港口与航道工程施工生态与环境保护管理的总体要求和生态保护、水污染控制、噪声控制与施工现场扬尘控制的措施。

3. 港口与航道工程施工现场文明施工的基本要求和现场文明施工管理的内容。

11.1.1 绿色建造基本要求

一 单项选择题

1. 关于绿色建造要求的说法，错误的是（　　）。
   A. 绿色建造宜采用精益化集成设计、系统化生产施工
   B. 绿色建造宜采用工程总承包、全过程工程咨询等组织管理方式
   C. 绿色建造应加强新技术推广应用，整体提升建造方式工业化水平
   D. 绿色建造应统筹考虑工程质量、安全、效率、环保、生态等要素

2. 港口工程绿色设计应融入港口工程现行设计体系，宜进行绿色设计（　　）。
   A. 筹划　　　　B. 规划
   C. 策划　　　　D. 谋划

二 多项选择题

1. 港口工程绿色设计策划的主要内容包括（　　）等。
   A. 生态环境调查　　　　B. 绿色需求分析
   C. 绿色设计方案选择　　D. 构建绿色建造产业链
   E. 绿色目标和绿色策略制定

【参考答案】

一、单项选择题

1. A;　　2. C

二、多项选择题

1. B、C、E

11.1.2 绿色施工管理内容

二 多项选择题

1. 绿色施工管理应包括（　　）等。

A. 节地与土地资源保护管理　　B. 节能与能源利用管理

C. 节工与职业健康管理　　D. 节水与水资源利用管理

E. 节材与材料资源利用管理

【参考答案】

多项选择题

1. A、B、D、E

11.2 施工现场环境管理

复习要点

1. 港口与航道工程施工过程中贯彻生态与环境保护的有关要求，对生态环境进行跟踪监测，根据环境保护要求动态调整施工措施。

2. 现场环境与生态保护措施包括生态保护、水污染控制、噪声控制和扬尘控制等措施。

3. 施工现场文明施工包括场地硬化、材料存放、办公与住宿场所建设等管理。

11.2.1 生态与环境保护施工管理

一 单项选择题

1. 下列生态与环境保护施工措施中，属于环境保护施工措施的是（　　）。

A. 施工中宜减少对耕植土和地表原生植被的占用面积

B. 施工中应避免在湿地保护区布置施工营地、料场等临时工程

C. 施工后应在占用地表原生植被的区域采取有利于植被恢复生长的措施

D. 施工中宜采取临时拦污措施，减少工程施工对周边水生动植物的影响

2. 港口与航道工程环境保护施工措施不包括（　　）。

A. 水污染控制措施　　B. 施工现场废渣控制措施

C. 噪声控制措施　　D. 施工现场扬尘控制措施

二 多项选择题

1. 根据生态与环境保护施工管理的总体要求，港口与航道工程开工前编制施工组织设计应根据的因素有（　　）。

A. 施工现场的环境因素和生态现状

B. 施工作业对周边生态环境的影响

C. 施工期和停工期的合理制定

D. 施工中挖、填方引起的生态影响

E. 项目影响区的生物生境整体性和连通性

2. 在海产养殖场等环境敏感地区附近疏浚与吹填施工时，可采取的环境保护施工措施有（　　）。

A. 提高泥浆浓度，减少余水排放量

B. 提高挖泥精度，严格控制超挖

C. 合理选择排水口位置、形式和高程

D. 疏浚区、取土区和吹填排水口外设置防污屏

E. 优化吹填管口位置、高程，在管口设置消能装置

【参考答案】

一、单项选择题

1. D；　2. B

二、多项选择题

1. A、B、E；　2. A、C、D、E

11.2.2 港口与航道工程现场文明施工

一 单项选择题

1. 下列港口与航道工程现场文明施工的要求中，属于现场防火的是（　　）。

A. 施工现场应建立消防安全管理措施，制定消防措施

B. 宿舍、办公用房的防火等级应符合规范要求

C. 施工现场应建立治安保卫制度，责任分解落实到人

D. 食堂使用的燃气罐应单独设置存放间，存放间应通风良好

2. 下列港口与航道工程现场文明施工的要求中，属于综合管理的是（　　）。

A. 生活区内应设置供作业人员学习和娱乐的场所

B. 生活用品应摆放整齐，环境卫生应良好

C. 宿舍、办公用房的防火等级应符合规范要求

D. 施工现场应有防止泥浆、污水、废水污染环境的措施

3. 下列港口与航道工程现场文明施工的要求中，属于生活设施管理的是（　　）。

A．生活区内应设置供作业人员学习和娱乐的场所

B．冬季宿舍内应有采暖和防一氧化碳中毒措施

C．厕所内的设施数量和布局应符合规范要求

D．夏季宿舍内应有防暑降温和防蚊蝇措施

二 多项选择题

1. 港口与航道工程现场文明施工要求中的综合管理包括（　　）等内容。

A．施工现场应制定治安防范措施

B．施工现场道路应畅通，路面应平整坚实

C．生活区内应设置供作业人员学习和娱乐的场所

D．应有宣传栏、读报栏、黑板报

E．施工现场应建立治安保卫制度，责任分解落实到人

2. 港口与航道工程现场文明施工要求中的现场办公与住宿管理包括（　　）等内容。

A．夏季宿舍内应有防暑降温和防蚊蝇措施

B．生活用品应摆放整齐，环境卫生应良好

C．冬季宿舍内应有供暖和防一氧化碳中毒措施

D．应建立卫生责任制度并落实到人

E．必须保证现场人员卫生饮水

3. 港口与航道工程现场文明施工要求中的施工场地管理包括（　　）等内容。

A．施工现场应有防止扬尘措施

B．施工现场应制定治安防范措施

C．施工现场道路应畅通，路面应平整坚实

D．施工现场应有防止泥浆、污水、废水污染环境的措施

E．施工现场应建立治安保卫制度，责任分解落实到人

【参考答案】

一、单项选择题

1. A；　2. A；　3. C

二、多项选择题

1. A、C、E；　2. A、B、C；　3. A、C、D

第二部分

实务操作和案例分析题

实务操作和案例分析题

1. 某海港航道疏浚工程长 20km，设计底高程 −20.0m（当地理论深度基准面），航道浚前平均高程为 −9.0m（当地理论深度基准面），其中有一段长 1.5km 的浅水段，浚前高程 −7.0～−8.0m（当地理论深度基准面），当地平均高潮位为＋ 1.5m（黄海平均海平面），平均低潮位为 −0.5m（黄海平均海平面）。本工程选用 10000m^3 自航耙吸挖泥船施工，满载吃水 8.8m。当地理论深度基准面与黄海平均海平面相差 1.0m。

问题：

（1）分别计算本工程当地理论深度基准面下的平均高潮位和平均低潮位。

（2）计算确定本工程在平均潮位时挖泥船能否乘潮全线施工？

（3）根据规范规定，本工程施工测量的测图比例尺范围应取多少合理？

2. 对于港口与航道工程，降雨量大的工地将减少有效施工天数，突然的降雨和连续的阴雨有可能打乱施工的计划安排，增大施工成本与难度，甚至延误工期。

问题：

（1）写出降水强度的定义。

（2）按照降水强度，可将降雨和降雪分别划分为哪几个等级？

（3）写出降雨对混凝土施工的影响及应采取的措施。

3. 对于港口工程的海上施工，风不但直接作用于结构物构成风荷载，而且生成波浪和风成流，对工程施工质量、施工人员、施工船舶和设备、工程结构的安全构成威胁和破坏。

问题：

（1）蒲福风级按风速大小分为几级？何为强风与大风？

（2）风玫瑰图是用来表达风的哪几个量的变化情况？风玫瑰图一般按几个方位绘制？

（3）分别写出“Ⅲ级防台”“Ⅱ级防台”和“Ⅰ级防台”的含义。

4. 某港的理论深度基准面与黄海平均海平面的高差为 2.0m，港口地形图中标注的港口港池泥面高程为 −14m，某施工单位需在港池内拖运沉箱，沉箱的最小稳定吃水为 13m，沉箱拖运时的潮高为 0.5m，富余水深取 0.5m。

问题：

（1）沉箱拖运是否可行？为什么？

（2）如果不能拖运，改用乘潮拖运，潮高最低要达到多少米？

5. 分别写出岩土的液限 W_L、塑限 W_P、塑性指数 I_P、液性指数 I_L 的定义及作用。

6. 根据海岸带泥沙粒径及其运动规律，海岸带分为哪几类？并分别简述其基本特征。

7. 钢筋焊接接头应符合哪些规定？

8. 试述：

（1）港口与航道工程混凝土的主要特点；

（2）海水环境港口与航道工程混凝土区域的划分；

（3）港口与航道工程混凝土配制的基本要求。

9. 某新建港口工程沉箱预制混凝土设计要求的混凝土立方体抗压强度标准值为45MPa，经计算和试配确定混凝土的配合比为1∶1.15∶2.68，水灰比为0.40，高效减水剂的掺量为水泥重的0.7%，AE引气剂的掺量为水泥重的0.08%，混凝土的含气量为4.0%。

问题：

（1）混凝土的施工配制强度应是多少？

（2）该混凝土的砂率是多少？

（3）计算 $1m^3$ 该混凝土的材料用量（水泥、砂、碎石、水、高效减水剂、AE引气剂）各为多少？

提示：水泥的相对密度3.1，砂的相对密度2.62，碎石的相对密度2.65，σ可取5.5MPa。

10. 打设塑料排水板的要求有哪些？

11. 某工程大体积混凝土浇筑过程耗时8h，自浇筑开始测温，累计168h测温读数曲线如下图所示。第56h内部温度为56℃，表面温度为30℃；第156h内部温度为41℃，表面温度为29℃。本工程不考虑采用埋置冷却水管降温的方法。

混凝土内表温度测温曲线

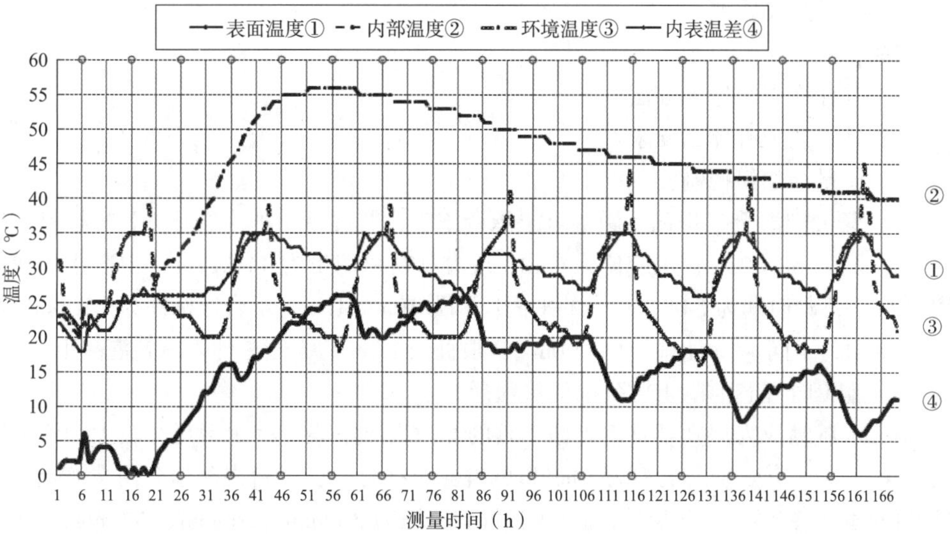

问题：

（1）简述表面温度、内表温差的含义。

（2）大体积混凝土施工阶段温控标准包括哪些？根据测温曲线，分析判断本次温控是否满足该标准；如不满足，分析其原因。

（3）根据测温曲线，评估温控施工措施的效果，并对其中的不足之处提出改进意见。

（4）如对混凝土采用洒水养护，在温控方面应注意什么问题？并说明原因。

12. 测深仪、具检验应符合哪些规定？

13. 试述：

（1）高桩码头施工沉桩平面定位方法；

（2）锤击沉桩控制标准；

（3）预制构件安装要求；

（4）沉降位移观测点的要求。

14. 画出沉箱重力式码头下列主要施工工序的流程框图。

A. 沉箱预制；B. 沉箱出运；C. 基槽挖泥；D. 施工准备工作；E. 基床夯实；F. 基床抛石；G. 基床整平；H. 沉箱安放；I. 沉箱内回填料；J. 沉箱封顶混凝土施工；K. 棱体及倒滤层抛填；L. 码头后方回填；M. 上部结构施工。

15. 如何进行基槽抛石施工的质量控制？

16. 碎石桩法是指用振动或冲击荷载将底部装有活瓣式桩靴的桩管挤入地层，在软弱地基中成孔后，再将碎石从桩管投料口处投入桩管内，然后边击实、边上拔桩管，形成密实碎石桩，并与桩周土体一起形成复合地基，以提高地基承载力和减少沉降，从而达到地基处理的目的，属散体材料桩。

问题：

（1）碎石桩施工设备选型应满足哪些要求？

（2）碎石桩振冲成孔及清孔应满足哪些要求？

17. 真空预压法中的抽真空施工有哪些要求？

18. 某项目部承建的两个 5 万吨级泊位重力式沉箱顺岸式结构码头施工中，对抛石基床进行了夯实处理。

问题：

（1）有什么夯实施工方法？

（2）其工艺上有什么要求？

（3）质量上如何控制？

19. 某大型海上工程孤立墩混凝土承台施工，其混凝土的配合比（胶凝材料：砂：碎石）为 1：1.50：2.50，水胶比为 0.40，胶凝材料总用量为 444kg/m^3。混凝土的初凝时间为 1.5h，终凝时间为 5.0h，承台的平面尺寸为 10m×10m，承台底标高为＋1.0m（理论深度基准面，下同），顶标高为＋5.0m。9 根直径 1.2m 的大管桩伸入承台混凝土中 2m。

承台施工时桩芯混凝土已提前灌注完成。

施工水域潮汐为规则半日潮，施工日的潮汐表见下表。因承台尺寸较大，施工用非水密模板。采用有效生产能力为 50m^3/h 的混凝土拌合船，承台混凝土分两次浇筑。第一次浇筑厚度为 1.0m，分四层浇筑，自下而上分别为 300mm、300mm、200mm、200mm。海上浇筑混凝土要在水位以上进行振捣，在初凝前底层混凝土不宜被水淹没。

施工日潮汐表

潮时	潮高（cm）	潮时	潮高（cm）
04：00	158.6	08：30	191.0
04：30	130.3	09：00	218.0
05：00	100.0	09：30	247.4
05：30	75.8	10：00	275.6
06：00	50.0	10：30	303.8
06：30	78.2	11：00	332.0
07：00	106.4	11：30	360.2
07：30	130.0	12：00	388.4
08：00	162.8	12：30	400.0

问题：

（1）本承台混凝土的浇筑总量是多少？本承台混凝土的第一次浇筑量是多少？（计算结果保留小数点后 2 位）

（2）何时开始承台混凝土第一次浇筑对赶潮施工最有利，并说明原因。

（3）通过计算第一次浇筑的底层和顶层混凝土浇筑时间及潮水涨落潮时间，判断所用拌合船的生产能力是否满足要求？

（4）为完成承台第一次混凝土浇筑，拌合船至少需要准备胶凝材料、砂、石子、水各多少？（材料的损耗率按 5% 计，计算结果保留小数点后 2 位）

（5）写出提高承台耐久性的主要技术措施。

20. 某项目部对承建的重力式方块码头进行安装施工。

问题：

（1）墩式或线型建筑物安装顺序有什么不同？

（2）安装施工时应注意什么问题？

（3）为避免安装时，因反复起落而扰动基床的整平层，应如何安装首件方块？

（4）标准中对方块安装有什么强制性规定？

21. 某施工单位承接了总长 543m，最大可停靠 2.5 万吨级集装箱船，三个泊位，高桩梁板式码头。

问题：

（1）高桩码头主要由哪几部分组成？

（2）沉桩时为了防止偏位，应采取什么措施？

（3）桩的极限承载力如何控制？

（4）如何控制沉桩时桩的裂缝产生？

22. 某电厂抛石斜坡防波堤总长 1200m，堤根与陆地相接，堤头处海床面标高为 −16.0m（当地理论深度基准面，下同），典型断面如下图所示，其设计低水位为 + 0.76m，设计高水位为 + 5.81m。防波堤所处海域平时会出现 1.5～2.0m 的波浪，且会受台风影响。

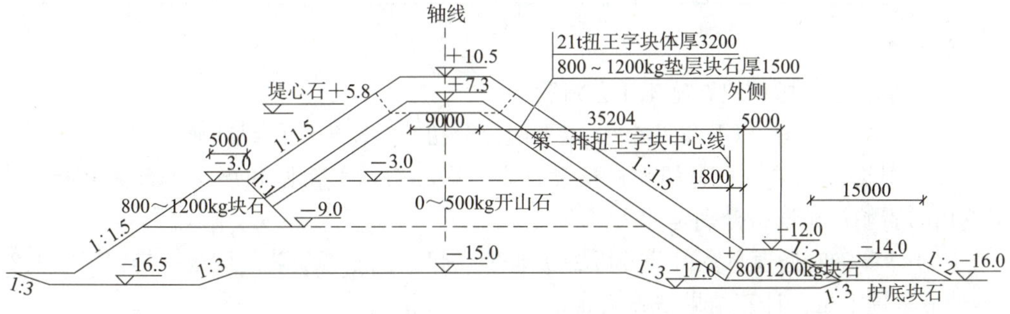

防波堤典型断面图（单位：标高 m，尺寸 mm）

项目部在编制施工组织设计时，堤身块石采用水上抛填和陆上填筑相结合的施工方式，扭王字块采用陆上履带式起重机进行安装，水上抛填块石与陆上填筑块石的施工分界面标高为 -3.0m。根据界面划分，施工组织设计中属于水上抛填块石的施工内容有：外坡 -3.0m 以下垫层块石抛填、-9.0m 以下堤心石抛填、内坡棱体块石抛填、外坡棱体块石抛填、−9.0～−3.0m 堤心石抛填和护底块石抛填等。

扭王字块安装和水上抛填块石可供选用的自有船舶机械设备见下表，项目部综合考虑现场作业条件和施工效率，选择了施工船舶机械设备，并落实了施工船舶防台锚地。扭王字块分＋5.8m 以下和＋5.8m 以上两部分，均采用 280t 履带式起重机进行安装，履带式起重机安装扭王字块时驻位于经整平的＋5.8m 标高处的堤心石及垫层块石临时通道上。临时通道整平前堤心石及垫层块石已填筑并理坡至＋5.8m 标高，履带式起重机安装扭王字块的机位布置要求是：履带长边平行于防波堤轴线且履带边距坡肩边线的安全距离不小于 1m。

施工单位自有船舶机械设备表

序号	名称	规格型号	数量	定位功能	可作业工况（浪高）	备注
1	自航开体驳	$1000m^3$	3 艘	无	≤ 2.5m	
2	自航平板驳＋挖掘机	2000t	2 艘	无	≤ 2.0m	带跳板
3	方驳＋吊机（配抓斗）	1500t	1 艘	有	＜ 1.5m	非自航
4	横鸡趸（配抓斗）	1000t	1 艘	有	＜ 1.0m	非自航
5	定位方驳	1800t	1 艘	有	≤ 2.0m	非自航
6	自航皮带船	$2000m^3$	2 艘	无	≤ 2.0m	
7	拖轮	881kW	1 艘		≤ 3.0m	
8	拖轮	721kW	1 艘		≤ 3.0m	
9	履带式起重机	280t	1 台			臂长 48m

280t 履带式起重机的履带长 9544mm× 宽 1200mm× 高 1400mm，吊装和移动行走状态下，两条履带的中心距为 6400mm，履带式起重机的起重性能见下表。

280t 履带式起重机起重性能表（臂长 48m）

幅度（m）	30	32	34	36	38	40
起重量（t）	27.5	25.1	23.0	21.1	19.5	18.0

问题：

（1）绘制水上抛填块石施工工艺流程图。

（2）写出＋5.8m 以下和＋5.8m 以上两部分扭王字块安装的纵向施工顺序。

（3）根据施工单位自有船舶机械设备表，堤心石水上粗抛和垫层块石水上抛填施工选用的船舶机械设备分别是什么？

（4）计算临时通道总宽，并分析 280t 履带式起重机能否安装外坡第一排扭王字块？（不计吊索具重量，计算结果精确至 mm）

（5）选择船舶防台锚地应考虑哪些因素？

23. 某施工作业队承接了 2.5 万吨级高桩梁板式码头预制构件的安装任务。

问题：

（1）构件安装前，应做哪些准备工作？

（2）构件安装时，应满足哪些要求？

（3）采用水泥砂浆找平时，有什么规定？

24. 某项目部承接了5000吨级单锚板桩结构顺岸码头工程。

问题：

（1）板桩码头建筑物主要由哪几部分组成？

（2）板桩码头建筑物的施工程序有哪些？

（3）对拉杆的安装有什么要求？

25. 某斜坡式防波堤建于软基上，在堤基上铺设一层软体排和砂垫层，堤心采用开山石，护面采用四脚空心方块。

问题：

（1）砂垫层抛填时应考虑哪些自然影响因素？对砂质有何要求？

（2）简述软体排铺设应遵循的原则。

（3）对开山石的质量有哪些要求？

26. 某堆场基层级配碎石厚度为20cm厚、水泥稳定碎石厚度为20cm厚，联锁块面层厚度为10mm厚、强度等级为C50，下铺30mm厚砂垫层。

问题：

（1）写出水泥稳定碎石采用不同重量的压路机碾压时的每层最大压实厚度。

（2）写出联锁块面层施工应符合的技术要求。

27. 某外海软基上防波堤，长度为560m，施工工期2年。设计要求断面成型分三级（Ⅰ、Ⅱ、Ⅲ）加载施工，第Ⅰ级加载是施工＋0.2m以下的结构部分；第Ⅱ级加载是施工＋0.2m至＋2.7m范围内的堤心石、垫层块石及外坡护面块体，其中垫层块石厚度为800mm；第Ⅲ级加载是施工堤身剩余的部分，具体划分见下图（尺寸单位为mm，高程为m）。防波堤外侧坡脚棱体采用浆砌块石块体，内侧坡脚棱体是浆砌块石块体和块石相结合的结构。

工程所在海域，对施工期未成型防波堤造成破坏的大浪发生在每年秋季和冬季，秋季主要是台风引起的大浪；冬季为季风引起的大浪，发生的频率高，且有冰冻发生；其他季节少有大浪发生。本工程的施工风险较大，需要加强项目的技术管理工作。

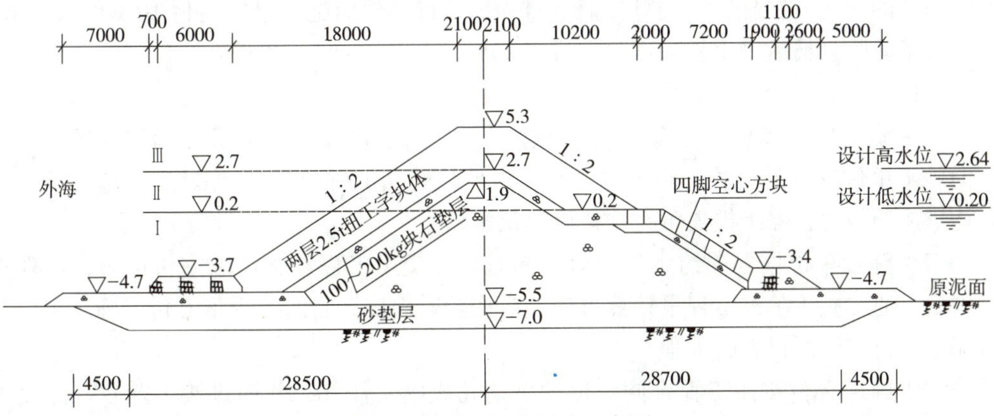

某防波堤三级加载划分示意图

问题：

（1）写出第Ⅰ级加载结构部分的施工流程。

（2）计算第Ⅰ级加载部分抛理外坡块石垫层每延米工程量，并简述其施工方法。（计算结果保留2位小数）

（3）简述第Ⅱ级加载结构部分的主要施工风险和施工安排应采取的措施。

（4）简述项目技术管理的主要内容。

28. 采用高应变法进行桩的轴向抗压极限承载力检测的技术要求是什么？

29. 牺牲阳极块的安装要求有哪些？

30. 陆上水泥搅拌桩正式施工前要进行哪些技术及施工准备工作？

31. 某软土地基采用堆载预压法加固，原地面标高为＋5.0m，地面设计使用标高为＋6.0m，设计要求加固后地基的承载力为80kPa，预计加固后的地面沉降量为1.0m，问从原地面算起最终的加固堆载料高度为多少？（堆载料按1.6t/m^{3}计）

32. 在软基上建造斜坡堤，应用了土工织物的哪些功能？起到怎样的作用？

33. 船台滑道的主要形式可分为纵向斜船台滑道、横向机械化船台滑道和纵向机械化船台滑道，船台滑道结构型式可采用梁板实体结构、轨枕道砟结构、架空结构等。

问题：

（1）写出架空段结构基础施工应符合的主要技术规定。

（2）写出船台板结构施工应符合的主要技术规定。

34. 流沙（土）与管涌是由动水力引起的两种主要的渗透破坏形式。许多工程事故与之有关，常见的如板桩码头前方漏沙、后方塌陷；船坞及深基坑开挖时坑底隆起，粉细砂土翻浆上涌，下挖困难；堤防与岸坡坡脚沼泽化、细颗粒出流直至突发性的局部滑坡与塌方。

问题：

（1）写出管涌的定义。

（2）写出流沙（土）的定义及其发生时表现的现象。

（3）管涌与流沙（土）防治的基本方法有哪些？

35. 某施工企业在南方某地通过投标承接一港口的堆场和道路工程，工期140d，造价2100万元，工程质量标准为优良，履约保证金210万元，保修期1年。按照合同专用条款的约定，在施工单位开工后3日内，建设单位向施工单位支付10%的预付款，工程竣工验收合格后，工程进度款支付至97%，余下的3%为质保金。

问题：

（1）施工单位按规定开工，施工1个月后，由于建设单位的资金周转问题，一直未向施工单位支付预付款。施工单位在发出催款通知10日后，暂停施工。施工单位是否构成违约行为？停工损失可否向建设单位索赔？

（2）施工单位按合同约定的期限，向监理提交了工程量和请求支付报表，监理在一周后，通知施工单位工程量计算有误，应按经监理核算后的工程量支付。施工单位是否能够坚持按照原报表的工程量支付？

（3）施工单位按照工程合同约定的工期完成施工任务，并通过竣工验收。建设单位提出本工程有1年保修期，履约保证金210万元应在保修期结束后退还施工单位。建设单位的要求是否合理？应如何理解？

36. 某航道扩建工程在已建的基础上进行加深与拓宽，航道底高程由−15.0m浚深

至 −17.0m（当地理论深度基准面），航道有效宽度由 250m 拓宽至 300m；疏浚土质为微风化岩，其上有 0.6m 厚的黏土覆盖层；微风化岩采用水下钻孔爆破、抓斗船清渣的施工方式，共投入炸礁船组 3 组。

问题：

（1）水下炮孔堵塞应确保药柱不浮出钻孔外，还应满足哪些要求？

（2）水下礁石有覆盖层时应如何进行钻孔作业？

（3）抓斗船水下清渣应符合哪些规定？

37. 生态护岸是指在满足结构安全、稳定、可靠，保证岸坡稳定、防止水土流失等基本功能的前提下，通过采用合理的工程及生物材料，选择合适的岸坡防护结构，以形成减少自然资源消耗，有利于工程周边环境恢复的环保型护岸结构形式。生态袋加筋挡土墙、钢丝石笼生态护岸和木排桩生态护岸是目前成熟的环保型护岸结构形式。

问题：

（1）生态袋填充与垒放应分别符合哪些规定？

（2）钢丝石笼生态护岸种植土覆盖和植被栽种应符合哪些规定？

（3）木排桩生态护岸施工前、沉桩时和沉桩后应分别符合哪些规定？

38. 某河段为典型的沙质散乱浅滩，采用筑坝措施予以整治，坝体为块石，坝面为浆砌石坝面，坝顶宽度为 2.5m，两侧坡比均为 1∶1.5，采用陆上端进法抛筑坝芯石。

问题：

（1）陆上端进法抛筑坝芯石时坝根、坝身和坝头应如何抛筑到设计高程？

（2）浆砌石坝面施工应符合哪些规定？

39. 航道整治是利用整治建筑物调整和控制水流，稳定有利河势，以改善航道航行条件的工程措施，其也包括炸礁、疏浚和裁弯取直等工程措施。

问题：

（1）航道整治建筑物按形式可划分为哪些整治建筑物？

（2）写出沙质浅滩的整治方法。

（3）写出石质浅滩的整治方法。

40. 某河道整治护岸工程长 600m，水深 5.0～7.0m，水流流速 1.0m/s。施工主要内容有：土方开挖、三维钢丝网垫护坡、脚槽开挖、脚槽砌石、浆砌石坡顶明沟、干砌石枯水平台、铰链排护底。

问题：

（1）三维钢丝网垫坡面施工应符合哪些规定？

（2）铰链排护底施工应符合哪些规定？

41. 长江中游某河段为典型的汊道浅滩，经常出现碍航现象，严重影响船舶航行安全，必须进行治理。采取的工程措施为护滩和筑坝。某施工单位承担了该整治工程的施工任务，并按照设计文件的要求进行施工，当完成系结压载软体排护底分项工程后，施工单位要求监理工程师进行质量评定，监理工程师认为施工单位没有按照质量评定程序完善相关手续，拒绝评定。随后，施工单位完善了相关手续，监理工程师根据平行抽检数据和检查结果，核定该分项工程合格。施工单位随即进行下道工序的施工。

经过 6 个月的施工，该整治工程全部完工，并评定护滩和筑坝两个单位工程质量为合格。

问题：

（1）土工织物软体排系结混凝土压载块施工应符合哪些规定？

（2）监理工程师为什么拒绝评定？

（3）描述单位工程质量评定的工作程序？

42. 某航道整治工程在已建工程的基础上，通过工程措施进一步完善滩槽格局的守护控制，遏制航道不利变化趋势，该工程主要包括心滩头部已建护滩带前沿建设一纵两横 3 道护滩带，长度分别为 1000m、300m 和 320m，护滩带采用 D 型软体排，排上抛石压载、局部边缘区域陆上施工抛两层透水框架防冲刷。

问题：

（1）写出土工织物软体排护滩施工的主要工序。

（2）排垫铺设方向应符合哪些规定？

（3）透水框架陆上施工应符合哪些规定？

43. 砂枕袋可以有效防止水流冲刷河床底部，是稳定河床及岸坡、防止冲刷的主要加固措施。某航道整治工程的守护工程抛枕工程量约 5 万 m^3，采用抛枕船停靠定位船的方式进行施工，抛枕充填袋采用 $200g/m^2$ 的聚丙烯编织布缝制加筋而成，标准枕袋长度为 8m、宽度为 3.6m。

问题：

（1）砂枕缝制、充填应符合哪些规定？

（2）抛枕施工船舶选用应考虑哪些因素？

（3）写出抛枕施工应遵循的顺序。

44. 某港区泊位及港池区域疏浚施工，施工区面积为 35 万 m^2，泊位设计底高程为 −20.0m（当地理论深度基准面，下同），港池设计底高程为 −17.7m，设计疏浚工程量为 210 万 m^3，其中淤泥质土为 29 万 m^3，黏土及砂类土为 162 万 m^3，风化岩为 19 万 m^3、风化岩等级为普氏Ⅴ级。本工程采用凿岩锤对风化岩进行凿岩预处理、然后再用 $20m^3$ 抓斗挖泥船配 $1000m^3$ 泥驳清渣的施工方法。

问题：

（1）写出凿岩锤选用应根据的因素。本工程凿岩锤宜选用哪种型式凿岩锤？

（2）凿岩锤落锤高度、凿击点间距和凿岩与清渣施工循环作业深度宜为多少？凿击点如何布置？

（3）写出凿岩锤施工时应注意的事项。

45. 某耙吸挖泥船用 $5000m^3$ 舱容挖抛施工，测得满舱时泥与海水载重为 7500t，该地区疏浚土密度为 $1.85t/m^3$。（海水密度取 $1.025t/m^3$）

问题：

（1）计算该船的泥舱装载土方量。

（2）简述影响挖泥船时间利用率的客观影响因素。

46. 某沿海港口港池疏浚与吹填工程，设计疏浚底标高为 −13.5m（当地理论深度基准面，下同）、设计疏浚边坡坡度为 1∶2.5、设计疏浚工程量为 520 万 m^3，无备淤深度，疏浚土质自上而下分别为密实中粗砂和强风化岩，密实中粗砂的标准贯入击数 $N = 35$，强风化岩的单轴饱和抗压强度 $R_C \leqslant 5MPa$，采用绞吸挖泥船将疏浚土全部吹填到码头后方吹填区，平均吹距为 2.7km。

问题：

（1）疏浚砂性土类按工程特性分为哪几级疏浚土？其级别划分应以疏浚土的哪些物理力学指标为判别指标？哪些物理指标为辅助指标？本工程的密实中粗砂属于哪个级别？

（2）绞吸挖泥船分层挖泥的厚度应根据哪些因素确定？本工程两种疏浚土质分层挖泥的厚度分别宜取绞刀直径的多少倍？

47. 某海港航道疏浚工程长 40km，设计底高程 −22.0m（当地理论深度基准面，下同），航道浚前平均高程为 −9.0m，当地平均高潮位为＋2.5m，平均低潮位为 0.5m，疏浚土质自上而下分别为：① 流动性淤泥、② 软黏土、③ 密实砂。本工程选用带艏吹的 10000m^3 自航耙吸挖泥船将泥土抛到抛泥区。

问题：

（1）针对本工程每一种疏浚土质如何选用耙头？

（2）本工程各疏浚土质的挖泥对地航速应选用多少？

（3）简述本工程自航耙吸挖泥船施工工艺流程。

48. 某吹填工程，吹填区面积 2.5km^2、吹填容积量 2500 万 m^3，吹填区地基为淤泥质黏土，吹填土质为中砂，采用大型绞吸挖泥船吹填。根据设计要求，本工程需分为三个区吹填，且每个区吹填时分两层吹填，机械整平后吹填平均高程允许有正负偏差。

问题：

（1）写出吹填容积量可以采用的计算方法。

（2）吹填区排泥管线的间距应根据哪些因素确定？

（3）写出本工程高程平均允许偏差值。

49. 某吹填工程，吹填区面积 1.5km^2、吹填容积 2000 万 m^3，吹填土质为细砂，吹距为 15km，采用大型绞吸挖泥船加两级陆地接力泵的吹填施工方式。

问题：

（1）接力泵站设置位置应如何选择？

（2）接力泵施工应符合哪些要求？

50. 抓斗挖泥船属机械式挖泥船，在船上通过吊机，使用一只抓斗做为水下挖泥的机具。某港池疏浚工程选用一艘 8m^3 抓斗挖泥船配两艘 1000m^3 自航泥驳施工，疏浚工程量 100 万 m^3。

问题：

（1）计算抓斗挖泥船小时生产率需要考虑哪些参数？

（2）简述抓斗挖泥船施工分层厚度确定的原则，并确定本工程施工的分层厚度。

（3）抓斗挖泥船共有几种抓斗？分别适用于哪些土质？

51. 某耙吸挖泥船用 5000m^3 舱容挖抛施工，运距 20km，挖泥时间 50min，重载航速 9kn，轻载航速 11kn，抛泥及掉头 10min，泥舱载重量 7500t，疏浚土密度 1.85t/m^3，海水密度 1.025t/m^3，试计算：

（1）泥舱的载泥量；

（2）该船的生产率；

（3）试述耙吸挖泥船的主要技术性能及优缺点。

52. 某疏浚工程工程量 50 万 m^3，由一艘绞吸挖泥船承担施工，该船排泥管直径 0.7m，管内泥浆平均流速 5m/s，泥浆平均密度 $1.2t/m^3$，原状土密度 $1.85t/m^3$，海水密度 $1.025t/m^3$，该船主要施工挖泥参数：绞刀横移速度 10m/min，前移距 1.5m，切泥厚度 2m，在本工程中该船的生产性和非生产性停息时间共计 200h。

问题：

（1）管内泥浆平均浓度；

（2）输送生产率；

（3）绞刀挖掘系数；

（4）时间利用率。

53. 某内河航道整治护岸工程，施工主要内容有：土方开挖、钢丝网石笼垫护坡、脚槽开挖、脚槽砌石、浆砌石坡顶明沟、干砌石枯水平台、混凝土联锁块软体排护底、抛压排石及对水下原始地形坡比陡于 1∶2.5 的区域抛枕补坡。其中护底排设计搭接宽度为 6m，补坡要在沉排前实施，最后进行坡顶明沟施工。1 + 700 典型断面示意图如下图所示。

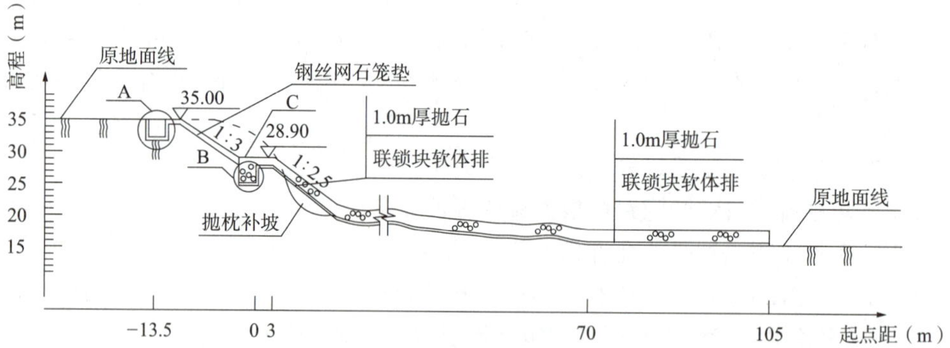

1 + 700 典型断面示意图

根据施工计划，项目部于某年 10 月 1 日开始水上沉混凝土联锁块软体排。10 月 18 日，在进行 1 + 700 断面沉排施工时，施工至 70m 处出现排体撕裂，铺排船随即停止施工，经测量撕排处泥面高程 16.5m（黄海平均海平面，下同）。项目部上报补排方案，经监理批准后，于 10 月 20 日进行了补排施工。10 月份施工区实测水位过程线如下图所示。

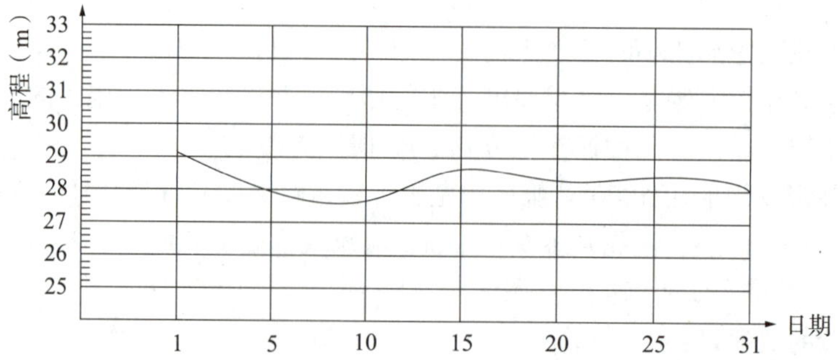

10 月份施工区实测水位过程线

施工过程中，水运工程质量安全督查组对施工单位进行了质量安全督查，施工单位按照督查反馈意见和要求，在限期内逐一进行了整改落实。

问题：

（1）写出 1 ＋ 700 典型断面示意图中 A、B、C 各部位的名称，并画出本工程施工流程图。

（2）写出本工程宜采用的沉排方向。计算出相邻排体搭接宽度允许偏差值。

（3）1 ＋ 700 断面排体撕裂处补排施工，其纵向搭接长度至少是多少 m？说明理由。

（4）本工程沉排施工排头宜如何固定？1 ＋ 700 断面处补排施工时排头如何固定？

（5）水运工程项目质量安全督查分为哪几类？就软体排实体质量督查的抽检指标项有哪些？

54. 某海滩养护工程，对受侵蚀的海滩进行吹填，海滩补砂的范围为 $1.7km^2$、平均补砂厚度为 1.0m，补砂后的海滩坡度为 1∶150，采用大型自航耙吸挖泥船挖、运、艏喷的施工方式，自航耙吸挖泥船在设计驻船水域单点定位吹砂。

问题：

（1）驻船水域水深和水域宽度应符合哪些规定？

（2）艏喷施工应符合哪些要求？

55. 某疏浚工程工程量 80 万 m^3，采用链斗挖泥船施工。该船泥斗斗容 $0.5m^3$，泥斗充泥系数 0.6，土的搅松系数 1.2，该船生产率 $480m^3/h$，时间利用率为 60%。

问题：

（1）确定挖泥船的斗速；

（2）确定本工程的施工天数；

（3）简述链斗挖泥船基本原理。

56. 某基槽开挖工程，采用抓斗挖泥船分层、分条施工的方法，浚前标高为 −6.5m，设计疏浚底标高为 −17.5m，疏浚土质自上而下依次为淤泥质土、可塑黏土和硬黏土。

问题：

（1）如何确定抓斗挖泥船的分条宽度？

（2）简述抓斗挖泥船分层厚度应考虑的因素。

（3）针对本工程土质如何选用抓斗？

57. 某港池疏浚工程，疏浚面积 $0.7km^2$，设计底高程 −12.5m（当地理论深度基准面，下同），浚前平均高程为 −5.0m，当地平均高潮位为＋ 2.1m，平均低潮位为 0.5m，疏浚土质自上而下分别为① 密实砂、② 强风化岩。本工程选用 $25m^3$ 铲斗挖泥船配 $2000m^3$ 自航泥驳施工，疏浚土外抛。

问题：

（1）如何确定铲斗挖泥船的分条宽度？

（2）针对本工程土质应采用哪种挖掘法施工？

（3）针对本工程土质如何选用铲斗？

58. 某基槽开挖工程，长 100m，设计底宽 50m，设计底标高 −13.0m，原泥面平均标高为 −8.0m，每边超宽 4m，超深 0.5m，边坡 1∶2，请计算工程量。

59. 某海港港池疏浚工程，疏浚面积 $0.4km^2$，设计底高程 −15.0m（当地理论深度基准面，下同)，航道浚前平均高程为 −3.0m，当地平均高潮位为＋ 2.1m，平均低潮位为 0.5m，疏浚土质自上而下分别为① 松散砂、② 密实砂、③ 强风化岩。本工程选用 $3500m^3/h$ 大型绞吸挖泥船将疏浚土吹填到吹填区。

问题：

（1）针对本工程每一种疏浚土质如何选用绞刀和绞刀齿？

（2）本工程挖泥船开工展布应包括哪些工作？

（3）本工程挖泥船采用锚杆抛锚的钢桩横挖法施工，简述其分条宽度确定原则。分层挖泥的厚度如何确定？

60. 某吹填工程，吹填区面积 $4.0km^2$、设计吹填工程量 3000 万 m^3，采用耙吸挖泥船—储砂坑—绞吸挖泥船联合施工的方式进行吹填，吹填土质为细粉砂，平均吹距为 5km，取砂运距为 30km。

问题：

（1）本工程所采用的联合施工方式的适用条件有哪些？

（2）简述本工程所采用的联合施工方式的特点。

61. 干船坞的结构型式可分为排水减压式、锚拉式、重力式和浮箱式。排水减压式适用于原地基或经防渗处理后地基的渗水量较小的情况；锚拉式适用于地基具有良好锚碇条件的情况；重力式适用于采用排水减压式或锚拉式结构均有困难和地基较好的情况；浮箱式适用于干施工有困难或造价较其他结构型式低的情况。

问题：

（1）写出干船坞的主要组成结构。

（2）写出坞口底板与坞门槛施工应符合的技术规定。

62. 某海港拟建 3 个 2.5 万吨级泊位码头，业主通过招标选择施工单位，某一级港口与航道专业资质的施工单位与具有二级港口与航道专业资质的施工单位组成联合体参加投标。

问题：

（1）何谓联合体投标？

（2）对组成的联合体资质有什么规定？

（3）根据其资质，业主能否接受该联合体承接拟建码头吨级的投标？

63. 某航道整治工程，施工期间施工单位未按规定对原材料与混合料进行检验，致使部分工程拆除重新修建，造成直接经济损失 150 万元。

问题：

（1）根据《公路水运建设工程质量事故等级划分和报告制度》，公路水运建设工程质量事故分为哪几级？本工程的质量事故属于哪一级？并说明原因。

（2）根据《公路水运工程质量监督管理规定》，写出施工单位未按规定对原材料、混合料、构配件等进行检验的罚款标准。

64. 某码头后方堆场的粉土地基拟采用振冲置换法加固，简述本项目地基加固的施工要求。

65. 索赔通常是指合同实施过程中，一方未履行合同义务或其他原因给另一方造成损失（费用或工期），受损方按照合同约定向违约方提出费用或工期补偿要求的法律行为。

问题：

（1）在履行合同过程中发生的哪些情形属发包人违约？

（2）工期索赔通常可采用哪些分析方法？

（3）写出索赔费用的主要内容。

66. 某施工单位承接了3个2.5万吨级泊位海港高桩码头的施工，码头长560m，引桥长835m，前沿水深 −12m，工程质量要求各分项达优良等级。

问题：

（1）该工程如何划分单位工程？

（2）施工中如何组织对分项工程进行质量检验？

（3）分项工程质量达到合格的条件是什么？

67. 港口与航道工程施工中，由于施工环境条件恶劣，如：水上水下工程施工、起重打桩施工、工程船舶调遣拖航等，为加强港口与航道工程施工安全管理，提高施工现场风险防控有限性，应及时开展施工安全风险评估，针对施工过程潜在的风险进行辨识、分析、估测，并提出控制措施建议。

问题：

（1）施工安全风险评估工作包括哪几个步骤？

（2）施工安全风险评估分为总体风险评估和专项风险评估两个阶段，分别写出总体风险评估和专项风险评估的定义。

（3）总体风险评估和专项风险评估分为几级？分别是哪几个风险等级？

68. 港口与航道工程施工具有流动性大、劳动强度大、施工生产受环境及气候影响大等特点。水上水下工程施工、工程船舶施工、船舶消防安全等都给施工作业带来了不安全因素。针对港口与航道工程项目可能发生的生产安全事故，为最大程度减少事故损害应预先制定应急预案。

问题：

（1）应急预案体系一般由项目综合应急预案、合同段施工专项应急预案与现场处置方案组成。分别写出综合应急预案、合同段施工专项应急预案与现场处置方案的定义。

（2）写出应急预案编制的步骤。

（3）合同段施工专项应急预案应包括哪几部分内容？

69. 港口与航道工程项目的技术管理主要内容包括：技术策划、图纸会审、施工技术方案编制、技术交底、技术总结、技术培训与交流等。

问题：

（1）分项工程技术交底主要包括哪些内容？

（2）危险性较大工程专项施工方案应当包括哪些内容？

70. 根据《水运建设工程概算预算编制规定》JTS/T 116—2019的规定，沿海港口的水工建筑物工程和疏浚与吹填工程的建筑工程费中的“其他直接费”分别包括哪些费用？

71.《沿海港口水工建筑工程定额》是以分项工程为单位并用人工、材料和船舶机械艘（台）班消耗量表示的工程定额，是计算定额直接费的依据。编制单位工程施工图预算时，应根据各章节的相应规定直接使用本定额；编制概算时，可在套用本定额计算出定额直接费后乘以概算扩大系数。

问题：

（1）写出概算扩大系数的使用应符合的规定。

（2）定额中工程材料、成品、半成品及混凝土构件水上增运距定额，除另有规定外，适用于200km以内的驳载运输，除此之外还应满足哪些要求？

（3）定额中工程材料、成品、半成品及混凝土构件陆上增运距定额，适用于20km以内的运输，运输距离超过20km的，不适用增运距定额，此种情况应如何计算？

72. 根据《沿海港口工程船舶机械艘（台）班费用定额》JTS/T 276—2—2019，工程船舶机械艘（台）班费用由一类费用、二类费用、车船税及其他费组成，一类费用和二类费用分别包括哪几部分费用？写出工程船舶机械的停置艘（台）班费的计算方法。

73. 某海港码头结构为高桩梁板式，该工程在施工单位进场并下达开工令后，由于业主考虑到后续规模要扩大，因此变更设计，增加50m、长600mm×600mm的桩10根，合同清单中每根桩制作费用为1.5万元，运输及打桩费用为每根1.2万元，工期延长18d。在打桩施工过程中，由于不可抗力因素影响致使打桩工期延误15d。在板的预制过程中，施工单位混凝土机械发生故障，导致其中一块板报废，致使工期延误3d，费用损失2万元。工程施工正处高峰时，业主供货不及时，工期延误11d，同时，导致部分人员窝工、部分机械停置，现场施工总人数122人，其中有30人窝工，人工工资为30元/d；钢筋弯曲机1台，停置台班单价为49元/台班，混凝土机械一座，停置台班单价为178.34元/台班。

问题：

（1）哪些是可索赔事项？

（2）该工程工期准予顺延多少天？

（3）费用准予调增多少万元？（以上工期延误均不重叠）

74. 预制混凝土方桩的工艺要求有哪些？

75. 某沿海15万吨级航道总长为30.5km，航道设计挖槽底宽为220m、底标高为−16.0m（理论深度基准面，下同），设计边坡坡比为1：5，航道天然床面平均标高为−10.8m。本航道疏浚选用万方耙吸挖泥船采用挖、运、吹的施工方式将疏浚土吹填到港区后方，平均吹距2.5km，计算超深为0.55m，计算超宽为6.0m。

本工程港区后方吹填区面积为2.7km^2，围埝总长为3.9km，围埝为临时工程，地基为淤泥和淤泥质黏土，围埝采用斜坡式抛石结构，围埝顶宽为3.5m，围埝顶高程为＋6.5m，外坡设计坡比为1：2，内坡设计坡比为1：1.5，内侧铺设450g/m^{2}无纺土工布倒滤层。围埝地基采用抛填1.0m厚砂垫层、打设塑料排水板（间距为1.2m，底标高为−16.5～−18.0m）、铺设两层高强复合土工软体排的处理方式，高强复合土工软体排上抛填300mm厚碎石垫层。

问题：

（1）画出本工程疏浚工程量计算断面示意图，并标注出相应的标高和尺度。

（2）绘制本工程万方耙吸挖泥船挖、运、吹施工工艺流程图。

（3）绘制本工程围埝施工流程图。

76. 某水运工程，业主在应按合同约定及监理工程师已确认的工程量支付A标段工程进度款日期之后10d内仍未付款，承包商于是便暂停施工。问承包商的做法是否恰当，为什么？B标段承包商所承担的工程已达到基本竣工的条件，但由于非承包商原因的外部客观条件影响不能进行竣工试验，对该工程该如何办理？

77. 某引桥工程合同总价款2000万元，工程总工期为12个月，工程施工进行中，业主决定修改设计，增加了额外的工程量100万元，由于工程量的增加，承包商延长了工程竣工的时间，承包商的实际工期延长了1个月。

问题：

（1）就题意所述，承包商是否可以提出工期索赔？为什么？

（2）承包商提出工期索赔1个月，是否合理？为什么？

78. 某高桩码头的断面示意图如图所示。该码头施工的主要工序有12项。

问题：

（1）指出码头各构件名称及相应施工工序的名称。

（2）画出该12项主要施工工序的流程框图。

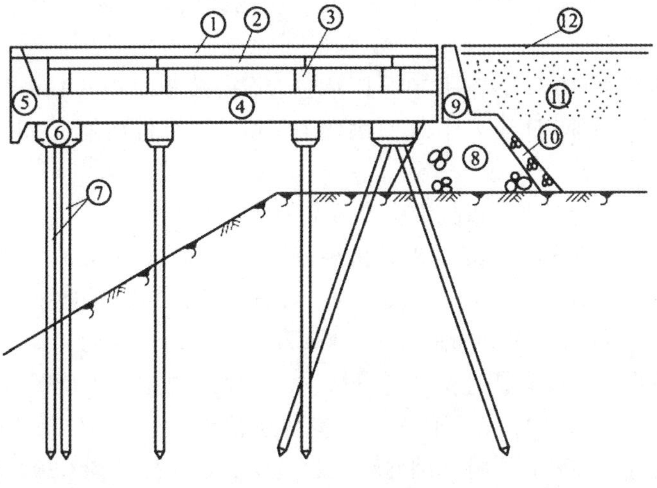

79. 某项目的基础为钻孔灌注桩，钻孔桩直径为1800mm，桩长20m，钻孔桩累积总长为3000m，钻孔桩扩孔系数为1.2，混凝土的损耗为2%，钻孔桩混凝土采用C20，碎石最大粒径40mm。材料单价分别为：碎石55元/m^3，中（粗）砂35元/m^3，水泥（42.5级）350元/t，萘系减水剂7元/kg，木钙减水剂5元/kg，引气剂3元/kg，水1.5元/m^3，计算该混凝土灌注桩工程的水泥、砂、碎石料用量，混凝土预算单价及总价（结果保留2位小数）。每立方米混凝土的材料用量：水泥380kg，碎石0.76m^3，中（粗）砂0.60m^3，水0.213m^3，萘系减水剂1.595kg，木钙0.38kg，引气剂0.061kg。

80. 水运工程建设项目是指水运工程以及与水运工程建设有关的货物、服务，货物是指构成水运工程不可分割的组成部分，且为实现工程基本功能所必需的设备、材料等；服务是指为完成水运工程所需的勘察、设计、监理等服务。

问题：

（1）写出水运工程建设项目依法必须进行招标的标准。

（2）哪些情形的水运工程建设项目可以不进行招标？

（3）评标委员会成员组成应符合哪些规定？

81. 某吹填工程，吹填区面积 $2.5km^2$、吹填容积 2000 万 m^3，分为 A、B、C 三个区域进行吹填，A 区吹填面积 $0.9km^2$，吹填工程量 750 万 m^3，B 区吹填面积 $0.75km^2$，吹填工程量 550 万 m^3，C 区吹填面积 $0.85km^2$，吹填工程量 700 万 m^3，吹填高程平均允许偏差 0.2m，采用大型绞吸挖泥船直接吹填的施工方式，取土区土质为可塑黏土、可取工程量 2500 万 m^3。经计算求得竣工验收前因吹填土荷载造成的吹填区原地基平均沉降量 0.12m，可塑黏土的吹填流失率为 6%。

问题：

（1）本工程应如何划分单位工程进行质量检验？

（2）简述确定吹填区内排泥管线布设间距应考虑的主要因素。

（3）计算最大吹填设计工程量。（列出主要计算过程，结果取整数）

82. 某工程施工合同规定 2002 年 9 月 28 日竣工，在实际施工过程中，先后因下述四项原因导致工程延误 30d：

（1）2002 年 5 月 10 日至 5 月 20 日因设计变更等待图纸停工 10d；

（2）2002 年 6 月 10 日至 6 月 20 日因正常阴雨天气影响施工质量，监理工程师下令停工 10d；

（3）2002 年 7 月 10 日至 7 月 20 日因承包人设备故障而停工 10d；

（4）2002 年 7 月 15 日至 7 月 21 日因发生不可抗力事件而停工 5d。

问题：

以上情况延期申请至少可以批准多少天？为什么？

83. 根据《水运工程工程量清单计价规范》JTS/T 271—2020，工程量清单计价包括哪几部分费用？写出综合单价、一般项目、计日工项目和暂列金额的定义。

84. 某工程项目的施工合同总价为 8000 万元人民币，合同工期 18 个月，在施工过程中由于业主提出对原有设计文件进行修改，使施工单位停工待图 1.5 个月（全场性停工）。在基础工程施工中，为了使施工质量得到保证，施工单位除了按设计文件要求对基底进行了妥善处理外，还将基础混凝土的强度由 C15 提高到 C20，施工完成后，施工单位向监理工程师提出工期和费用索赔，其中费用索赔计算中以下两项：

（1）由于业主修改变更设计图纸延误，损失 1.5 个月的管理费和利润：

现场管理费＝合同总价 / 工期 × 现场管理费费率 × 延误时间

＝ 8000 万元 /18 个月 ×12%×1.5 个月＝ 80 万元

公司管理费＝合同总价 /18 个月 ×7%×1.5 个月＝ 46.67 万元

利润＝合同总价 / 工期利润率 × 延误时间

＝ 8000 万元 /18 个月 ×5%×1.5 个月＝ 33.33 万元

合计：160 万元。

（2）由于基础混凝土强度的提高索赔 15 万元。

问题：

对于以上情况是否应该给予费用索赔？上述索赔费用的计算方法是否正确？

85. 某承包商承担了某北方集装箱重力式码头和防波堤的施工任务，其中码头工程采用抛石基床。设计要求基床应坐在坚硬的土层上，并在招标文件中给出了相关标高和地质资料。承包商在投标时编制了施工组织设计，确定了重锤夯实基床的施工方案。根据招标文件及现场查看，承包商编制了施工进度计划，确定了防波堤的工期为 42 个月，码头工期为 31 个月。承包商据此编制了投标报价。该承包商中标后，与发包人签订了承包合同，并按期同时开始码头和防波堤的施工。在施工过程中，承包商根据实际中出现的问题，提出了以下工期或费用索赔：

（1）在基槽开挖时，按招标时提供的地质资料和设计标高，承包商发现挖泥达到设计标高时，其土质仍然很软，达不到设计规定的技术要求。经报监理工程师，同意下挖至设计要求的土层，最深处已比设计标高深了 10m。因此使挖泥量和抛石量各增加了 3 万 m^3。费用增加 114 万元，局部工期增加了 30d。承包商按合同规定提出了增加费用 114 万元和延长工期 30d 的申请。

（2）由于码头基床高程相差很大、抛石厚度也相差较大，若采用重锤夯实方案，对承包商来说，一是施工控制难度较大，二是夯实船在海上停留时间较长。因此，承包商提出了采用爆破夯实方案，并向监理工程师递交了翔实可信的施工方案，并提出需增加费用 50 万元，工期可不延长的申请。

（3）在进行沉箱安装施工后，承包商又向监理工程师提交了费用索赔报告，理由是码头施工是在防波堤完工之前，没有掩护条件下进行的，应对码头施工部分增加外海施工系数。根据交通运输部当时的有关规定，人工费需增加 10%，船舶及水上施工机械费需增加 25%。

问题：

以上索赔是否成立，为什么？

86. 某一码头工程的土方工程项目，在招标文件中标明的土质为：以细粉砂土为主，并夹有粉质黏土、泥炭、淤泥及杂填土，在施工区段主要为细粉砂土，推荐利用水力冲挖机具边冲挖、边吹填连续作业的施工方案，在投标前承包人曾经到工地现场进行踏勘，投标时承包人就此方案进行施工设计并报价。工程实施后，在冲挖完成 1m 厚的表面土层后，发现在部分区域存在硬土，这种土质靠水力冲挖机具根本无法施工，此时要更改施工方案的难度较大。为此，承包人根据合同通用条件第 20.4 条和第 53 条，就硬土事件向监理工程师提出以下经济补偿（索赔）等意向：

（1）申请变更施工方案及工艺，对由于施工方案的改变而增加的费用要求项目法人给予经济补偿；

（2）目前施工现场的施工机械已无法施工，已于 12 月 20 日停工，为此要求项目法人对由于人员、机械闲置（窝工）增加的额外费用给予经济补偿；

（3）硬土土方的开挖难度远远大于粉砂土的开挖，为此要求调整土方开挖单价，补偿为开挖硬土土方而增加的费用。

问题：

以上索赔要求是否合理，如何进行处理？

87. 港口与航道工程项目经理部的组建原则是：根据合同要求、符合项目特点、精干高效。对于大型港口工程项目，常见的职能部门设置有：工程部、计合部、财务部、安全部、质量部、物设部、外协部和综合办公室，称为“七部一室”。

问题：

（1）写出项目部行政领导人员的一般配置标准。

（2）写出工程部的职责和主要工作内容。

88. 某码头工程的合同工期从1990年9月1日到1992年4月30日，在施工过程中，正遇上水运工程预算定额进行政策性调整，调整后的预算定额从1991年7月1日起执行。对此，承包人依据本工程合同文件特殊合同条件第四条中增加的条款，应该如何办理工程费用的有关问题？

特殊合同条件第四条——合同范围，增加有下列条款：其中第三条规定“在合同执行期间，国家对机械台班费（包括劳务工资）和工资性津贴有政策性调整时，项目法人将根据本水运工程预算定额的变化，按发生的价差相应进行调整”；在第四条规定“由于定额改变，引起的价差调整范围为：新的机械台班费的工资性津贴，从公布之日起，以后进行的工程项目中所实际发生的机械台班费和工资性津贴，在此之前已经完工部分及已经发生的相应费用均不予调整”。

89. 大型施工船舶拖航、调遣是水上交通运输安全生产管理的一项重要内容，为保障船舶拖航、停泊和作业安全，必须坚持“安全第一、预防为主”的方针，认真落实交通运输部、海事局和船检局关于工程船舶安全调遣拖航的法令法规和规章制度，严格执行企业安全调遣拖航实施细则和有关安全技术操作规程。

问题：

（1）写出被拖大型施工船舶封舱加固的主要项目。

（2）写出航前安全检查的主要项目。

（3）海船的航区分为哪几类？

90. 合同段应急预案中的处置措施编制要点是什么？

91. 2001年11月25日上午，某项目经理部管线工甲，带领5名农民工前去趸船作业码头进行排泥管（长6m、直径700mm、重量1.1t）装驳作业，配备一台20t吊车配合吊装。到现场后，发现有一辆夏利车停放在吊装区域内不便于吊机驻位及作业，甲去找夏利车主但未能找到。由于装驳作业必须乘潮水进行，甲便决定开始吊装管线。在11：20，当吊装第三根排泥管时发现管内有泥，甲便采取先倒泥然后再吊装的方式，随即用一根吊装管线用的专用卡具中的专用索扣固定在排泥管一端（专用吊管卡具的挂钩挂在自身钢丝绳上且缺口朝作用力方向），然后起吊排泥管一端升高约4m处，另一端支撑在码头面上。此时甲站在起吊的排泥管外侧指挥吊机朝装驳方向旋转以使管内泥倒出，当泥倒出准备颠钩放下排泥管时，因站立位置不便观察管道是否会碰撞夏利车，于是甲便从起吊的排泥管外侧到内侧指挥颠钩。此时，由于排泥管沿码头面滑动一端边缘部位（固定法兰）挂在地锚缆绳上，排泥管底端受阻后突然止住故使固定在上端部位的索具钢丝绳产生反弹作用，此时吊机扒杆仍在旋转，造成固定在排泥管上的卡具钢丝绳从挂钩缺口处脱出，致使排泥管从高约4m处坠落砸在甲后背上。事故发生后现场人员及时对甲进行抢救并将其送往医院，经抢救无效于当天下午死亡。

问题：

（1）根据中华人民共和国国务院令《生产安全事故报告和调查处理条例》，生产安全事故分为哪几级？本事故属于哪一级并写出理由。

（2）写出生产安全事故处理的主要程序。

（3）事故调查报告应包括哪些主要内容？

92. 2000 年 7 月 13 日 B 轮奉公司命令执行烟台—石岛航行任务。14 日 2：30，因船舶偏离计划航线，在海驴岛附近（37° 26′ 9N　122° 40′ 3E）触礁，造成船体机舱破损进水。船员们奋力堵漏但由于进水压力太大，堵漏无效，致使船舶搁浅在礁石上。船体纵倾 20°、右倾 14°，艉部二层甲板以下没入水中。经打捞局潜水员探查，破损位置在船首水舱和机舱船底靠近左肋部有 70cm 长、12cm 宽和 110cm 长、12cm 宽两道裂缝。本次事故造成直接经济损失 250 万元。

问题：

（1）根据中华人民共和国交通运输部《水上交通事故统计办法》，水上交通事故分为哪几级？本事故属于哪一级并写出理由。

（2）写出水上交通事故处理的主要程序。

（3）企业接报后应根据《中华人民共和国海上交通事故调查处理条例》的规定向所属地海事局报告，报告应当包括哪些内容？

93. 质量通病是指施工中普遍、反复出现的质量问题。质量通病具有“小病难治”的特点，治理效果不仅和施工工艺、原材料质量状况、设备设施、人员操作精细化程度等人为因素有关，还与天气、季节等自然因素有关。

问题：

（1）分别写出混凝土蜂窝与空洞质量通病的主要特征。

（2）写出混凝土蜂窝与空洞质量通病产生的主要原因。

（3）写出混凝土蜂窝与空洞质量通病主要防治措施。

94. 港口与航道工程项目施工成本控制需要通过确定项目成本管理目标，制定项目成本管理措施，实施项目全过程成本管控。

问题：

（1）确定项目的施工成本目标需要开展哪几项主要工作？

（2）写出项目经理部的工程部在项目施工成本控制中的主要职责内容。

95. 绿色建造应全面体现绿色要求，有效降低建造全过程对资源的消耗和对生态环境的影响，减少碳排放，整体提升建造活动绿色化水平。

问题：

（1）写出绿色施工的定义。

（2）绿色施工管理包括哪几方面的管理？

（3）港口工程绿色设计策划应包括哪些主要内容？

96. 施工船舶在抗击台风阶段应做好的工作有哪些？

97. 港口与航道工程施工应贯彻生态与环境保护的有关要求，采取绿色建造的技术和措施，施工现场应根据合同要求和现场条件制定生态与环境保护计划。

问题：

（1）按照生态与环境保护施工管理要求，编制港口与航道工程施工组织设计应符合哪些规定？

（2）写出港口与航道工程施工应采取的生态保护措施。

（3）写出港口与航道工程施工应采取的施工现场扬尘控制措施。

98. 某码头工程由码头及引桥两部分组成。码头长 540m，宽 35m，设计为集装箱码头和多用途件杂货码头泊位各一个；结构形式为高桩梁板式结构，桩基为 ϕ1200 预应力大管桩，现浇横梁，预制安装纵梁轨道梁、面板，现浇面层。引桥长 528m，宽 16m，结构形式为高桩板梁式结构；桩基为 ϕ800PHC 桩，现浇横梁，安装预应力空心板，现浇面层。码头前沿泥面较高，需挖泥约 4m 深可满足集装箱船正常停靠吃水要求。

问题：

（1）对本工程进行单位工程划分。

（2）以集装箱泊位为例，进行分部工程划分。

（3）集装箱泊位工程质量达到合格标准的要求。

99. 试述港口工程质量评定工作程序和组织。

100. 现场文明施工是项目管理的一个重要部分，是一项综合性的系统工程，必须从施工生产的有序、规范、计划性和安全生产的预见性、自觉性、制度化，现场的安全保卫、公共安全卫生、环境治理和环境保护等进行综合治理。

问题：

（1）写出现场文明施工中的“综合管理”要求的内容。

（2）写出施工现场设置的“五牌一图”的名称。

（3）写出现场文明施工中的“现场办公与住宿”管理要求的内容。

实务操作和案例分析题参考答案

1. 答案：

（1）本工程当地理论深度基准面与黄海平均海平面相差 1.0m，则平均高潮位为：1.5 + 1.0 = 2.5m，平均低潮位为：-0.5 + 1.0 = 0.5m。

（2）以当地理论深度基准面计，当地平均潮位为：（2.5 + 0.5）/2 = 1.5m，浅水段在平均潮位时的浚前最小水深为：1.5 + 7.0 = 8.5m，因为挖泥船的满载吃水为 8.8m，大于 8.5m，所以，本工程在平均潮位时挖泥船不能乘潮全线施工。

（3）根据规范规定，本工程施工测量的测图比例尺范围应取 1∶1000～1∶5000 合理。

2. 答案：

（1）降水强度是指降水过程中某一时间段降下水量的多少。

（2）按照降水强度，可将降雨划分为微量降雨（零星小雨）、小雨、中雨、大雨、暴雨、大暴雨和特大暴雨；将降雪分为微量降雪（零星小雪）、小雪、中雪、大雪、暴雪、大暴雪和特大暴雪。

（3）一是突然的降雨会破坏刚浇筑混凝土的面层，雨水将冲刷已支立模板的隔离剂，因而，必须预备大量防雨材料，以便遇雨进行覆盖；二是降雨将改变露天砂石料的含水量，雨停后，搅拌站必须调整混凝土的配合比；三是下雨时不得进行钢筋焊接、对接等工作，刚焊好的钢筋接头部位应防雨水浇淋，以免接头骤冷发生脆裂，影响建筑物质量。

3. 答案：

（1）蒲福风级按风速大小不同分为 12 级；风速为 10.8～13.8m/s 或风力达 6 级的风称为强风；风速为 17.2～20.7m/s 或风力达 8 级的风称为大风。

（2）风玫瑰图是指用来表达风的时间段、风向、风速和频率四个量的变化情况；风玫瑰图一般按 16 个方位绘制。

（3）Ⅲ级防台——防台准备阶段：当台风中心在 48h 内可能进入防台界线以内水域，或在未来 48h 内防台界线以内水域平均风力达 8 级或以上。

Ⅱ级防台——防台实施阶段：当台风中心在 24h 内进入防台界线以内水域，或在未来 24h 内防台界线以内水域平均风力达 10 级以上。

Ⅰ级防台——抗击台风阶段：当台风中心在未来 12h 内进入防台界线以内水域，或在未来 12h 内防台界线以内水域平均风力达 12 级或以上。

4. 答案：

（1）按港口工程水深计算的原则，可用的水深为：14－2 + 0.5 = 12.5m，出运沉箱需要的水深为：13 + 0.5 = 13.5m，12.5m ＜ 13.5m 所以出运沉箱是不可行的。

（2）13.5－12 = 1.5m，所以乘潮出运沉箱，需要的潮高最低要达到 1.5m。

5. 答案：

（1）液限 W_L：由流动状态变成可塑状态的界限含水率。

（2）塑限 W_P：土从可塑状态转为半固体状态的界限含水率。用于计算塑性指数 I_P 和液性指数 I_L。

（3）塑性指数 I_P：土颗粒保持结合水的数量，说明可塑性的大小。用于确定黏性土的名称和单桩极限承载力。

（4）液性指数 I_L：说明土的软硬程度。用于确定黏性土的状态和单桩极限承载力。

6. 答案：

海岸带分为沙质海岸带、粉沙质海岸带和淤泥质海岸带。其基本特征分别为：

（1）沙质海岸

沙质海岸一般指泥沙颗粒的中值粒径大于 0.1mm，颗粒间无粘结力；在高潮线附近，泥沙颗粒较粗，海岸剖面较陡；从高潮线到低潮线，泥沙颗粒逐渐变细，坡面变缓；在波浪破碎带附近常出现一条或几条平行于海岸的水下沙堤。

（2）粉沙质海岸

粉沙质海岸一般指泥沙颗粒的中值粒径小于等于 0.1mm、大于等于 0.03mm，在水中颗粒间有一定黏结力，干燥后黏结力消失、呈分散状态；海底坡度较平缓，通常小于 1/400，水下地形无明显起伏状态。

（3）淤泥质海岸

淤泥质海岸一般指泥沙颗粒的中值粒径小于 0.03mm，其中的淤泥颗粒之间有黏结力，在海水中呈絮凝状态；滩面宽广，坡度平坦，一般为 1/2500～1/500。

7. 答案

1. 钢筋焊接接头的材料、焊接方法，外观检查及力学性能检验等应符合现行行业标准《钢筋焊接及验收规程》（JGJ 18）的有关规定。

2. 设置在同一构件内的焊接接头应相互错开布置。

（1）在任一焊接接头中心至受力钢筋的最大直径的 35 倍且不小于 500mm 的区段内同一根钢筋不应有一处以上接头；

（2）在该区段内有接头的受力钢筋截面面积之和占受力钢筋总截面面积的百分率应满足设计要求，设计无具体要求时，应满足下列要求：

① 非预应力筋在受拉区不大于 50%。

② 预应力筋不超过 25%，当焊接质量有可靠保证时，不超过 50%。

③ 受压区和后张法的螺丝端杆不限制。

8. 答案：

（1）港口与航道工程混凝土的主要特点是：建筑物不同区域的混凝土技术条件、耐久性指标、混凝土的钢筋保护层厚度等有不同的规定；对混凝土的组成材料水泥、粗细骨料等有相应的要求和限制；混凝土的配合比设计、性能、结构构造均突出耐久性要求，对最大水灰比、最低水泥用量、混凝土拌合物中氯离子含量的最高限量、钢筋最小保护层厚度都有明确的规定；要有适应海洋环境特点的混凝土施工措施。

（2）海水环境港口与航道工程混凝土区域的划分如下：共分为四个区域。

大气区——设计高水位加 1.5m 以上的区域

浪溅区——设计高水位加 1.5m 到设计高水位减 1.0m 之间的区域

水位变动区——设计高水位减 1.0m 至设计低水位减 1.0m 之间的区域

水下区——设计低水位减 1.0m 以下的区域

（3）港口与航道工程混凝土配制的基本要求是：所配制混凝土的强度、耐久性符合设计要求；所配制的混凝土应满足施工操作要求；所配制的混凝土应经济合理。

9. 答案：

（1）混凝土的施工配制强度 $= 45 + 1.645 \times 5.5 = 54$MPa（C45 的混凝土取 $\sigma = 5.5$MPa）；

（2）混凝土的砂率 $r = 1.15 \div (1.15 + 2.68) = 0.300 = 30.0\%$；

（3）1kg 水泥对应的混凝土体积（L）为：$[(1/3.1) + (1.15/2.62) + (2.68/2.65) + 0.40] = V \cdot (1 - 0.04)$

$V = 2.26$

1m^3 该混凝土水泥用量 $= 1000/2.26 = 442.5$kg；

1m^3 该混凝土砂用量 $= 442.5 \times 1.15 = 508.9$kg；

1m^3 该混凝土碎石用量 $= 442.5 \times 2.68 = 1186$kg；

1m^3 该混凝土拌合水用量 $= 442.5 \times 0.4 = 177$kg；

1m^3 该混凝土高效减水剂用量 $= 442.5 \times 0.7\% = 3.1$kg；

1m^3 该混凝土 AE 引气剂用量 $= 442.5 \times 0.05\% = 0.22$kg。

10. 答案：

塑料排水板宜采用套管式打设法，管靴的形式和结构应有利于塑料排水板的打设和留置板头。打入地基的塑料排水板宜为整板，需要接长时，每根塑料排水板不得多于 1 个接头，接长时，芯板搭接长度不应小于 200mm，相邻的排水板不得同时出现接头，有接头排水板的总根数不得超过打设总根数的 10%。打设过程中套管的垂直度偏差不应大于 1.5%，打设时回带长度不得超过 500mm，且回带的根数不宜超过总根数的 5%。

11. 答案：

（1）打设塑料排水板的要求有：

① 表面温度：是指距混凝土表面 50mm 处的混凝土温度。

② 内表温差：混凝土内部最高温度与同一时间距表面 50mm 处的混凝土最低温度之差。

（2）根据《水运工程大体积混凝土温度裂缝控制技术规范》JTS/T 202—1—2022 的规定，大体积混凝土施工阶段温控标准包括：

① 混凝土浇筑温度不高于 30℃不低于 5℃。

② 混凝土内表温差不大于 25℃。

③ 混凝土内部最高温度不高于 70℃。

④ 混凝土断面降温速率 7d 龄期内不大于 3℃/d，7d 龄期后不大于 2℃/d。

对照以上标准：

① 本次浇筑的混凝土入模温度未超过 30℃，满足要求。

② 实测最高温度 56℃，不高于 70℃，满足要求。

③ 内表温差达到 26℃，大于 25℃的允许值，不满足要求。

④ 块体的降温速率自第 60h55℃到第 156h41℃，四天降温 14℃，大于 12℃，即大

于 7d 龄期内 3℃/d 的允许值，不满足。

原因分析：

① 当地环境温度变化大，夜间温度低。

② 夜间混凝土表面的保温措施不足。

（3）根据测温读数曲线，可以看出：

混凝土的入模温度控制和内部最高温度的控制较好（或配合比绝热温升较低）；内表温差控制和降温速率的控制较差。

改进意见：需要加大混凝土表面的夜间保温措施。

（4）应注意养护水温不得低于混凝土表面温度 15℃。

原因：防止混凝土受冷击。

12. 答案：

1. 测深仪应定期进行检验。测深仪出现故障进行大修或更换测深仪的主要部件时应重新检验，水砣及测杆应在外业工作前进行校准。

2. 每次测深前、后应在测区对测深仪进行现场比对。水深小于 20m 时，可用声速仪、水听器或检查板对测深仪进行校正，直接求取测深仪的总改正数；水深为 20～200m 时，可采用水文资料计算深度改正数，并应测定因换档引起的误差。

3. 检查板深度绳应使用伸缩性小的材料制成，并应用钢卷尺校准。用检查板校准测深仪时，测深仪应处于正常工作状态，水面平静，流速较小，检验深度宜接近当日测量的最大水深，船舶应处于稳定状态。

4. 对既有模拟记录又兼有数字记录的测深仪进行检验时，应同时校对模拟信号和数字信号，检验结果应以模拟信号为准。

13. 答案：

（1）高桩码头施工沉桩平面定位方法有：采用 2～3 台经纬仪用前方任意角或直角交会法进行直桩定位；用 2～3 台经纬仪的任意角交会法（水准仪配合）进行斜桩定位；采用 GNSS 设备定位时，宜同时用全站仪进行校核。

（2）《港口工程桩基规范》规定，锤击沉桩控制应根据地质情况、设计承载力、锤型、桩型和桩长综合考虑，并满足下列要求：

① 设计桩端土层为黏性土时，应以标高控制为主，贯入度作校核。

② 设计桩端土层为砾石、密实砂土或风化岩时，应以贯入度控制为主，标高作校核。

（3）预制构件安装要求：搁置面要平整，预制构件与搁置面间应接触紧密；应逐层控制标高；当露出的钢筋影响安装时，不得随意割除，并应及时与设计单位研究解决，安装后应及时采取加固措施，防止构件倾倒或坠落。

（4）沉降位移观测点的要求：施工期间对正在施工部位及附近受影响的建筑物或岸坡定期进行位移观测，并做好记录；在浇筑码头面层时，埋置固定的沉降位移观测点，定期进行观测，并做好记录；固定的沉降位移观测点，应在竣工平面图上注明，交工验收时一并交付使用单位。

14. 答案：

沉箱重力式码头主要施工工序的流程框图如下图所示。

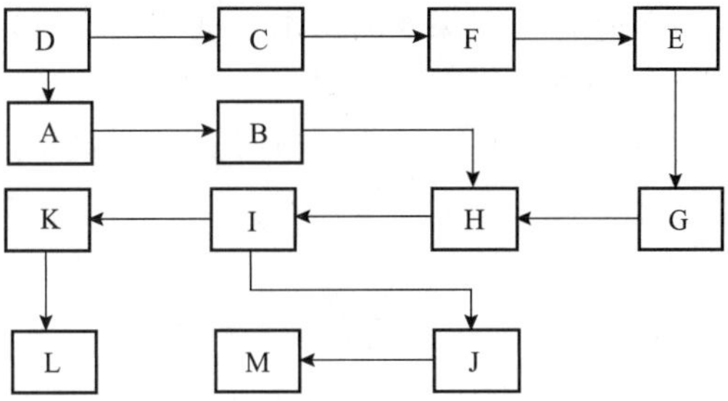

15. 答案：

（1）抛石前要对基槽断面尺寸、标高及回淤沉积物进行检查，查明有无回淤及塌坡情况。对回淤严重的港区，要有防淤措施，重度大于 $12.6kN/m^3$ 的回淤沉积物厚度不应超过 300mm，超过时应用泥泵清淤。

（2）抛石前应进行试抛，通过试抛，掌握块石漂流与水深、流速、水位的关系，当用开底驳和倾卸驳时，掌握块石堆扩散情况，以选定始点位置和移船距离。

（3）用导标定位时，导标标位要正确。要勤对标、对准标、勤测量水深，以确保基床平面位置和尺度，避免漏抛或抛高，特别是基床顶宽不得小于设计宽度，基床顶面不得超过施工规定的高程，且不得低于 0.5m。

（4）粗抛和细抛相结合，顶层面以下 0.5～0.8m 范围应细抛，顶层 0.5～0.8m 以下和以下各层可粗抛；抛填控制高差，一般粗抛为 ±300mm，细抛为 0～300mm，细抛应趁平潮时进行。

（5）作夯实处理的基床应预留沉降量，其数值应按当地经验或试夯资料确定。无实测资料时，可取抛石层厚的 10%～12%。

16. 答案：

（1）碎石桩施工设备选型应满足下列要求：

① 施工设备性能满足设计要求。

② 填料机具选用 $0.5m^3$～$1.5m^3$ 的装载机和卸料斗。

③ 水泵选用输出压力大于 0.8MPa、流量大于 $20m^3/h$ 的单级或多级水泵。泥浆泵性能满足排浆距离和排浆量的要求。

（2）碎石桩振冲成孔及清孔应满足下列要求：

① 振冲器在土层中缓慢下沉，速度为 1.0m/min～2.0m/min。

② 水压大于 0.3MPa。

③ 振冲器达到设计孔底高程以上 300mm～500mm 时适当停留，随即将振冲器上提至孔口，往复 1～2 次。

④ 对黏性土地基，振冲器在开始成孔和达到孔底时各留振约 20s。

⑤ 清孔返出的泥浆过稠或发生缩孔时，再次进行清孔。

17. 答案：

（1）抽真空设备宜采用射流泵，其单机功率不宜低于 7.5kW，在进气孔封闭状态下，其真空压力应不小于 96kPa。

（2）抽真空设备宜均匀布置在加固区四周，必要时也可适量布置在加固区中部，每台抽真空设备的控制面积宜为 900～$1100m^2$。

（3）抽真空时密封膜上应有一定深度的覆水，试抽气时间为4～10d，正式抽气阶段膜下真空压力应满足设计要求。

（4）抽真空设备应连续运行，真空压力达到设计要求稳定后，抽真空设备开启数量应超过总数的80%。

18. 答案：

（1）抛石基床进行夯实处理一般有重锤夯实法和爆炸夯实法两种。

（2）其工艺上，重锤夯实法一般用抓斗挖泥船或在方驳上安设起重机（或卷扬机）吊重锤的方法进行夯实作业。基床应分层、分段夯实，每层厚度大致相等，夯实后厚度不宜大于2m。分段夯实的搭接长度不少于2m。夯锤底面压强可采用40～60kPa，落距为2～3m。夯锤宜具有竖向泄水通道。夯实冲击能宜采用150～200kJ/m^2。夯击遍数由试夯确定，不进行试夯时，不宜少于八夯，并分两遍夯打。

采用爆夯法密实基床时，基床的分层厚度、药包的悬吊高度及重量、布药方式、爆夯遍数、一次爆夯的总药量等参数应经设计和试验确定。其夯沉量一般控制在抛石厚度的10%～20%。

（3）重锤夯实施工质量控制：基床夯实范围应按设计规定采用。如设计未规定，可按墙身底面各边加宽1m，若分层夯实时，可根据分层处的应力扩散线各边加宽1m。抛石面层局部高差不宜大于300mm。每层抛石接近顶面时应勤测水深，控制超抛和欠抛。基床夯实后，应进行夯实检验。爆炸夯实法质量控制：水上布药时应取逆风或逆流向布药顺序。对夯实率进行检查，应满足设计要求。

19. 答案：

（1）本承台混凝土的浇筑总量：$10\times10\times4-9\times3.14\times0.6^2\times2=379.65m^3$

本承台第一次混凝土浇筑量：$10\times10\times1-9\times3.14\times0.6^2\times1=89.83m^3$

（2）在落潮的过程中，5：00时（或潮位落至＋1.0m，承台底模板刚露出水面）。

原因：选择此时浇筑，可利用落潮时间，延长混凝土浇筑到被水淹没的时间。

（3）底层和顶层混凝土对应的顶面标高分别为＋1.3m和＋2.0m。

当潮位落到＋1.0m的时间是5：00，开始浇筑混凝土；

潮水回涨到＋1.30m的时间是7：30，需要的时间是：7.5－5.0＝2.5h；

潮水继续涨到＋2.0m需要的时间是：（8.5＋0.5×9/27）－5.0＝3.67h。

用50m^3/h的混凝土拌合船赶潮浇筑承台第一次混凝土，浇筑至各层需用时：

浇筑完第一层300mm混凝土耗用时间：89.83×0.30/50＝0.54h，振捣本层混凝土的最终时间为5h＋0.54h＝5.54h，即5：32，此时潮水低于1.0m的振捣标高，是在水位以上振捣。

浇筑完第一次全部1.0m混凝土耗用时间：89.83/50＝1.80h，振捣本层混凝土的最终时间为5h＋1.8h＝6.8h，即6：48，此时潮水低于1.8m的振捣标高，是在水位以上振捣。

对于5：00开始浇筑，初凝时间1.5h的混凝土：浇筑完的第一层300mm混凝土的初凝时间为0.54＋1.5＝2.04h＜潮水涨回的2.5h。

浇筑完的第一次1.0m混凝土的初凝时间为1.80＋1.5＝3.30h。＜潮水涨回的3.67h。

或潮水涨到对应的混凝土顶面的＋1.3m和＋2.0m标高，需要的时间是2.5h和

3.67h，晚于各层混凝土的初凝时间。

用有效生产能力为 $50m^3/h$ 的混凝土拌合船赶潮第一次浇筑承台混凝土可行。

（4）备料量计算

① 胶凝材料：444×89.83×（1 ＋ 5%）＝ 41.88t

② 砂：444×1.50×89.83×（1 ＋ 5%）＝ 62.82t（或 41.88×1.50 ＝ 62.82）

③ 石子：444×2.50×89.83×（1 ＋ 5%）＝ 104.7t（或 41.88×2.50 ＝ 104.7）

④ 水：444×0.40×89.83×（1 ＋ 5%）＝ 16.75t（或 41.88×0.40 ＝ 16.75）

（5）提高承台耐久性的主要技术措施有：

① 选用优质的原材料；

② 优化混凝土的配合比设计；

③ 采用环氧涂层钢筋；

④ 采用混凝土涂层保护。

20. 答案：

（1）重力式方块码头有墩式或线型建筑物，墩式建筑物以墩为单位，逐墩安装，每个墩由一边的一角开始，逐层安装。线型建筑物，一般由一端开始向另一端安装，当长度较大时，也可由中间附近开始向两端安装。在平面上，先安装外侧，后安装内侧。在立面上，有阶梯安装、分段分层安装和长段分层安装。

（2）吊运和安装施工时应注意以下问题：

① 安装前，必须对基床和预制件进行检查，不符合技术要求时，应予修整和清理。

② 方块装驳前，应清除方块顶面的杂物和底面的粘底物，以免方块安放不平稳。

③ 方块装驳和从驳船上吊取方块要对称地装和取，并且后安的先装放在里面，先安的后装放在外边。当运距较远，又可能遇有风浪时，装船时要采取固定措施，以防止方块之间相互碰撞。

（3）在安装底层第一块方块时，方块的纵、横向两个方向都无依托，为达到安装要求，又避免因反复起落而扰动基床的整平层，一般在第一块方块的位置先粗安一块，以它为依托安第二块，然后以第二块方块为依托，重新吊安第一块方块。

（4）《水运工程质量检验评定标准》强制性条文中对方块安装规定：安装所用构件的型号和质量必须符合设计要求。安装前，应对基床进行检查，基床面不得有回淤沉积物。空心方块安装就位稳定后应及时进行箱格内回填。

21. 答案：

（1）高桩码头主要由下列几部分组成：基桩、上部结构、接岸结构、岸坡和码头设备等。

（2）沉桩时要保证桩偏位不超过规定，应采取以下措施：

① 在安排工程进度时，避开在强风盛行季节沉桩，当风、浪、水流超过规定时停止沉桩作业。

② 要防止因施工活动造成定位基线走动，采用有足够定位精度的定位方法，要及时开动平衡装置和松紧锚缆，以维持打桩架坡度、防止打桩船走动。

③ 掌握斜坡上打桩和打斜桩的规律。拟定合理的打桩顺序，采取恰当的偏离桩位

下桩，以保证沉桩完毕后的最终位置符合设计规定，并采取削坡和分区跳打桩的方法，防止岸坡滑动和走桩。

（3）桩沉完以后，应保证满足设计承载力的要求。一般是控制桩尖标高和打桩最后贯入度（最后一阵平均每击下沉量），即“双控”。在黏性土中以标高控制为主，贯入度作校核；在砂层、强风化岩层以贯入度为主，标高作校核。必要时，进行高应变动测定桩的极限承载力。

（4）在沉桩过程中，选用合适的桩锤、合适的冲程、合适的桩垫材料，要随时查看沉桩的情况，如锤、替打、桩三者是否在同一轴线上，贯入度是否有异常变化，桩顶碎裂情况等。桩下沉结束后，要检查桩身完好情况。

22. 答案：

（1）

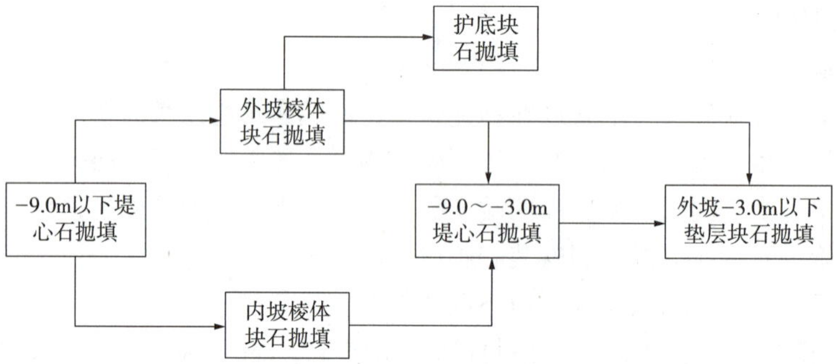

水上抛填块石施工工艺流程图

（2）

＋5.8m以下扭王字块安装由堤根往堤头（由岸向海）方向推进。

＋5.8m以上扭王字块安装则由堤头往堤根（由海向岸）方向逐段推进。

（3）

堤心石水上粗抛施工选用的船舶机械设备是自航开体驳和定位方驳。

垫层块石水上抛填施工选用的船舶机械设备是自航平板驳＋挖掘机和定位方驳。

（4）

＋5.8m标高堤心石及垫层块石顶面总宽：

$9.0+2\times\sqrt{1.5^2+(1.5\times1.5)^2}=9.0+2\times2.704=14.408m$。

外坡第一排扭王字块中心距280t履带式起重机转轴中心的最小距离（或幅度）是：

$35.204-2.704-1.8+1.0+(6.4+1.2)\div2=35.5m$。

对照280t履带式起重机（臂长48m）起重性能表：幅度36m时对应起重量是21.1t＞21t，结论是：自有280t履带式起重机能安装外坡第一排扭王字块。

（5）

① 满足施工现场船舶、设施的水深要求；

② 在施工作业区或靠近施工作业区的水域；

③ 周围无障碍物的环抱式港湾、水道；

④ 有消除或减弱涌浪的天然屏障或人工屏障的水域；

⑤ 有足够回旋距离的水域；

⑥ 泥或泥沙混合的底质；

⑦ 流速平缓；

⑧ 便于通信联系和应急抢险救助。

23. 答案：

（1）预制构件安装前，应进行下列工作：

① 测设预制构件的安装位置线和标高控制点；

② 对预制构件的类型编号、外形尺寸、质量、数量、混凝土强度、预留孔、预埋件及吊点等进行复查；

③ 检查支承结构的可靠性以及周围钢筋和模板是否妨碍安装；

④ 为使安装顺利进行，应结合施工情况，选择安装船机和吊索点，编制预制构件装驳和安装顺序图，按顺序图装驳及安装。

（2）预制构件安装时，应满足下列要求：

① 搁置面要平整，预制构件与搁置面间应接触紧密；

② 应逐层控制标高；

③ 当露出的钢筋影响安装时，不得随意割除，应及时与设计单位研究解决；

④ 对安装后不易稳定及可能遭受风浪、水流和船舶碰撞等影响的构件，应在安装后及时采取夹木、加撑、加焊和系缆等加固措施，防止构件倾倒或坠落。

（3）用水泥砂浆找平预制构件搁置面时，应符合下列规定：

① 不得在砂浆硬化后安装构件；

② 水泥砂浆找平厚度宜取 10～20mm，超过 20mm 应采取措施；

③ 应做到坐浆饱满，安装后略有余浆挤出缝口为准，缝口处不得有空隙，并在接缝处应用砂浆嵌塞密实及勾缝。

24. 答案：

（1）板桩码头建筑物主要组成部分有：板桩墙、拉杆、锚碇结构、导梁、帽梁和码头设备等。

（2）板桩码头建筑物的施工程序包括：预制和施工板桩；预制和安设锚碇结构；制作和安装导梁；加工和安装拉杆；现场浇筑帽梁；墙后回填土和墙前港池挖泥等。

（3）拉杆的安装应符合下列要求：

① 钢拉杆应在前墙后侧回填施工前进行安装；

② 如设计对拉杆的安装支垫无具体规定时，可将拉杆搁置在垫平的垫块上，垫块的间距取 5m 左右；

③ 拉杆连接铰的转动轴线位于水平面上；

④ 在锚碇结构前回填完成和锚碇结构及板桩墙导梁或胸墙的现浇混凝土达到设计强度后，方可张紧拉杆；

⑤ 张紧拉杆时，使拉杆具有设计要求的初始拉力；

⑥ 拉杆的螺母全部旋进，并有不少于 2～3 个丝扣外露；

⑦ 拉杆安装后，对防护层进行检查，发现有涂料缺漏和损伤之处，加以修补。

25. 答案：

（1）砂垫层抛填时应考虑水深、水流和波浪等自然影响因素；砂垫层的砂宜采用中粗砂，砂的含泥量不宜大于5%。

（2）软体排铺设应遵循的原则是：

软体排铺块的宽度不宜小于8m，铺块的长度应在设计长度的基础上增加一定的富余量。

软体排护底应先于堤坝施工，超前护底范围应覆盖因堤身结构施工引起流速增大的区域且不宜少于50m。

垂直堤坝轴线方向宜采取连续方式铺设，沿堤坝轴线方向宜采取搭接方式铺设。铺设方向在单向流河段宜从下游向上游铺设，在往复流河段宜逆主流铺设。

低潮时出露的部位可采用人工直接铺设；高平潮有2m水深以上区域的软体排宜使用铺排船铺设，并宜采用全球卫星定位系统和水下测控系统测量软体排的铺设轨迹、铺设位置和相邻排体搭接长度。软体排铺设过程中，排与排之间应保证有效搭接长度，软体排沿堤坝轴线方向宽度不宜突变。砂被软体排的铺设不应出现通缝。

（3）对开山石的质量要求：开山石应有适当的级配、含泥量应小于10%、不成片状、无严重风化和裂纹，最大重量可采用300kg、深水堤可用800kg。

26. 答案：

（1）水泥稳定碎石采用不同重量的压路机碾压时的每层最大压实厚度：

采用12t～15t压路机碾压时，每层压实厚度不应大于150mm；采用18t～20t压路机碾压时，每层压实厚度不应大于200mm；采用重量更大的压路机碾压时，每层压实厚度可根据试验结果适当增加。

（2）联锁块面层施工应符合的技术要求：

联锁块面层应分区铺筑。铺筑时应拉控制线，分区边线宜为5m。应从下坡向坡脊方向人字形铺筑，坡面边缘应设置边缘约束。临近各类井、路缘石等不足整块的相接处，应采用预制异形块、机械切割异形块或采用不低于C40的细石混凝土浇筑的方式进行补铺。

27. 答案：

（1）

第Ⅰ级加载结构部分的施工流程：

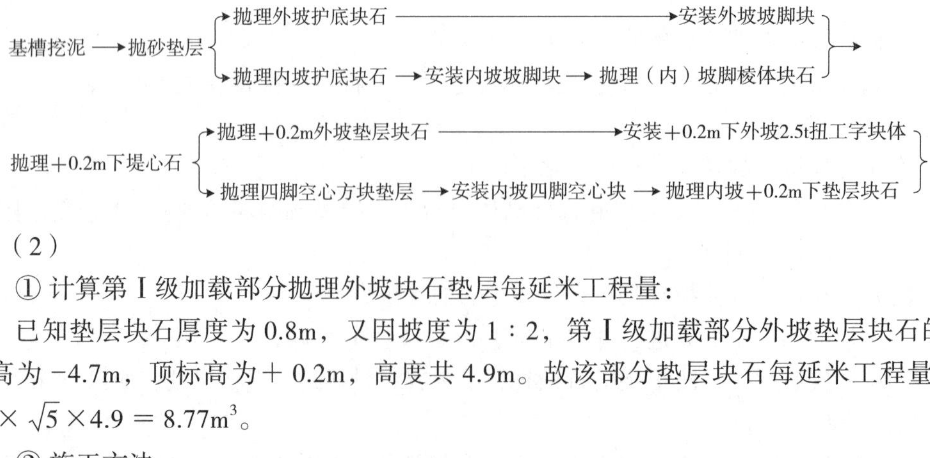

（2）

① 计算第Ⅰ级加载部分抛理外坡块石垫层每延米工程量：

已知垫层块石厚度为0.8m，又因坡度为1∶2，第Ⅰ级加载部分外坡垫层块石的底标高为－4.7m，顶标高为＋0.2m，高度共4.9m。故该部分垫层块石每延米工程量为：$0.8\times\sqrt{5}\times4.9=8.77m^3$。

② 施工方法：

+0.2m 以下垫层块石要采用水上抛石的方法施工。用船舶运载石料到施工现场驻位，用反铲或吊机等机械设备进行抛填。抛填垫层块石要分段进行，每段应从坡脚向坡顶抛石，要勤对标，勤测水深，抛填结束后还要由潜水员进行理坡。

（3）

① 第Ⅱ级加载结构部分的主要施工风险：

第Ⅱ级加载结构部分位于防波堤的水位变动区，其主要施工风险是堤心石和垫层块石在施工中易受大浪损坏。

② 施工安排应采取的措施：

在本级加载中，要根据波浪的季节性规律合理安排施工。本部分结构尽可能安排在大浪少的季节施工，施工中要根据天气预报分析波浪，采取防护措施，冬季大浪发生频率高，且有冰冻，宜停止施工，并做好停工期间的防护。

（4）项目技术管理的主要内容包括：技术策划、图纸会审、施工技术方案、技术交底、变更设计、典型施工（首件制）、测量与试验检测、技术创新、内业技术资料、交竣工验收、技术总结、技术培训与交流等。

28. 答案：

检测桩的数量应根据地质条件和桩的类型确定，宜取总桩数的 2%～5%，并不得少于 5 根，对地质条件复杂、桩的种类较多或其他特殊情况，宜取上限。

当进行桩的轴向抗压极限承载力检测时，检测桩在沉桩、成桩后至检测时的间歇时间，对黏性土不应少于 14d，对砂土不应少于 3d，对水冲沉桩不应少于 28d。

高应变检测专用重锤应整体铸造、材质均匀、形状对称、锤底平整，高径比或高宽比不得小于 1，进行承载力检测时，锤的重量应大于预估单桩竖向抗压极限承载力的 1.0%。除导杆式柴油锤、振动锤外，筒式柴油锤、液压锤、蒸汽锤等具有导向装置的打桩机械均可做为锤击设备。

检测桩顶面应平整，桩顶高度应满足锤击装置的要求，桩头应能承受重锤的冲击，对已受损或其他原因不能保证锤击能量正常传递的桩头应在检测前进行处理。

29. 答案：

（1）牺牲阳极的布置应使被保护钢结构的表面电位均匀分布，宜采用均匀布置。

（2）牺牲阳极的安装顶高程与设计低水位的距离不小于 1.2m。

（3）牺牲阳极的安装底高程与海泥面的距离不小于 1.0m。

（4）牺牲阳极与被保护钢结构之间的距离不宜小于 100mm。

30. 答案：

（1）确定施工方案前应搜集处理区域内的岩土工程资料，主要应包括：填土层的厚度和组成；软土层的分布范围、分层情况；地下水的水位及 pH 值；土的含水率、塑性指数和有机质含量等参数。

（2）施工前，施工现场应整平，必须清除地上和地下的障碍物。当遇有明沟、池塘和洼地时，应排水并清淤回填，回填土料应压实，回填土料应满足水泥搅拌桩法施工要求。

（3）施工前应通过工艺性试桩确定施工参数。单轴搅拌桩每种工艺参数试桩数量不少于 3 根；双轴或三轴搅拌桩试桩数量不少于 2 根。

31. 答案：

7m 在原地面（＋5.0m）以上最终堆载高 7m，对原地面（＋5.0m）的荷载为 112kPa；

$16\times h-16\times 2=80$，$h=7$m。

加固完成后，卸载至＋6.0m（设计使用标高）；＋6.0m 地面的预压荷载为 $16\times 5=80$kPa。

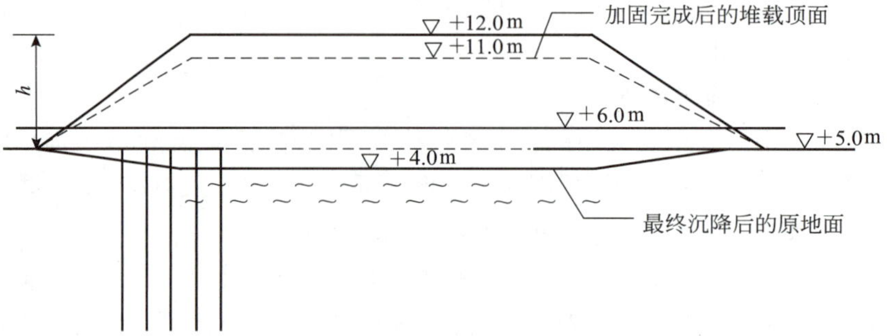

结构示意图

原地面＋5.0m 沉降至＋4.0m，其有效使用荷载为 80kPa。如前图所示。

32. 答案：

将土工织物铺设于软基上所建斜坡堤的堤基表面，应用土工织物的功能及作用如下：

（1）加筋功能：起到减少堤基的差异沉降和侧向位移，提高堤基整体稳定性的作用；

（2）排水功能：在土工织物层以上堤身荷载的预压作用下，织物层下软基中的水沉织物层排除，加速了堤下软基的固结；

（3）隔离作用：将堤身的抛填料（块石、充填砂袋等）与堤基软土隔离开，避免两种材料的互混，免得堤心块石等陷入软基中，节省了堤心料，同时又防止了软土挤入堤心料中降低抗剪强度，提高堤身的整体稳定性；

（4）防护作用：堤底铺设土工织物软体排，对铺设范围内的水下基底起到防冲刷的护底作用。

33. 答案：

（1）架空段结构基础施工应符合的主要技术规定：

独立基础混凝土应按台阶分层连续浇筑，每一台阶浇筑后宜稍停 0.5～1.0h，初步沉实后再浇筑上一台阶。条形基础混凝土宜一次连续浇筑，需分段浇筑时，施工缝应留设在结构受力较小处。筏形基础混凝土可一次连续浇筑或分块浇筑，分块浇筑时，施工缝宜留设在结构受力较小处，且不应留设在柱脚范围。桩基墩台、桩基条形基础施工前，应对桩基位置、桩顶高程、桩头完整情况等进行检查及相应处理。

（2）船台板结构施工应符合的主要技术规定：

碎石垫层应采用级配良好的碎石，垫层的厚度和压实度应满足设计要求。船台板混凝土结构的施工应按设计板块划分进行，板缝的形式、构造和宽度应满足设计要求。

船台板混凝土的浇筑应满足下列要求：

① 同一板块混凝土应分层连续浇筑，不得斜层浇筑。采用台阶推进施工时，分层

台阶的宽度不宜小于 2m。

② 在斜基面上浇筑时，应从低处开始浇筑，浇筑面宜呈水平。

③ 底板顶面宜进行二次振捣和二次压面，表面拉毛应均匀。

34. 答案：

（1）管涌是指在一定渗透力作用下，土体中的细颗粒沿着骨架颗粒所形成的孔隙通道移动或被渗流带走的现象。管涌主要发生在砂性土中。

（2）流沙（土）是指在一定渗透力作用下，土体中颗粒同时起动而流失的现象。在黏性土中流土常表现为土体的隆胀、浮动、断裂等现象；在非黏性土中流沙表现为砂沸、泉眼群、土体翻滚，最终被渗流托起等现象。

（3）管涌与流沙（土）防治的基本方法有：土质改良、截水防渗、人工降低地下水位和出逸边界措施。

35. 答案：

（1）施工单位没有违约行为，停工损失可以向建设单位索赔。

（2）施工单位可以要求按照原报表的工程量支付。因为监理应在收到报表后 3d 内审核签认，逾期则可视为已被监理确认。

（3）建设单位的要求不合理。履约保证金的期限应以工程竣工验收合格为截止日期。3% 的质保金才是 1 年保修期的责任担保金。

36. 答案：

（1）水下炮孔堵塞应确保药柱不浮出钻孔外，还应满足：

① 选用砂或粒径小于 2cm 卵石、碎石堵塞，堵塞长度不小于 0.5m。

② 对水击波防护要求较高水域施工采取砂石混合堵塞。

③ 流速较大水域炮孔堵塞长度不小于 0.8m。

（2）水下礁石有覆盖层时，应采取护孔管隔离措施，覆盖层超过 1m 时，先清除覆盖层，再进行钻孔作业。

（3）抓斗船水下清渣应符合下列规定：

① 清渣施工顺序宜采用从深水到浅水、分条、分段顺水流开挖，在流速较缓水域、潮汐河段清渣时也可采用逆流施工。

② 水下清渣开挖分条宽度不应大于挖泥船宽度和抓斗作业半径，条与条之间开挖搭接宽度宜为 2～3m；分段开挖长度应根据挖泥船布设锚缆位置确定。

③ 施工过程中应根据挖斗大小和岩层厚度分层开挖，分层厚度宜为抓斗高度的 1/4～1/3。

④ 宜采用顺序排斗，抓出堑口后依次向前挖。

⑤ 在流速较大的水域施工时，应注意抓斗漂移对下斗位置和挖深的影响，可根据抓斗漂移情况确定斗绳上的标注挖深值。

⑥ 采用卫星定位系统测量定位，设施工导标时，导标夜间灯光应与航标灯光有所区别。

37. 答案：

（1）生态袋填充与垒放应分别符合下列规定：

① 生态袋填充料的配比应满足设计要求，充填时应保证充填的饱满度和平整度，

袋口扎口后袋体外形宜为矩形立方体，其宽度、厚度应不小于设计值。

② 生态袋垒放时，应当按坡度设置样架分层挂线施工，上下层袋体应错缝排列、压实，标准扣骑缝放置，互锁结构稳定。

（2）钢丝石笼生态护岸种植土覆盖和植被栽种应符合下列规定：

① 石笼面层覆盖的土质、厚度应满足设计要求，宜选择耕植土，并除去杂草杂物。

② 种植土应分层铺设，底层覆土厚度宜为70～100mm，应在部分土粒落入卵石缝隙后撒种草籽、覆盖面层土。

③ 草籽播种宜选择早春温度上升时进行，植物应有足够的发芽温度和生长期，应考虑洪水影响。

④ 草籽发芽后，应及时浇水灌溉、追加肥料，洒水养护时间不宜少于20d。遇低温天气宜采取薄膜覆盖等保温措施。

（3）木排桩生态护岸施工前、沉桩时和沉桩后应分别符合下列规定：

① 施工前，应对桩轴线进行放样，桩轴线位置应满足设计要求。

② 沉桩时，应保证木桩入土时的垂直度和沿岸线方向的平直度，木桩入土深度和间距应满足设计要求。

③ 沉桩后，应对桩位和桩顶高程进行复核。

④ 沉桩后，排桩绑扎、桩后回填土方高程应满足设计要求。

38. 答案：

（1）采用陆上端进法抛筑坝芯石时，坝根的浅水区可一次抛到设计高程，坝身和坝头可根据水深、地基承载力、水流和波浪情况一次或多次分层抛填至设计高程。

（2）浆砌石坝面施工应符合下列规定：

① 浆砌块石坝面宜在坝体稳定后进行施工。

② 石料的规格、质量应满足设计要求，材质坚实，无风化剥落层或裂纹，石材表面无污垢、杂质。

③ 砌筑前，应将砌体外石料表面的泥垢冲净，砌筑时应保持砌体表面湿润。

④ 砌筑时块石宜坐浆卧砌，应平整、稳定、错缝、内外搭接。

⑤ 石块间不得直接接触；不得有空缝。

⑥ 浆砌坝面块石的长边应垂直于坡面，块石长边尺寸不宜小于护面层的厚度。

39. 答案：

（1）航道整治建筑物按形式可划分为丁坝、顺坝、锁坝、平顺护岸、导堤及鱼嘴等。

（2）沙质浅滩的整治方法：

① 整治过渡段浅滩，应固定和加高边滩，调整航道流速，集中水流冲刷航槽。

② 整治弯道浅滩，应规顺岸线，调整过小的弯曲半径。

③ 整治汊道浅滩，应在慎重选汊的前提下，采取工程措施稳定或调整汊道间的分流比，改善通航汊道的通航条件。

④ 整治散乱浅滩，应采取固滩、筑坝和护岸等措施改善滩槽形态，集中水流，稳定中枯水流路。

⑤ 整治支流河口浅滩，应采取适当的措施减小汇流角，改善汇流条件，增大浅区冲刷能力。

（3）石质浅滩的整治方法：

① 整治石质浅滩应根据有无泥沙冲淤变化情况，采取开槽或筑坝措施。

② 石质浅滩开挖后，当水面降落造成不利影响时，宜在浅滩下游筑丁坝或潜坝壅水。

40. 答案：

（1）三维钢丝网垫坡面施工应符合下列规定：

三维钢丝网垫一般采用人力铺设的方式，应按平整坡面、放样、铺网和回填土等工序依次完成。

① 应根据设计要求对坡面杂物进行清除，对局部凹凸不平的坡面进行整平。

② 应对每卷三维钢丝网垫的位置进行放样，并打设放样桩。

③ 三维钢丝网垫铺设时，应使其与坡面贴附、防止悬空，且保持平整、不产生褶皱。两块三维钢丝网垫之间的搭接宽度应满足设计要求，上游三维钢丝网垫应铺设在下游三维钢丝网垫之上，三维钢丝网垫及其搭接部位应使用不小于 ϕ8mm 的钢筋做成“U”型钉进行锚钉。施工过程中严禁人员在三维钢丝网垫上踩踏和行驶车辆或机械等。

④ 回填的覆土宜选用肥沃表土，应分层多次回填、且洒水浸润。

（2）铰链排护底施工应符合下列规定：

① 排体铺设应根据施工区域的水深、流速大小以及排体幅宽选择合适的专用沉排船机设备。

② 排体铺设宜按自下游往上游、从河岸往河心的先后顺序逐段铺设。

③ 排体铺设时应对入水轨迹进行实时监测，发现异常应及时调整船位。

41. 答案：

（1）土工织物软体排系结混凝土压载块施工应符合下列规定：

① 混凝土压载块系结前应进行检查，发现损坏应及时更换；其绑系方式应满足设计要求，且系结牢靠，不得松脱。

② 系结混凝土压载块之间填塞碎石前应调整混凝土块的位置。同一检验区域内块体摆放应缝隙均匀、横平竖直。

③ 缺角、断裂等质量不合格的混凝土压载块禁止使用，对已经破损的混凝土压载块应及时更换。废弃的混凝土压载块及其他施工弃料应及时清理，不得在护滩工程区及周边 50m 范围内弃料。

（2）不符合检验程序，因为分项工程的质量检验应在分项工程完工后或下道工序覆盖上道工序前，由施工单位分项工程技术负责人组织自检，并填写“分项工程质量检验记录表，自检合格后报监理单位，监理工程师组织施工单位专职质量检查员进行检验与确认。”

（3）单位工程的质量检验应在单位工程完工后由施工单位组织自检，填写“单位工程质量检验记录表”，自检合格后，报监理单位，并向建设单位提交单位工程竣工报告。

42. 答案：

（1）主要包括滩面整平、排垫铺设、混凝土压载块绑系、混凝土压载块位置调整以及填缝处理等工序。

（2）排垫铺设方向应满足设计要求。设计无要求时，其铺设方向宜垂直护滩带轴线，自下游向上游铺设，搭接处上游侧的排体应压住下游侧的排体。

（3）透水框架陆上施工应符合下列规定：

① 施工前工程区域的滩面宜进行平整，不得出现局部深坑、陡坎及明显凸起。

② 透水框架可叠加摆放，叠加层级不宜超过 3 层。

③ 透水框架应按设计要求的行距依序摆放，相邻两排透水框架宜错位摆放，顺水流方向不得形成连续的过流通道。

43. 答案：

（1）砂枕缝制、充填应符合下列规定：

① 砂枕缝制前应进行检测，其材料的质量、抗拉强度、孔径、透水性和保土性能等指标应满足设计要求。

② 砂枕缝制后应检查砂枕尺寸、拼接缝形式和缝合强度，其指标应满足设计要求。

③ 土工织物充灌口数量宜根据袋体尺寸、填料粒径和充填能力确定。充填完成后，充灌口应封闭。

④ 砂枕充填宜采用泥浆泵充填，充填物技术指标应满足设计要求，砂枕充填饱满度不应大于 80%，充填后应排水密实。

（2）抛枕施工船舶选用应考虑的因素有：砂枕规格、水深、流速、风浪等。

（3）抛枕施工应遵循的顺序是：宜自下游向上游、先深水后浅水的顺序进行。

44. 答案：

（1）凿岩锤应根据吊机或抓斗机提升能力、岩石等级确定。本工程凿岩锤宜选用楔状凿岩锤或梅花锤。

（2）凿岩锤落锤高度宜为 2～3m；凿击点间距宜为 1.5～2.0m、接近设计底高时落点距宜加密为 1m；凿岩与清渣施工循环作业深度宜为 0.2～0.8m。凿击点布置宜为等边三角形。

（3）凿岩锤施工时应控制垂直自由下落高度，避免发生凿岩锤落底前钢缆突然受力导致钢丝绳互绞。

45. 答案：

（1）根据泥舱装载土方量计算公式求得装舱量为：

$$Q_1 = \frac{G - r_w Q}{r_s - r_w} = \frac{7500 - 1.025 \times 5000}{1.85 - 1.025} = 2879\text{m}^3$$

（2）影响挖泥船时间利用率应考虑下列主要客观因素：

① 强风及其风向情况，风的影响主要限于高速风引起的水面状况造成操作上的困难。

② 当波高超过挖泥船安全作业的波高时，应停止施工作业。

③ 浓雾，当能见度低，看不清施工导标或对航行安全不利时，应停止施工。

④ 水流，特别是横流流速较大时，对挖泥船施工会造成影响。

⑤ 冰凌，当冰层达到一定厚度值时，挖泥船就不宜施工。

⑥ 潮汐，在高潮位时，挖泥船可能因其挖深不够需候潮。而当低潮位时有可能使疏浚设备搁浅也需候潮。

⑦ 施工干扰，如避让航行船舶等。

46. 答案：

（1）

疏浚砂性土类应按工程特性分为松散（6级）、中密（7级）、密实（8级）共3级，级别划分应以标准贯入击数和天然重度为判别指标，以相对密度为辅助指标，本工程的密实中粗砂属于密实（8级）土。

（2）

① 分层挖泥的厚度应根据土质和挖泥船绞刀的性能确定。

② 密实中粗砂宜取绞刀直径的1.0～2.0倍；强风化岩宜取绞刀直径的0.3～0.75倍。

47. 答案：

（1）本工程① 流动性淤泥宜选用冲刷型耙头、② 软黏土宜选用挖掘型耙头、③ 密实砂宜选用主动挖掘型耙头。

（2）本工程① 流动性淤泥应选用挖泥对地航速为2.0～2.5kn、② 软黏土应选用挖泥对地航速为3.0～4.0kn、③ 密实砂应选用挖泥对地航速为3.0～4.0kn。

（3）本工程自航耙吸挖泥船施工工艺流程为：空载航行至挖泥区，减速后定位上线下耙挖泥，通过离心式泥泵将耙头搅松的泥土吸入泥舱内，满舱后起耙，航行至抛泥区后，开启泥舱底部的泥门抛泥，然后空载航行至挖泥区，进行下一循环的挖泥施工。

48. 答案：

（1）吹填容积量可以采用断面面积法、平均水深法、不规则三角法或网格法等方法计算。

（2）吹填区排泥管线的间距应根据设计要求、泥泵功率、吹填土的特性、吹填土的流程和坡度等因素确定。

（3）工程完工后吹填平均高程允许有正负偏差，高程平均允许偏差值为 ±0.15m。

49. 答案：

（1）接力泵站设置位置选择应符合下列要求：

① 接力泵吸入口压力较低且不得小于0.1MPa。

② 地基稳定性好，承载力足够。

③ 满足泵站设备运输要求，水、电满足需求。

④ 减少施工噪声等对周边环境的不利影响。

（2）接力泵施工应符合下列要求：

① 接力泵前端应设空气释放阀、真空压力表和放气阀，排出端应设压力表。

② 各接力泵站和被接力船舶系统内部应建立可靠的通信联络系统，并同时具备两种及以上的通信手段，其中至少有一种为非公用自备系统。

③ 各接力泵与被接力船舶系统内部组成的系统中各设备的启动和工作参数调整等应统一协调。

④ 系统停止工作前应从最后一级接力泵开始逐级、逐时向前降低泥泵转速；系统

停泵应从最后一级接力泵开始，每停一泵稍作停顿待系统工作稳定后再逐级向前停泵。

50. 答案：

（1）计算抓斗挖泥船小时生产率需要考虑的参数包括：每小时抓取斗数、抓斗容积、土的搅松系数和抓斗充泥系数。

（2）施工分层厚度确定的原则为：分层的厚度要根据土质、抓斗高度、斗重、张斗的宽度等因素确定。因本工程选用 8m^3 抓斗挖泥船施工，因此，分层厚度宜取 1.5～2.0m。

（3）抓斗挖泥船的抓斗分为轻型平口抓斗、中型抓斗、重型全齿抓斗和超重型抓斗共四种。轻型平口抓斗适用于淤泥土类、软塑黏土和松散砂；中型抓斗适用于可塑黏土和中等密实砂；重型全齿抓斗适用于硬塑黏土、密实砂和中等密实碎石；超重型抓斗适用于风化岩和密实碎石。

51. 答案：

（1）泥舱的载泥量

根据泥舱装载土方量计算公式：

$$Q=\frac{7500-1.025\times5000}{1.85-1.025}=2879\mathrm{m}^3$$

泥舱载泥量为 2879m^3。

（2）计算生产率：

$$T=\frac{2879}{\dfrac{20}{9\times1.852}+\dfrac{20}{11\times1.852}+\dfrac{50}{60}+\dfrac{10}{60}}=905\mathrm{m}^3/\mathrm{h}$$

（3）

① 耙吸挖泥船的主要技术性能有：

具有自航、自挖、自载、自抛和自吹的性能，挖泥作业时处于船舶航行状态，耙吸挖泥船通过耙头以及各种耙齿，运用高压水冲等方法，能够挖掘水下的黏土、密实的细沙，以及一定程度的硬质土和含有相当数量卵石、小石块的土层。

耙吸挖泥船的主要技术参数有舱容、挖深、航速、装机功率等。小型耙吸挖泥船舱容仅有几百立方米，大型耙吸挖泥船舱容已达 46000m^3，最大挖深已超过 155m。

② 主要优缺点：

优点有：挖泥作业不需占用大量水域，无需封闭航道，对在航道中航行的其他船舶影响小；自航调遣十分方便，自身能迅速转移至其他施工作业区；航行状态下挖泥作业，能适应比较恶劣的海况。

缺点有：由于航行状态下挖泥作业，挖掘土层的平整度较差，超挖土方比其他类型的挖泥船要多。

52. 答案：

（1）管内泥浆平均浓度计算：

$$\rho=\frac{r_{\mathrm{m}}-r_{\mathrm{w}}}{r_{\mathrm{s}}-r_{\mathrm{w}}}\times100\%=\frac{1.2-1.025}{1.85-1.025}\times100\%=21\%$$

（2）输送生产率计算：

流量计算：$Q = \pi R^2 V = 3.14 \times 0.35^2 \times 5 \times 3600 = 6924 m^3/h$；

$W = Q \times \rho = 6924 \times 21\% = 1454 m^3/h$。

（3）挖掘系数计算：

根据挖掘生产率公式：$W = 60KDTV$

挖掘系数：

$$K = \frac{W}{60DTV} = \frac{1454}{60 \times 1.5 \times 2 \times 10} = 0.81$$

（4）时间利用率计算：

挖泥时间计算：

$$T_1 = \frac{500000}{1454} = 343h$$

$$S = \frac{T_1}{T_1 + T_2} = \frac{343}{343 + 200} = 63\%$$

53. 答案：

（1）名称：

A：坡顶明沟（或浆砌石坡顶明沟）；B：脚槽（或脚槽砌石）；C：枯水平台。

施工流程图如下：

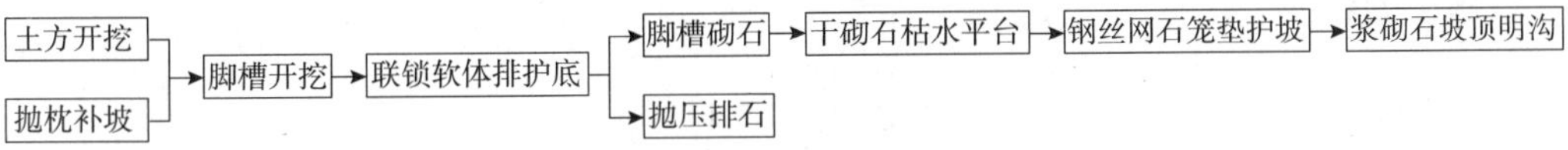

（2）护岸工程沉排宜采用垂直岸线，从河岸往河心，自下游往上游方向进行铺设；允许偏差值为 $\pm 0.5B = 0.5 \times 6 = 3m$

（3）1 + 700 断面排体撕裂处补排纵向搭接长度最小应为 15m。

理由如下：因撕排处原始地形高程 16.5m，补排当日，根据 10 月份施工区实测水位过程线，20 日水位高程约为 28.2m，水深 $28.2 - 16.5 = 11.7m$。根据《航道整治工程施工规范》JTS 224—2016，沉排过程中出现排体应从撕排处起算，水深在 $10m \leq h < 15m$ 时，补排最小纵向搭接长度 15m。

（4）本工程沉排施工排头固定宜采用：

① 直接埋入枯水平台内侧的脚槽内。

② 在稳定的岸坡打入木桩，并采用绳索固定。

③ 1 + 700 断面处补排施工时，因远离岸坡，补排排头宜采用系排梁固定。

（5）① 水运工程质量安全督查分类：专项督查；综合督查。② 抽检指标项有：软体排缝制偏差；压载物厚度或数量。

54. 答案：

（1）驻船水域水深满足挖泥船满载吃水要求，水域宽度不低于 2 倍船长。

（2）艏喷施工应符合下列要求：

① 进点时控制航速并提前抛艏锚，有条件时抛艉锚辅助定位。

② 先打开引水阀门吹水，再打开抽泥舱内疏浚土门抽取砂。

③ 泥门按顺序启闭，开启的泥门处泥沙接近抽尽时开启下一组泥门，随后关闭原

开启的泥门，双列泥门左右对称成对启闭。

④ 施工过程中根据流量和浓度调节引水阀门，保持引水阀门与泥门启闭的协调，避免舱内泥砂经引水通道流出船外。

⑤ 施工过程中，根据真空、流量、浓度和压力等变化情况，对泥泵转速、泥门开启数量和引水阀开度进行调节。

⑥ 根据水流、潮流、风向、水深及挖泥船操纵要求选择就位点。

⑦ 根据施工工况选取合理的喷嘴尺度、喷射角度和泥泵转速。

55. 答案：

（1）确定挖泥船的斗速

根据链斗挖泥船的生产率计算式：

$$W=\frac{60ncf_{\mathrm{m}}}{B}$$

计算斗速为：

$$n=\frac{WB}{60cf_{\mathrm{m}}}=\frac{480\times1.2}{60\times0.5\times0.6}=32\text{ 斗 /min}$$

（2）确定本工程的施工天数

挖泥运转时间：800000/480 = 1666h

施工天数：

$$\frac{1666}{0.6\times24}=116\mathrm{d}$$

（3）链斗挖泥船基本原理

链斗挖泥船一般在船体的首部或尾部中央开槽部位安装由斗桥、斗链和泥斗所组成的挖泥机具。在疏浚作业中，将斗桥的下端放入水下一定深度，使之与疏浚土层相接触。然后在斗桥下端的上导轮驱动下，使斗链连续运转，通过斗链上安装的各个泥斗，随斗链转动而对土层的泥沙进行挖掘。泥沙经挖掘后装入泥斗，再随斗链转动沿斗桥提升出水面，并传送至上端的斗塔顶部。当泥斗到达斗塔顶部，经过上导轮而改变方向后，斗内的泥沙在自身的重力作用下，从泥斗倒入斗塔中的泥井。倒入泥井的泥沙经过两边的溜泥槽排出挖泥船的舷外，倒入泥驳之中。

56. 答案：

（1）抓斗挖泥船的分条最大宽度不得超过抓斗吊机的有效工作半径的 2 倍；在浅水区施工时，分条最小宽度应满足挖泥船作业和泥驳绑靠所需的水域要求；在流速大的深水挖槽施工时，分条的挖宽不得大于挖泥船的船宽。

（2）抓斗挖泥船分层厚度应根据土质、抓斗斗高及张斗宽度等因素确定。

（3）淤泥质土选用斗容较大的轻型平口抓斗；可塑黏土选用中型抓斗；硬黏土选用重型全齿抓斗。

57. 答案：

（1）分条宽度应根据当时挖深条件下铲斗的回转半径和回转角确定，挖硬土时回转角宜适当减小，挖软土时宜适当增大。

（2）采用挖掘与提升铲斗同步挖掘法施工。

（3）针对本工程土质宜配备小容量带齿铲斗。

58. 答案：

上底宽 $B_1 = 50 + 2\times(5\times2 + 4) = 78m$；

下底宽 $B_2 = 50 + 2\times(4-0.5\times2) = 56m$；

断面面积 $A = (5 + 0.5)\times(78 + 56)/2 = 368.5m^2$；

工程量 $V = 368.5\times100 = 36850m^3$。

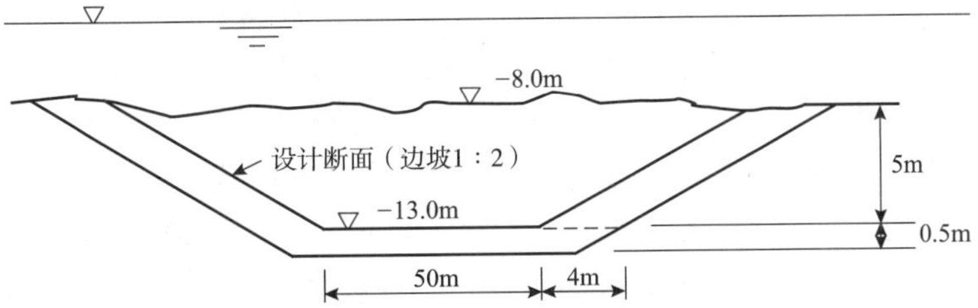

59. 答案：

（1）本工程① 松散砂宜选用前端直径较大的冠形平刃绞刀、② 密实砂宜选用前端直径较小的冠形可换齿绞刀并配凿形齿、③ 强风化岩宜选用锥形绞刀并配尖齿。

（2）本工程挖泥船开工展布工作应包括定船位，抛锚，架设水上、水下及岸上排泥管线等。

（3）本工程分条宽度确定原则为：① 正常情况下分条的宽度等于钢桩中心到绞刀前端水平投影的长度；② 坚硬土质或在高流速地区施工，分条的宽度适当缩小；③ 土质松软或顺流施工时，分条的宽度适当放宽。

分层挖泥的厚度为：松散砂为绞刀直径的 1.5～2.5 倍；密实砂为绞刀直径的 1.0～2.0 倍；强风化岩为绞刀直径的 0.3～0.75 倍。

60. 答案：

（1）本工程所采用的联合施工方式的适用条件有：取砂区具备耙吸挖泥船取砂条件，具备运砂通道、吹填区附近设置储泥坑且该区受风浪水流影响较小。

（2）本工程所采用的联合施工方式的特点有：

① 优点：取砂区风浪适应能力强；不受运距限制；施工能力强，能适应高强度施工。

② 缺点：对运砂通道要求高；储砂坑规格大，受流速限制；抛砂扩散易影响周边水域。

61. 答案：

（1）干船坞的主要组成结构包含坞室、坞口、翼墙、水泵房、减压排水设施及附属设施等。

（2）坞口底板与坞门槛施工应符合的技术规定：

① 坞口底板与坞门槛混凝土的闭合块应按设计和施工方案要求进行设置和处理。浇筑闭合块的间隔时间从底板混凝土浇筑完成日期起不宜少于 45d，且两侧的坞门墩已完成，并宜选择在气温较低时进行施工。

② 坞门槛前沿应按设计要求预留坞口止水镶面的二期混凝土施工凹槽。

③ 坞门轴预埋件的构造应满足设计和坞门安装的要求，预埋时应采用可靠的定位

措施。

④ 现浇坞口底板和门槛的允许偏差应符合规范要求。

62. 答案：

（1）由两个或两个以上法人或者其他组织组成一个联合体，以一个投标人的身份共同投标称为联合体投标。

（2）联合体各方均应当具备承担招标项目施工的相应能力；国家有关规定或者招标文件对投标人资格条件有规定的，联合体各方均应具备规定的相应资格条件。由同一专业的单位组成的联合体，按照资格等级较低的单位确定资格等级。

（3）由于联合体是由一级与二级港口与航道专业资质的两个施工单位所组成，根据规定，该联合体的资质等级只能按照资格等级较低的单位确定资格等级，故该联合体为二级港口与航道专业资质，根据港口与航道工程施工企业资质管理的有关规定：二级企业可承担沿海 3 万吨级以下的码头，而本工程为承建三个 2.5 万吨级泊位的码头，故在其资质等级范围内，根据其资质，业主能接受该联合体参加投标。

63. 答案：

（1）公路水运建设工程质量事故分为：特别重大质量事故、重大质量事故、较大质量事故和一般质量事故四个等级。

本工程的质量事故属于一般质量事故；因为，本工程造成直接经济损失 150 万元，介于造成直接经济损失 100 万元以上 1000 万元以下之间。

（2）施工单位未按规定对原材料、混合料、构配件等进行检验的，依照《建设工程质量管理条例》第六十五条规定，责令改正，按以下标准处以罚款：

① 未造成工程质量事故的，处 10 万元以上 15 万元以下的罚款。

② 造成工程质量事故的，处 15 万元以上 20 万元以下的罚款。

64. 答案：

（1）振冲密实法施工可采用功率为 30～180kW 的振冲器。施工前应严格检查振冲器的绝缘性能，并通过现场试验确定供水系统水压及流量、振密电流和留振时间等参数。

（2）粉土地基处理宜采用围打法，靠近码头前沿区施工时，应按背离码头的方向推进。

（3）成孔贯入时水压宜为 200～600kPa，水量宜为 200～400L/min，振冲器下沉速率宜为 1.0～2.0m/min。

（4）成孔后孔内每次填料厚度不宜大于 500mm，每层填料最终振密电流和留振时间应满足设计要求。

（5）每层填料量、最终振密电流和留振时间应进行记录。

（6）对不符合规定要求的振冲点，应重新振冲密实或采取其他有效的补救措施。

（7）成桩后顶部松散桩体应按设计要求进行处理。

（8）施工现场应事先设置泥水排放系统和沉淀池，沉淀池内上部清水可重复使用，泥水的排放应符合相关的环保要求。

（9）施工过程中应对场地地面高程变化、裂缝等进行监测，监测断面宜为 50～100m，必要时应对施工过程的深层水平位移、孔隙水压力和水位进行观测。

65. 答案：

（1）在履行合同过程中发生的下列情形属发包人违约：

① 发包人未能按合同约定支付预付款或合同价款，或拖延、拒绝批准付款申请和支付凭证，导致付款延误的。

② 发包人原因造成停工的。

③ 监理人无正当理由没有在约定期限内发出复工指示，导致承包人无法复工的。

④ 发包人无法继续履行或明确表示不履行或实质上已停止履行合同的。

⑤ 发包人不履行合同约定的其他义务的。

（2）工期索赔通常可采用的分析方法：网络分析方法、比例类推法和其他方法。

（3）索赔费用的主要内容：人工费、材料费、船机使用费、分包费用、现场管理费、财务费用、上级管理费、税金和其他。

66. 答案：

（1）该工程可按以下划分单位工程：根据《水运工程质量检验标准》JTS 257—2008的规定，可划分为四个单位工程（码头每个泊位为一个单位工程，引桥850m也可划为一个单位工程）。

（2）分项工程质量检验应在工序交接验收的基础上，由该分项工程技术负责人组织有关人员进行自检，自检合格后报监理单位监理工程师组织施工单位专职质量检查员进行检验确认。

（3）分项工程质量合格的标准是：

① 分项工程所含验收批质量均应合格，且质量记录完整；

② 当分项工程不划分验收批时，其主要检验项目全部合格；一般检验项目应全部合格。其中允许偏差的抽检合格率应≥80%，其中不合格的点最大偏差值，对于影响结构安全和使用功能的，不得大于允许偏差值的1.5倍。

67. 答案：

（1）施工安全风险评估工作包括：前期准备、现场调查、总体风险评估、专项风险评估、风险评估报告编制和风险评估报告评审等六个步骤。

（2）总体风险评估是以工程项目或具有独立使用功能的主体结构、作业单元为评估对象，根据工程特点、施工环境、地质条件、气象水文、资料完整性等，评估其施工的整体风险，确定风险等级并提出控制措施建议。

专项风险评估是以作业活动或施工区段为评估对象，根据其施工技术复杂程度、施工工艺成熟度、施工组织便利性、施工环境条件匹配性以及类似工程事故案例等，进行风险辨识与风险分析、风险估测，确定风险等级，提出相应的风险控制措施建议。

（3）总体风险评估和专项风险评估等级均分为四级；均是低风险（Ⅰ级）、一般风险（Ⅱ级）、较大风险（Ⅲ级）、重大风险（Ⅳ级）。

68. 答案：

（1）项目综合应急预案是建设单位为应对项目可能发生的各种生产安全事故而制定的总体工作方案。

合同段施工专项应急预案是施工单位为应对单位工程、分部分项工程施工中某一种或者多种类型的生产安全事故而制定的专项应对方案，重点规范应急组织机构以及应急救援处置程序和措施。

现场处置方案是施工单位根据不同生产安全事故类型，针对具体部位、作业环节和设施设备等制定的应急处置措施，重点分析风险事件，规范应急工作职责、处置措施和注意事项，应突出班组自救互救与先期处置的特点。

（2）应急预案编制的步骤为：① 编制工作小组成立、② 资料收集、③ 风险评估、④ 应急资源调查、⑤ 应急预案编制、⑥ 应急预案评审、⑦ 应急预案发布。

（3）合同段施工专项应急预案应包括的内容有：适用范围、风险事件描述、应急组织机构、处置程序、处置措施、应急预案管理。

69. 答案：

（1）分项工程技术交底主要包括：

作业标准、施工规范及验收标准、工程质量要求；施工工艺流程及施工先后顺序；施工工艺细则、操作要点及质量标准、环保要求；质量问题预防及注意事项；施工技术措施和安全技术措施；重大危险源、出现紧急情况下的应急救援措施、紧急逃生措施、环境保护措施等。

（2）危险性较大工程专项施工方案应当包括：

① 编制依据：法律依据（包括相关法律、法规、规范性文件、标准等）、项目文件（包括施工合同、勘察文件、施工图纸及其他技术文件）、施工组织设计、施工安全风险评估报告等。

② 工程概况：工程基本情况、工程地质与水文气象、周边环境、施工平面及立面布置、施工要求和技术保证条件、风险辨识与分级、相关参建单位。

③ 施工计划：包括施工进度计划、劳动力计划、材料与设备计划、安全生产费用使用计划。

④ 施工工艺技术：技术参数、标准化工序工艺流程、施工方法及操作要求、检查要求等。

⑤ 安全保证措施：组织保障（包括安全组织机构、安全保证体系及相应人员安全职责等）、技术保证措施、检查与验收、监测监控措施、应急处置措施等。

⑥ 质量保证措施：质量目标、工程创优规划、质量保证体系、质量控制程序与具体措施等。

⑦ 环境保证措施：环境保护组织机构、环境保护及文明施工措施等。

⑧ 施工管理人员配备及分工：施工管理人员、专职安全生产管理人员、特种作业人员、其他作业人员等。

⑨ 验收要求：验收标准、验收程序、验收内容、验收人员等。

⑩ 其他资料：计算书及相关图纸。

70. 答案：

（1）沿海港口的水工建筑物工程的建筑工程费中的“其他直接费”包括：安全文明施工费、临时设施费、冬季雨季及夜间施工增加费、材料二次倒运费和施工辅助费。

（2）疏浚与吹填工程的建筑工程费中的“其他直接费”包括：安全文明施工费、卧冬费、疏浚测量费和施工浮标抛撤及使用费。

71. 答案：

（1）概算扩大系数的使用应符合下列规定：

① 应根据工程的设计深度、结构及施工条件的复杂程度等因素合理确定扩大系数。

② 对于码头、直立式防波堤、直立式护岸、海上孤立建（构）筑物、船坞、船台、滑道等工程，概算扩大系数按 1.02～1.05 确定。

③ 对于栈引桥、斜坡式引堤、斜坡式防波堤、斜坡式护岸、其他水工及陆域建（构）筑物等工程，概算扩大系数按 1.01～1.03 确定。

④ 大型土石方工程不计概算扩大系数。

（2）还应满足下列要求：

① 运输距离 50km 以内的，按相应增运距定额计价。

② 运输距离超过 50km 时，超出部分按增运距定额乘以 0.75 系数计算，全程按分段累加法计价。

③ 运输距离超过 200km 的，不适用增运距定额，应按水路运输有关标准计算相应运输费用。

（3）此种情况应按公路运输有关标准计算相应运输费用。

72. 答案：

（1）一类费用指船舶机械艘（台）班费用定额中不可变动部分，包括：折旧费、船舶检修费、机械检修费、船舶小修费、船舶航修费、机械维护费、船舶辅材费、机械安拆及辅助费。

（2）二类费用指工程船舶机械艘（台）班费用中可变动部分，主要包括：工程船舶定员、机械配员的人工费用，工程船舶机械动力费用及工程船舶定员的饮用水费用。

（3）工程船舶停置艘班费＝折旧费＋航修费＋ 1/2 辅助材料费＋车船税及其他费＋人工费＋ 10% 燃料费＋淡水。

（4）工程机械停置台班费＝折旧费＋人工费＋车船税及其他费。

73. 答案：

（1）可索赔事项如下：

① 由于业主原因变更设计事项，新增加的制桩、运桩及打桩变更工期及费用可索赔；

② 不可抗力因素造成的工期延误可索赔；

③ 业主供货不及时造成的人员窝工、设备停置可索赔。

（2）根据以上可索赔事项计算工期顺延为：

$$18 + 15 + 11 = 44\text{d}$$

（3）根据以上可索赔事项计算索赔费用如下：

制桩打桩费为：1.5×10 ＝ 15 万元

1.2×10 ＝ 12 万元

业主供货原因造成窝工费用为：

人工费＝ 30 人 ×11d×30 元 /（人 • d）＝ 9900 元

机械停置费＝ 49×1×11 ＋ 178.34×1×11 ＝ 2500.74 元

以上费用合计＝ 15 ＋ 12 ＋（9900 ＋ 2500.74）/10000 ≈ 28.24 万元

费用准予调增 28.24 万元。

74. 答案：

（1）在露天台座制作预应力混凝土方桩时，应采取措施避免由于气温升高而增加预应力损失或由于气温降低使钢筋发生冷断事故。

（2）桩身混凝土浇筑必须连续进行，不得留有施工缝。

（3）利用充气胶囊制桩，在使用前应对胶囊进行检查，漏气或质量不合格者不得使用，使用时应采取有效措施控制胶囊上浮或偏心。

（4）预应力放张时的混凝土强度和弹性模量应符合设计规定；设计未规定时，混凝土强度不应低于设计强度等级值的 80%，弹性模量不应低于混凝土 28d 弹性模量的 80%。

（5）主筋切割前预应力应先放张，主筋应对称切割。

（6）桩身混凝土采用潮湿养护时，养护时间不宜少于 14d，龄期不宜少于 28d；采用常压蒸养时，龄期不宜少于 14d。

75. 答案：

（1）疏浚工程量计算断面示意图如下图所示。

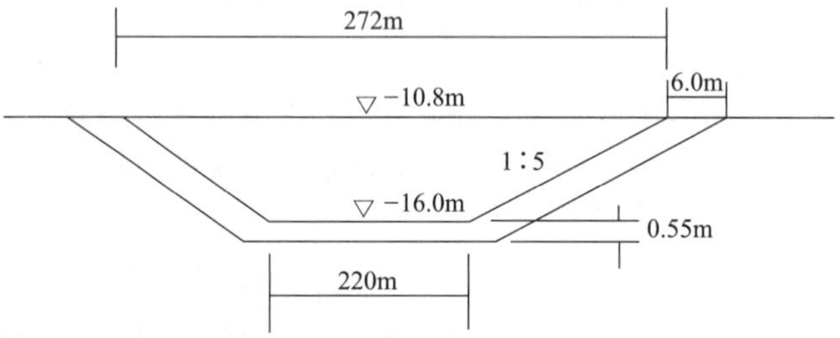

（2）本工程万方耙吸挖泥船挖、运、吹施工工艺流程图如下图所示。

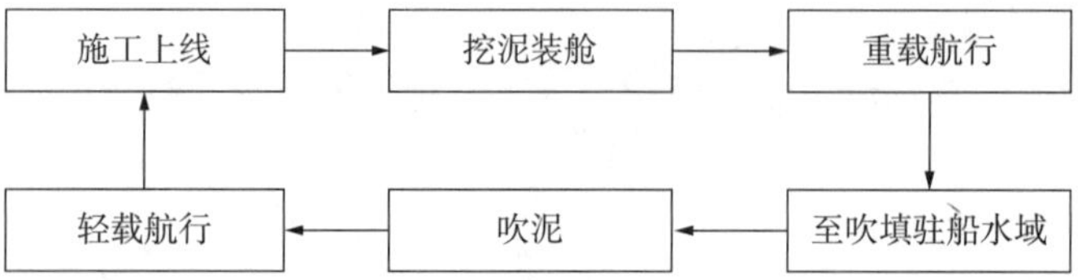

（3）本工程围埝施工流程图如下图所示。

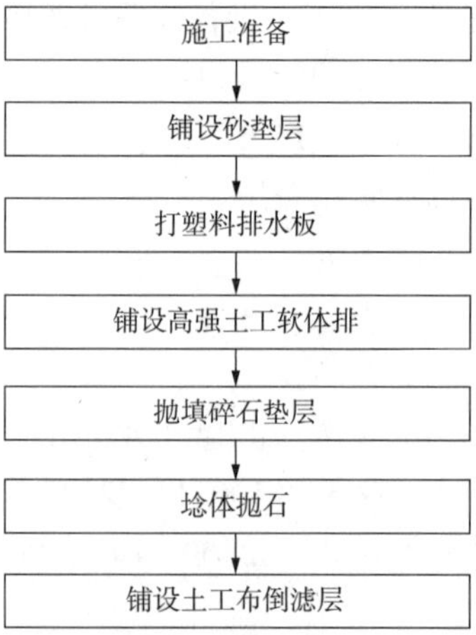

76. 答案：

（1）追究业主拖延工程进度款的违约行为责任，必须按规定程序执行。监理工程师按合同约定及监理工程师签认的工程量 10d 内业主应支付工程款；在应支付日期期满后 10d 仍未支付，承包商采取的第一个行动是发出催款要求，要求 10d 内付款的通知，并明确提出可能采取停工措施的警告；发出可能停工通知后 10d 内仍得不到支付才可以停工。

（2）由于非承包商责任原因导致本该进行的竣工试验不能进行，则应该要求监理工程师在本该进行试验这天确认部分工程竣工。但在进入缺陷责任期试验条件满足后，还需进行补充试验，以确定质量是否合格。

77. 答案：

（1）承包商可以提出工期索赔。因为工期的延误不是由于承包商的原因和责任所致，是由于业主设计变更、工程量增加的原因所致。

（2）承包商应提出的工期索赔时间为：

T =（附加或新增工程量价值 / 原合同总价额）× 原合同工期

=（100/2000）×12 = 0.6 个月

所以承包商提出索赔 1 个月工期是不合适的。

78. 答案：

（1）①——码头面层混凝土；

②——码头的预应力混凝土面板；

③——码头预应力混凝土纵梁；

④——码头横梁；

⑤——码头钢筋混凝土靠船构件；

⑥——桩帽；

⑦——预应力混凝土桩；

⑧——抛石棱体；

⑨——挡土墙；

⑩——倒滤层；

⑪——后方回填；

⑫——后方堆场面层混凝土。

（2）主要工序流程框图：

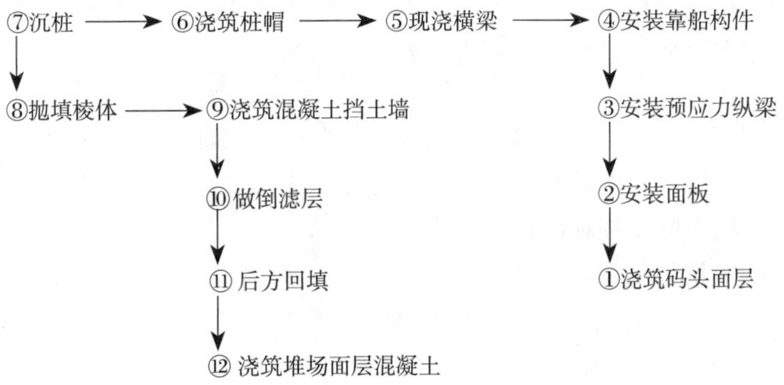

79. 答案：

根据题意计算钻孔桩混凝土用量＝（$1.8\div2$）$^2\times3.14\times3000\times1.2\times$（$1+2\%$）＝ $9339.36m^3$。

根据配合比计算水泥、砂、碎石用量分别为：

水泥＝ $9339.36\times0.38=3548.96t$。

砂＝ $9339.36\times0.6=5603.62m^3$。

碎石＝ $9339.36\times0.76=7097.91m^3$。

混凝土预算单价计算：

C20 混凝土的预算单价＝ $0.38\times350+0.76\times55+0.6\times35+0.213\times1.5+1.595\times7+0.38\times5+0.061\times3\approx209.37$ 元 /m^3

C20 混凝土的总价＝ $9339.36\times209.37=1955381.80$ 元。

80. 答案：

（1）水运工程建设项目依法必须进行招标的标准：

① 施工单项合同估算价在 400 万元人民币以上。

② 重要设备、材料等货物的采购，单项合同估算价在 200 万元人民币以上。

③ 勘察、设计、监理等服务的采购，单项合同估算价在 100 万元人民币以上。

④ 同一项目中可以合并进行的勘察、设计、施工、监理以及与工程建设有关的重要设备、材料等的采购，合同估算价合计达到前款规定标准的，必须招标。

（2）有下列情形之一的水运工程建设项目，可以不进行招标：

① 涉及国家安全、国家秘密、抢险救灾或者属于利用扶贫资金实行以工代赈、需要使用农民工等特殊情况，不适宜进行招标的。

② 需要采用不可替代的专利或者专有技术的。

③ 采购人自身具有工程建设、货物生产或者服务提供的资格和能力，且符合法定要求的。

④ 已通过招标方式选定的特许经营项目投资人依法能够自行建设、生产或者提供的。

⑤ 需要向原中标人采购工程、货物或者服务，否则将影响施工或者功能配套要求的。

⑥ 国家规定的其他特殊情形。

（3）评标委员会成员由招标人的代表及有关技术、经济等方面的专家组成，人数为五人以上单数，其中技术、经济等方面的专家不得少于成员总数的三分之二。招标人的代表应具有相关专业知识和工程管理经验。

81. 答案：

（1）本工程应划分为 A 区、B 区、C 区共三个单位工程。

（2）确定吹填区内排泥管线布设间距应考虑的因素主要有设计要求、泥泵功率、吹填土的特性、吹填土的流程和坡度等因素。

（3）最大吹填设计工程量 V 为：

$$V=\frac{V_1+\Delta V_1+\Delta V_2}{(1-P)}$$

式中：$V_1 = 2000$ 万 m^3

$\Delta V_1 = 0.12 \times 2.5 \times 100 = 30$ 万 m^3

$\Delta V_2 = 0.2 \times 2.5 \times 100 = 50$ 万 m^3

$P = 6\%$

$$V = \frac{2000 + 30 + 50}{(1-0.06)} = \frac{2080}{0.94} = 2213 \text{ 万 } m^3$$

82. 答案：

（1）设计变更、等待图纸责任在发包人，应该批准延期 10d；

（2）正常阴雨天气影响是承包人的风险，虽然是监理工程师下令停工，但阴雨天气影响了施工质量，承包人应当事先考虑到气候影响，不予延期；

（3）承包人自己的设备故障，产生的延误不予延期；

（4）发生不可抗力事件停工 6d，但是此段时间其中有 5d 与设备故障时间重合，而且不可抗力事件的发生可能影响承包人设备的修复。承包人可准备翔实的证明资料并及时报告监理工程师。监理工程师应从实际出发，充分调查，再与发包人和承包人进行磋商决定。因此，应批准承包人延期至少要 16d。

83. 答案：

（1）工程量清单计价包括分部分项工程量清单费用、一般项目清单费用和计日工项目清单费用等全部费用。

（2）综合单价是指完成工程量清单中一个质量合格的规定计量单位项目所需的人工费、材料费、船舶机械使用费、施工取费及税金等全部费用的单价，并考虑风险因素。

（3）一般项目是指招标人要求计列的、不以图纸计算工程量的费用项目，招标人不要求列示工程数量的措施项目和其他项目。

（4）计日工项目是指完成招标人提出的合同范围以外的、不能以实物计量的零星工作所需的人工、材料、船舶机械项目。

（5）暂列金额是指招标人在工程量清单中暂定，用以尚未确定的工程材料、设备、服务的采购或可能发生的合同变更而预留的费用。

84. 答案：

对于第 1 项应该给予施工单位费用补偿。因为修改设计造成了施工单位的全场性停工，可能造成人工调动、生产率下降及机械设备闲置等。但上述所列的计算方法不正确，因为现场管理费的计算不能以合同总价为基数乘相应的费率，而应以直接费为基数乘相应的费率来计算，利润包括在实施的工程内容价格内，规定是不给予利润补偿的，所以施工单位提出的以上索赔费用计算不正确，而应重新计算。

第 2 项不应给予索赔。因这一保证质量的措施是施工单位的技术措施，而不是业主、监理、规范、设计、合同的要求，所以这一措施造成的成本增加应由施工单位自己承担。

85. 答案：

（1）索赔应该成立，承包商可增加费用 114 万元，延长本部分工期 30d。理由是现场地质情况与招标文件的要求和所给条件不符，属于工程变更范畴，且为业主责任，应按合同规定给予承包商费用和工期补偿。

（2）承包商可按新方案实施，但费用索赔申请不成立。理由是承包商是为了便于施工，缩短船机闲置时间，降低成本而改变施工工艺的，属于承包商的施工替代方案，不是业主的要求。因此费用索赔不成立。

（3）调价申请不成立。理由是对码头在防波堤建成之前进行施工的这一情况承包商在投标时是清楚的，承包商投标文件中的施工组织设计已反映这一点。做为一个有经验的承包商对此是可以预料到的，故应理解其投标报价中已考虑了在无掩护条件下进行码头施工的相关费用，故此项索赔要求不成立。

86. 答案：

（1）可以申请修改施工方案，及时调整施工工艺，可以申请费用索赔。

（2）承包人应考虑及时将由于硬土问题闲置的施工人员和机械调配到其他区段施工，如不可行可申请关于闲置费用的索赔。

（3）对硬塑粉质黏土和砖杂土的开挖，应及时调整施工方法，土方单价可以要求在原来中标单价的基础上进行补助，支付数量按时计量。

87. 答案：

（1）项目部的行政领导一般配置为：项目经理 1 人、项目总工程师 1 人、项目副经理 1～4 人。

（2）工程部负责组织工程现场施工。其主要工作内容有：

① 组织工程实施及施工技术、进度管理，对现场安全、质量、文明施工负责。

② 施工组织设计及专项施工方案的编制、申报及调整。

③ 工程计划与统计、工程量计算与签认。

④ 图纸会审、施工技术交底、安全技术交底、典型施工、工艺研讨与优化、工艺纪律落实、工序交验、施工记录等项目施工过程控制。

⑤ 测量及工地试验室管理。

⑥ 新工艺、新技术、新材料应用。

⑦ 现场施工资源的协调与调度。

⑧ 工程量清单及图纸核查、设计变更及资料呈报、过程记录并保存。

⑨ 分包队伍管理。

⑩ 组织工程验收。

⑪ 交竣工资料编制及归档。

⑫ 施工技术总结。

88. 答案：

根据以上情况可如下办理：

（1）1991 年 7 月 1 日前已建（完成）的合同工程和设计变更以及额外工程，无论支付与否，均不能要求进行价格调整。

（2）在 1991 年 7 月 1 日以后通知或指示实施的额外工程和设计变更增加（或者减少）的工程，按合同工期完成且工程质量达到设计要求的项目均可按实际要求进行价格调整。

（3）1991 年 7 月 1 日以后完成的全部合同内项目，只要能在合同工期内完成并且满足质量要求，同样可以按照实际情况进行价格调整。

89. 答案：

（1）被拖大型施工船舶封舱加固的主要项目：

① 主甲板上的舱口、人孔、门、窗（包括天窗、舷窗）、通风筒、空气管等必须全部水密封闭或准备能随时水密封闭；对各种水窨门、窗、舱口、人孔等必要时应进行水压试验，确保水密性能良好。

② 甲板上所有排水孔应保持畅通，所有机械操纵装置用帆布罩好扎严，舱内及甲板面上移动物品应加以固定。

③ 锚具在驶离港区后应收妥固定，锚链孔用防水压板和帆布盖好绑牢，以防海水进锚链舱。

④ 起重、打桩、挖泥等设备的吊杆铁架等，符合船舶稳定性和设备安全原则的可原位紧固，否则应放落或拆下，妥善放置并系牢或焊固。如工程船有调遣出海拖带封舱加固图纸时，应按照图纸设计要求进行封舱加固。

⑤ 被拖船如有推进器，应将尾轴与主轴脱开或将其固定，使之不能转动。

（2）航前安全检查的主要项目：

船舶消防、救生、水密、通信、信号设备及机电设备、航行设备、电航仪器等。

（3）海船的航区分为：

远海航区、近海航区、沿海航区和遮蔽航区。

90. 答案：

（1）应针对合同段可能发生的风险事件，制定相应的处置措施，明确处置原则和具体要求。

（2）应急处置措施应包含但不局限于以下要求：

① 坍塌处置措施应结合基槽基坑、码头上部、防波堤或护岸等施工部位，或者模板、脚手架、支架等作业环节制定，明确结构监测、防护加固、人员搜救、应急通信保障等要求。

② 高处坠落处置措施应结合码头上部结构、沉箱预制等施工部位或者作业环节制定，明确现场临边防护、人员抢救等要求。

③ 起重伤害处置措施应结合施工升降机、塔式和门式起重机、起重船等不同起重机械类型制定，明确机械关停、作业停止、人员抢救、安全转移等要求。

④ 淹溺处置措施应结合施工水域掩护条件、水深、风浪、水流及其变化、搜救资源等情况制定，明确人员营救、水上救援交通组织等要求。

⑤ 防台防汛处置措施应结合台风预警、潮汐水位变化、防台拖带能力、航道通航和锚地选择、人员驻地防护等情况制定，明确监测预警、作业停止、设施设备稳固、船舶避风、人员撤离、驻地防洪等要求。

⑥ 其他风险事件处置措施应根据发生部位或作业环节、施工环境特点制定。

（3）明确与处置措施相匹配的应急物资装配名称、型号及性能、数量、存放地点及保管人员等，并要求动态更新管理。物资装备保障应满足相关规定的要求。

91. 答案：

（1）分为：特别重大事故、重大事故、较大事故和一般事故；本事故属于一般事故；因为本事故造成 1 人死亡，根据《生产安全事故报告和调查处理条例》，造成 3 人以下死亡的事故属于一般事故。

（2）主要程序为：事故报告→事故调查→事故处理。

（3）事故调查报告应包括的主要内容有：

① 事故发生单位概况。

② 事故发生经过和事故救援情况。

③ 事故造成的人员伤亡和直接经济损失。

④ 事故发生的原因和事故性质。

⑤ 事故责任的认定以及对事故责任者的处理建议。

⑥ 事故防范和整改措施。

92. 答案：

（1）分为：特别重大事故、重大事故、较大事故和一般事故；本事故属于一般事故；因为本事故造成直接经济损失 250 万元，根据《水上交通事故统计办法》，造成 100 万元以上 1000 万元以下直接经济损失的事故属于一般事故。

（2）主要程序为：事故报告→事故调查→事故处理。

（3）报告内容应当包括：船舶或设施的名称、呼号、国籍、起讫港，船舶或设施的所有人或经营人名称，事故发生的时间、地点、海况以及船舶、设施的损害程度、救助要求等。

93. 答案：

（1）混凝土蜂窝与空洞质量通病的主要特征：

蜂窝是指混凝土表面局部出现直径大于 10mm、小于 30mm，深度大于 5mm 但不大于钢筋保护层厚度或 50mm 的孔洞，表现为孔洞中可见石子且水泥浆不饱满或孔洞相连的蜂窝状的混凝土松散。

空洞是指混凝土表面局部出现直径超 30mm，深度大于钢筋保护层厚度或 50mm 的洞穴，如是钢筋混凝土构件，缺陷处会有钢筋暴露，薄壁结构局部可能会通透。

（2）混凝土蜂窝与空洞质量通病产生的主要原因：

① 混凝土配合比不合理，或粗骨料粒径超限、配料偏差大，造成砂浆少、碎石多。

② 混凝土搅拌时间短、搅拌不均匀，混凝土和易性差、离析。

③ 浇筑下料垂直高度超 2m，导致砂、石分离。

④ 混凝土未分层振捣或振捣时间不足，或漏振。

⑤ 钢筋密集处或预埋件、预留孔洞模板挡住混凝土下落，未采取预防措施。

⑥ 振捣时模板变形过大或止浆不严而严重漏浆，造成水泥浆、细骨料流失。

（3）混凝土蜂窝与空洞质量通病主要防治措施：

① 认真设计混凝土配合比，选择合适的原材料。

② 严格控制混凝土上料计量偏差和搅拌质量。

③ 严格控制分层下料厚度及振捣时间，保证混凝土振捣密实。

④ 浇筑下料高度大于 2m 时，采用串筒、导管或溜槽下灰。

⑤ 在预埋件、预留孔模板部位应从两侧下料，必要时对模板开孔下料振捣。

⑥ 钢筋密集结构采用细石混凝土。

⑦ 模板刚度和紧固满足要求，止浆采用弹性止浆条。

94. 答案：

（1）确定项目的施工成本目标需要开展的主要工作：

进行成本、编制标后预算、确定成本管理目标、编制施工预算及目标分解、编制资金预算与资金策划。

（2）项目经理部的工程部在项目施工成本控制中的主要职责内容：

① 负责编制施工组织设计及专项施工方案，协助做好成本分析。

② 负责工程计划统计、工程量计算与签认，工程量清单及图纸复核、设计变更及资料呈报等成本相关工作。

③ 负责提供技术组织措施变化对成本的影响资料。

95. 答案：

（1）绿色施工是指在保证质量、安全等基本要求的前提下，通过科学管理和技术进步，最大限度地节约资源，减少对环境负面影响，实现节能、节材、节水、节地和环境保护（“四节一环保”）的工程施工活动。

（2）绿色施工管理应包括节地与土地资源保护管理、节能与能源利用管理、节水与水资源利用管理、节材与材料资源利用管理、环境保护管理、作业环境与职业健康管理。

（3）港口工程绿色设计策划应包括绿色需求分析、绿色目标和绿色策略制定、绿色设计方案选择、预期效果等。

96. 答案：

（1）船舶应保持 VHF 及电话等通信畅通，确保与当地海事局随时保持联系，发生险情必须立即报告。

（2）锚泊抗台船舶应加强巡视检查，加固锚链，备妥主机，采取一切有效手段防止船舶发生走锚、丢锚等险情。

（3）冲滩抗台船舶应进一步加强船位固定措施，并视情况撤离船上所有人员。

（4）如遇紧急情况需弃船时，船舶首先应确保人员安全撤离，在弃船前应尽量采取措施，防止弃船后船舶出现漂移，碰撞其他船舶和水上构筑物。

（5）发生船舶险情时，在确保自身安全前提下，附近船舶应服从主管机关的调遣，按照本船的抗风浪能力参与救助抢险。

97. 答案：

（1）按照生态与环境保护施工管理要求，编制港口与航道工程施工组织设计应符合下列规定：

① 工程开工前应根据下列因素编制施工组织设计：

a. 施工现场的环境因素和生态现状。

b. 项目影响区的生物生境整体性和连通性。

c. 施工作业对周边生态环境的影响。

② 结合项目环境影响评价文件及批复文件要求，施工组织设计应合理制定施工期和停工期。

（2）港口与航道工程施工应采取的生态保护措施：

① 施工中宜减少对耕植土和地表原生植被的占用面积，对占用区域内的耕植土应

剥离后妥善保存并回用，可回栽的原生植物宜回栽至设计绿化区域。

② 施工中应避免在湿地保护区布置施工营地、料场等临时工程。

③ 施工后应在占用地表原生植被的区域采取有利于植被恢复生长的措施。

④ 施工前应根据生态环境保护要求对施工区及其邻近水域进行驱鱼作业。

⑤ 陆域施工不应随意砍伐工程附近区域的树木或破坏植被、宜控制临时占地面积，并及时修复。

（3）港口与航道工程施工应采取的施工现场扬尘控制措施：

① 施工现场临时道路的路面及其他临时场地的地面硬化处理。

② 施工现场水泥和其他易飞扬的细颗粒散体材料应尽量安排库内存放，露天存放时要严密遮盖，运输和卸运时防止遗洒飞扬，以减少扬尘。

③ 施工现场配备专用洒水设备并指定专人负责，在易产生扬尘的季节，施工场地采取洒水降尘。

98. 答案：

（1）根据规定，码头按泊位划分单位工程，本工程设计为集装箱码头和多用途件杂货码头泊位各一个，故码头应划分为两个单位工程。本工程引桥规模较大，应单独划分为一个单位工程。因此，本工程应划分为三个单位工程。

（2）集装箱泊位划分为四个分部工程：基槽及岸坡开挖、桩基、上部结构和码头设施。主要分部工程是桩基和上部结构；桩基分部的主要分项工程有预制 ϕ1200 预应力大管桩和沉 ϕ1200 预应力大管桩；上部结构分部的主要分项工程有：预制纵梁、预制轨道梁、预制面板、现浇横梁。

（3）集装箱泊位工程质量达到合格标准的要求是：

① 所含分部工程的质量均应符合合格的规定。

② 质量控制资料和所含分部工程有关安全和主要功能的检验资料完整。

③ 主要功能项目的抽检结果应符合相关规定。

④ 观感质量符合规范要求。

99. 答案：

（1）水运工程项目开工前，建设单位应组织施工单位、监理单位对单位工程、分部工程和分项工程进行划分，并报水运工程质量监督机构备案。工程建设各方应据此进行工程质量控制和检验。

（2）分项工程及检验批的质量应由施工单位分项工程技术负责人组织检验，自检合格后报监理单位，监理工程师应及时组织施工单位专职质量检查员等进行检验与确认。

（3）分部工程的质量应由施工单位项目技术负责人组织检验，自检合格后报监理单位，总监理工程师应组织施工单位项目负责人和技术、质量负责人等进行检验与确认。其中，地基与基础等分部工程检验时，勘察、设计单位应参加相关项目的检验。

（4）单位工程完工后，施工单位应组织有关人员进行检验，自检合格后报监理单位，并向建设单位提交单位工程竣工报告。

（5）单位工程中有分包单位施工时，分包单位对所承包的工程项目应按规定的程序进行检验，总包单位应派人参加。分包工程完成后，应将工程有关资料交总包单位。

（6）建设单位收到单位工程竣工报告后应及时组织施工单位、设计单位、监理单位对单位工程进行预验收。

（7）单位工程质量预验收合格后，建设单位应在规定的时间内将工程质量检验有关文件、报水运工程质量监督机构申请质量鉴定。

（8）建设项目或单项工程全部建成后，建设单位申请竣工验收前应填写建设项目或单项工程质量检验汇总表，报送质量监督机构申请质量核定。

100. 答案：

（1）“综合管理”要求的内容：

① 生活区内应设置供作业人员学习和娱乐的场所。

② 施工现场应建立治安保卫制度，责任分解落实到人。

③ 施工现场应制定治安防范措施。

（2）“五牌一图”分别是：工程概况牌、消防保卫牌、安全生产牌、文明施工牌、管理人员名单及监督电话牌、施工现场总平面图。

（3）“现场办公与住宿”管理要求的内容：

① 施工作业、材料存放区与办公、生活区划分清晰，并应采取相应的隔离措施。

② 伙房、库房不得兼做宿舍。

③ 宿舍、办公用房的防火等级应符合规范要求。

④ 冬季宿舍内应有采暖和防一氧化碳中毒措施。

⑤ 夏季宿舍内应有防暑降温和防蚊蝇措施。

⑥ 生活用品应摆放整齐，环境卫生应良好。

第三部分

综合测试题及参考答案

综合测试题一

一、单项选择题（共20题，每题1分。每题的备选项中，只有1个最符合题意）

1. 预应力混凝土结构中的预应力筋宜采用（　　）。

A. 热轧光圆钢筋　　B. 余热处理钢筋

C. 热轧带肋钢筋　　D. CRB550冷轧带肋钢筋

2. 风速用蒲福风级来表示，大风是指（　　）。

A. 风力达7级的风　　B. 风力达8级的风

C. 风力达9级的风　　D. 风力达6级的风

3. 下列外加剂中，属于对提高高性能混凝土抗冻性能起关键作用的是（　　）。

A. 絮凝剂　　B. 防冻剂

C. 引气剂　　D. 缓凝剂

4. 海水环境中港航工程混凝土结构的（　　）受海水氯离子渗透最严重。

A. 大气区　　B. 水位变动区

C. 浪溅区　　D. 水下区

5. 下列土的物理力学指标中，用于土坡和地基稳定验算的是（　　）。

A. 黏聚力　　B. 塑限

C. 含水率　　D. 孔隙比

6. 关于混凝土原材料质量检查要求的说法，错误的是（　　）。

A. 水泥在正常保管情况下，每3个月至少检查1次

B. 引气剂水溶液的泡沫度，每2个月至少检查1次

C. 外加剂在正常保管情况下，每2个月至少检查1次

D. 掺合料在正常保管情况下，每1个月至少检查1次含水率

7. 下列软土地基中，适用于振冲挤密法的是（　　）。

A. 饱和黏性土　　B. 淤泥

C. 淤泥质土　　D. 砂土

8. 关于水平位移观测要求的说法，错误的是（　　）。

A. 当采用极坐标法时，宜采用双测站极坐标法

B. 当采用经纬仪投点法时，应检验经纬仪的垂直轴倾斜误差

C．当采用视准线法时，视准线距各种障碍物应有 1m 以上的距离

D．当采用交会法进行水平位移观测时，交会方向不宜少于 2 个

9．高桩码头施工时，在（ ）中沉桩，应以标高控制为主，贯入度做为校核。

A．砂性土层　　B．黏性土层

C．风化岩层　　D．淤泥层

10．采用多波束测深系统测深每次作业前应在测区内有代表性的水域测定声速剖面，单个声速剖面的控制范围不宜大于（ ）。

A．3km　　B．4km

C．5km　　D．6km

11．护滩工程深水区采用垂直水流方向沉排时，相邻排体施工顺序宜（ ）依次铺设。

A．自上游往下游　　B．自下游往上游

C．从河岸往河心　　D．从河心往河岸

12．耙吸挖泥船施工中应根据（ ）调节波浪补偿器的压力，以保持耙头对地有合适的压力。

A．土质和水位　　B．潮流和挖深

C．土质和挖深　　D．波浪和挖深

13．水运工程竣工验收前，组织对工程质量进行复测，并出具项目工程质量鉴定报告的是（ ）。

A．建设单位　　B．监理单位

C．质量监督机构　　D．交通运输主管部门

14．下列解释港口与航道工程承包合同文件优先顺序按数字小者为优先的排序中，正确的是（ ）。

A．① 专用合同条款，② 技术标准和要求，③ 图纸

B．① 技术标准和要求，② 图纸，③ 专用合同条款

C．① 图纸，② 专用合同条款，③ 技术标准和要求

D．① 专用合同条款，② 图纸，③ 技术标准和要求

15．港口与航道工程项目生产安全事故应急预案编制工作小组的牵头人是（ ）。

A．项目或合同段生产负责人　　B．项目或合同段安全负责人

C．项目或合同段技术负责人　　D．项目或合同段主要负责人

16．采用打桩船进行水上沉桩时，桩的倾斜度是由（ ）来控制的。

A．全站仪　　B．打桩架
C．打桩锤　　D．替打

17.《水运工程混凝土质量控制标准》JTS 202—2—2011 规定：海水环境下南方水位变动区钢筋混凝土最小保护层厚度为（　　）。（注：箍筋直径为 6mm 时主钢筋的保护层厚度）
A．30mm　　B．40mm
C．50mm　　D．60mm

18. 钢板桩码头采用拼组沉桩时，钢板桩拼组的根数宜为（　　）。
A．U 形钢板桩为奇数，Z 形钢板桩为奇数
B．U 形钢板桩为奇数，Z 形钢板桩为偶数
C．U 形钢板桩为偶数，Z 形钢板桩为奇数
D．U 形钢板桩为偶数，Z 形钢板桩为偶数

19. 具备独立施工条件，建成后能够发挥设计功能的工程称为（　　）。
A．单项工程　　B．分部工程
C．单位工程　　D．分项工程

20. 浆砌坝面块石的长边应（　　），块石长边尺寸不宜小于护面层的厚度。
A．平行于坝体　　B．垂直于坝体
C．平行于坡面　　D．垂直于坡面

二、多项选择题（共 10 题，每题 2 分。每题的备选项中，有 2 个或 2 个以上符合题意，至少有一个错项。错选，本题不得分；少选，所选的每个选项得 0.5 分）

1. 危险性较大工程专项施工方案中的“安全保证措施”部分包括的主要内容有（　　）。
A．组织保障　　B．技术保证措施
C．风险辨识与分级　　D．检查与验收
E．监测监控措施

2. 关于施工平面控制测量规定的说法，正确的有（　　）。
A．港口工程可采用图根及以上等级控制网做为施工控制网
B．施工平面控制网可采用三角形网等形式进行布设
C．港口陆域施工宜采用建筑物轴线代替施工基线
D．矩形施工控制网角度闭合差不应大于测角中误差的 4 倍
E．对平面控制点，施工期超过 2 年时陆上宜建测量墩

3. 港航工程大体积混凝土施工中的防裂措施包括（　　）。

A．选择中低热水泥

B．加大水泥用量，以提高混凝土的强度等级

C．在混凝土早期升温阶段采取保温措施

D．合理设置施工缝

E．保证混凝土结构内部与表面的温差不大于 25℃

4．在软基上建造斜坡堤时，铺设在堤基表面的土工织物所起到的作用有（　　）。

A．加筋作用

B．排水作用

C．隔离作用

D．抗堤身沉降作用

E．防护作用

5．海港工程钢结构防腐蚀措施中的阴极保护法对（　　）是无效的。

A．泥下区

B．水下区

C．水位变动区

D．浪溅区

E．大气区

6．当采用浮运拖带法进行沉箱的海上浮运时，应进行沉箱（　　）的验算。

A．吃水

B．外墙强度

C．压载

D．浮游稳定

E．局部强度

7．内河板桩码头建筑物主要组成部分有（　　）。

A．板桩墙

B．横梁

C．拉杆

D．接岸结构

E．帽梁

8．下列沿海港口工程中，按一类工程施工取费的有（　　）。

A．斜坡式防波堤

B．直立式防波堤

C．海堤

D．取水构筑物

E．直立式挡砂堤

9．铲斗挖泥船应根据不同土质选用不同铲斗，中型容量铲斗适用的土质有（　　）。

A．可塑黏土

B．软塑黏土

C．中等密实碎石

D．中等密实砂

E．松散砂

10．下列项目部部门职责中，属于安全部的有（　　）。

A．组织安全技术交底

B．危险源和环境因素的辨识评价

C．应急预案的编制及演练

D．对现场安全负责

E．分解安全责任目标

三、实务操作和案例分析题（共 5 题，前 3 题各 20 分，后 2 题各 30 分）

1．某防波堤主体结构采用全袋装砂棱体斜坡堤结构形式，防波堤堤顶高程＋4.50m，堤顶宽度 6m，内外边坡均为 1∶1.5。外坡采用一层 4t 扭工字块护面，内坡采用 300～400kg 抛石护坡，外侧设置 10m 宽抛石护底。本工程施工期间交通运输部主管部门对本工程进行了质量安全督查。

问题：

（1）本工程 4t 扭工字块护面安装应符合哪些要求？

（2）质量安全督查分为哪两类？两者督查的重点、内容、方式等有何区别？

（3）水上工程项目施工工艺及现场安全督查针对基础施工的抽查指标项有哪些？

2．某项目部承担了一项强度等级为 C40 的现浇大体积钢筋混凝土结构的施工任务，技术员根据相关技术要求进行了配合比设计，并获得了监理工程师的批准，见下表。

C40 混凝土配合比

项目	水泥	粉煤灰	膨胀剂	砂	碎石（大）	碎石（小）	水	减水剂
单方用量（kg/m^3）	305	61	41	758	741	317	175	2.23

该结构在夏季进行施工，拌合站配置的拌合机每盘搅拌量为 $2m^3$，混凝土由罐车运输，吊罐入模。为了控制大体积混凝土温度裂缝的产生，项目部对本混凝土结构的施工进行了温控设计，确定用冷水拌合，拌合站拌制的混凝土拌合物在出料口的温度可以达到要求，同时还采取了其他控制混凝土浇筑温度的措施。

施工过程中，某一班次拌制混凝土前，试验员对骨料的含水率进行了检测，测得粗骨料含水率为 1.5%，细骨料含水率为 2.5%。技术员据此检测结果按配合比计算拌合料的配料数量，确定了每一盘混凝土各种原材料的称量示值，保证了混凝土拌合物的数量准确。该结构的混凝土立方体 28d 抗压强度验收批试件共有 6 组，这 6 组混凝土立方体试件抗压强度试验结果见下表。

混凝土立方体试件 28d 抗压强度汇总表（单位：MPa）

编号	1 号试块	2 号试块	3 号试块	编号	1 号试块	2 号试块	3 号试块
第一组	42.5	42.0	44.5	第四组	47.3	44.3	46.4
第二组	39.0	45.1	38.9	第五组	42.9	43.2	48.9
第三组	46.3	44.3	50.4	第六组	48.6	49.6	51.8

问题：

（1）写出混凝土配制的基本要求。

（2）计算上述班次拌制一盘混凝土所需各种原材料称量示值。（计算结果取两位

小数）

（3）计算6组试件的28d抗压强度标准差。（计算结果四舍五入取两位小数）

（4）该大体积混凝土施工中，可选择的控制混凝土浇筑温度施工措施还有哪些？

3. 某航道整治工程施工内容主要包括建设长度为1000m、宽度为100m的系结混凝土块软体排护滩带和两座长150m的抛石丁坝。排垫采用聚丙烯土工编织布缝制而成，沿排体宽度方向每隔50cm设1根宽5cm的纵向加筋条，用于加固系接条和增加排垫抗拉强度，在纵向加筋条底下设有每2根1组的防老化型涤纶系接条，用于系接压载体，排上压载体为正方形C20混凝土块，尺寸为45cm×45cm×8cm（长×宽×厚），单块质量38.88kg，在混凝土块内预埋2根3cm×105cm（宽×长）的系接条，用于排垫与压载体系接；抛石丁坝坝面为干砌石坝面，坝顶宽度为1.5m，两侧坡比均为1∶1.5。

问题：

（1）土工织物软体排系结混凝土压载块施工应符合哪些规定？

（2）干砌石坝面施工应符合哪些规定？

（3）根据《水运工程质量检验标准》JTS 257—2008，航道整治工程分为哪几个单位工程？本工程分为哪几个单位工程？

4. 某5000吨级混凝土方块码头，结构断面见下图，基槽的底质为风化岩，底层方块平行码头前沿线方向长度为4980mm。码头基床采用常规的潜水员人工整平方法，基床顶面在方块前趾处预留50mm沉降量，并预留0.6%倒坡。施工中，项目部严格遵守技术管理制度，认真进行施工技术交底，确保施工质量，顺利完成了码头施工。

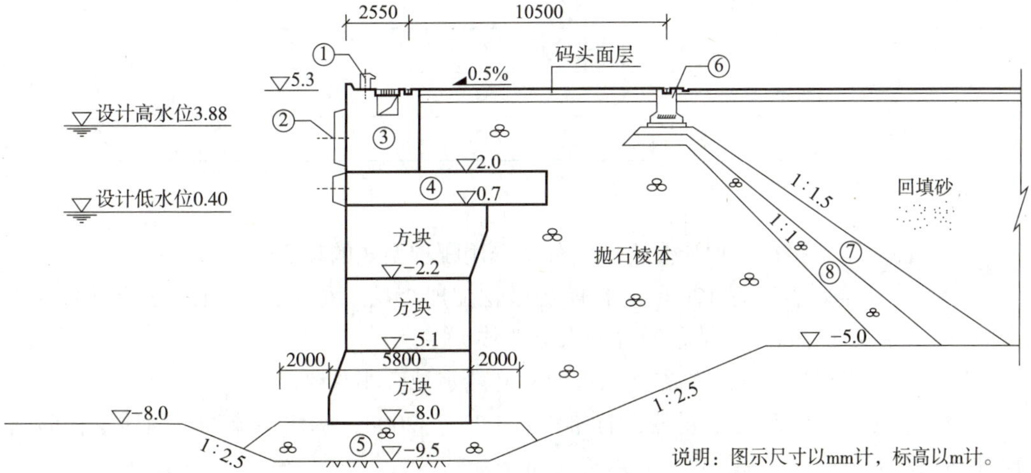

码头断面图

问题：

（1）写出断面图中各编号结构或构件的名称。

（2）画出本码头自开工到胸墙浇筑的施工流程框图。

（3）简述本工程基床整平步骤与相应的施工方法。

（4）计算确定本工程基床整平的宽度和前、后导轨的轨顶标高。（标高计算结果取三位小数）

（5）港口与航道工程的分项工程施工技术交底由谁负责交底？交底的主要内容是什么？

5. 某航道基建性疏浚工程，航道长度 19.8km，航道设计底宽为 270m，航道设计底标高为 −20.5m，备淤深度为 0.4m，边坡坡比为 1∶5，设计疏浚工程量为 1302.56 万 m^3，施工期回淤工程量为 400 万 m^3，施工工期 24 个月。施工单位选用 12000m^3 自航耙吸挖泥船采用单点定位方式将疏浚土全部吹填到码头后方的吹填区，挖泥船施工平均运距为 17.0km，水上吹填管线长度为 300m、陆地吹填管线平均长度为 1900m。疏浚土质自上而下分别为：淤泥质土、软塑黏土、松散中砂；12000m^3 自航耙吸挖泥船设计性能参数见下表。

12000m^3 自航耙吸挖泥船设计性能参数

项目	设计吹距（km）	设计满载排水量（t）	设计泥舱净装载量（t）	重载航速（km/h）	空载航速（km/h）
数值	3～4	28000	18000	17.00	21.00

本工程疏浚土质物理指标与 12000m^3 自航耙吸挖泥船施工参数见下表（海水密度 1.025t/m^3 计）。

疏浚土质物理指标与 12000m^3 自航耙吸挖泥船施工参数

土质	淤泥质土	软塑黏土	松散中砂
天然密度（t/m^3）	1.63	1.72	1.85
泥舱内沉淀平均密度（t/m^3）	1.30	1.45	1.60
挖泥时间（min）	70	80	100
施工中转头及上线时间（min）	7	7	7
吹泥时间（min）	70	90	110
接、拆管线时间（min）	30	30	30

问题：

（1）针对本工程每一种疏浚土质应分别选用哪种型式的耙头？

（2）计算确定本工程 12000m^3 自航耙吸挖泥船疏挖三种疏浚土质的运转周期生产率。（列出主要计算过程，结果四舍五入取整数）

（3）耙吸挖泥船单点定位方式吹泥时对驻船水域有哪些要求？

（4）根据《水运工程质量检验标准》JTS 257—2008，基建性疏浚工程质量检验断面抽样比例应符合哪些规定？

综合测试题一参考答案

一、单项选择题

1. B；　2. B；　3. C；　4. C；　5. A；　6. B；　7. D；　8. D；
9. B；　10. C；　11. B；　12. C；　13. C；　14. A；　15. D；　16. B；
17. C；　18. B；　19. C；　20. D

二、多项选择题

1. A、B、D、E；　2. B、C、D；　3. A、D、E；　4. A、B、C、E；
5. D、E；　6. A、C、D；　7. A、C、E；　8. B、D、E；
9. A、D；　10. B、C、E

三、实务操作和案例分析题

1.

（1）4t 扭工字块护面安装应符合下列要求：

① 采用定点随机安放时，应先按设计块数的 95% 计算网点的位置，并进行分段安放，完成后应进行检查或补漏。

② 采用规则安放时，应使垂直杆件安放在坡面下面，并压在前排的横杆上，横杆置于垫层块石上，腰杆跨在相邻块的横杆上。

③ 其安放的数量不少于设计安放数量的 95%。

（2）质量安全督查分为专项督查和综合督查两类。专项督查是指根据国家统一部署或行业监管重点，对水运工程建设存在的突出质量安全问题所采取的针对性抽查；综合督查是指对省级交通运输主管部门落实国家水运建设工程质量安全政策、法律法规，开展工程质量安全监管和相关专项工作等情况的抽查，以及对工程项目建设和监理、设计、施工等主要参建单位的工程质量安全管理行为、施工工艺、现场安全生产状况、工程实体质量情况等的抽查。

（3）针对基础施工的抽查指标项有：桩基、基槽和岸坡开挖、抛石基床、软土地基加固、航道整治工程基础。

2.

（1）混凝土配置的基本要求有：

① 强度、耐久性符合设计要求。

② 可操作性要满足施工操作要求。

③ 应经济、合理。

（2）

① 水泥：305×2 = 610.0kg

② 粉煤灰：61×2 = 122.0kg

③ 膨胀剂：41×2 = 82.0kg

④ 减水剂：2.23×2 = 4.46kg

⑤ 砂：758×1.025×2 = 1553.90kg

⑥ 大石：741×1.015×2 = 1504.23kg

⑦ 小石：317×1.015×2 = 643.51kg

⑧ 水：175×2－758×0.025×2－（741＋317）×0.015×2＝350－37.90－31.74＝280.36kg

（3）6 组立方体抗压计试件标准差计算：

① 各组试件强度的代表值 $f_{cu,i}$ 分别为：

第一组：（42.5 + 42.0 + 44.5）÷3 = 43MPa

第二组：因 45.1 > 1.15×39 = 44.85，故代表值为 39.0MPa

第三组：（46.3 ＋ 44.3 ＋ 50.4）÷3 ＝ 47MPa

第四组：（47.3 ＋ 44.3 ＋ 46.4）÷3 ＝ 46MPa

第五组：（42.9 ＋ 43.2 ＋ 48.9）÷3 ＝ 45MPa

第六组：（48.6 ＋ 49.6 ＋ 51.8）÷3 ＝ 50MPa

② 6 组试件的抗压强度平均值 $m_{f_{cu}}$ 为：

（43 ＋ 39 ＋ 47 ＋ 46 ＋ 45 ＋ 50）÷6 ＝ 45MPa

③ 标准差为：

$$S_{f_{cu}}=\sqrt{\frac{\sum f_{cu,i}{}^{2}-Nm_{f_{cu}}{}^{2}}{N-1}}$$

$$=\sqrt{\frac{(43^2+39^2+47^2+46^2+45^2+50^2)-6\times45^2}{6-1}}$$

$$=\sqrt{\frac{70}{5}}=\sqrt{14}=3.74\text{MPa}$$

（4）

控制混凝土浇筑温度的措施还有：

① 选择气温较低的时段施工。

② 提高混凝土浇筑能力，缩短暴露时间。

③ 对混凝土运输设备遮阳。

④ 进行舱面降温。

3.

（1）土工织物软体排系结混凝土压载块施工应符合下列规定：

① 混凝土压载块系结前应进行检查，发现损坏应及时更换；其绑系方式应满足设计要求，且系结牢靠，不得松脱。

② 系结混凝土压载块之间填塞碎石前应调整混凝土块的位置。同一检验区域内块体摆放应缝隙均匀、横平竖直。

③ 缺角、断裂等质量不合格的混凝土压载块禁止使用，对已经破损的混凝土压载块应及时更换。废弃的混凝土压载块及其他施工弃料应及时清理，不得在护滩工程区及周边 50 米范围内弃料。

（2）干砌石、铺石坝面施工应符合下列规定：

① 块石的规格、质量应满足设计要求。

② 坝面应采用粒径较大的块石，并应安砌稳定平整，大块石之间的缝隙应用小块石嵌紧。

③ 块石干砌、铺砌不得破坏垫层。施工时应按设计尺度设置控制线，并应错缝竖砌、紧靠密实，前后的明缝应用小片石料填塞紧密，不得出现通缝、叠砌和浮塞，块石间应契合紧密无松动。

④ 砌体应表面平整，砌石边缘应顺直、整齐。

（3）航道整治工程分为堤坝单位工程、护岸单位工程、固滩单位工程和炸礁单位工程。

本工程分为一个护滩带单位工程和两个丁坝单位工程。

4.

（1）① 系船柱；

② 橡胶护舷；

③ 胸墙；

④ 卸荷板；

⑤ 抛石基床；

⑥ 轨道梁；

⑦ 碎石倒滤层或混合倒滤层；

⑧ 二片石。

（2）

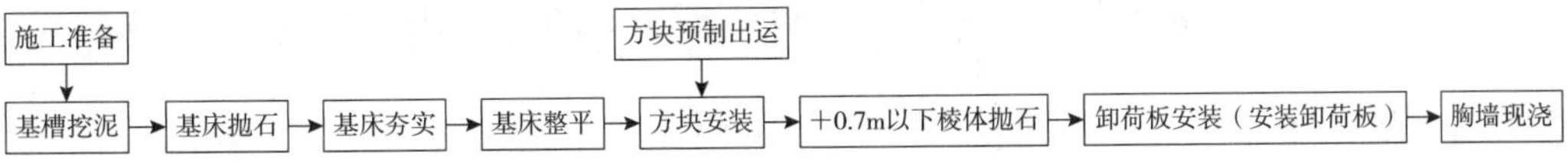

（3）基床整平的步骤包括粗平、细平、极细平。

整平工作船粗平需吊刮尺（道），刮尺两端系以测绳，结合水位，以测绳控制刮尺高程，潜水员以刮尺为准“去高填洼”，边整平边移船，压茬向前进行。细平与极细平需设导轨控制整平精度。导轨要在基床两侧各埋入一根，搁置在预先埋设的混凝土小方块上，通过高程测量，采用方块与导轨间垫钢板调整标高，潜水员利用导轨上的刮道对供料船下抛的二片石和碎石进行推刮整平。对于块石的不平整部分宜先用二片石填充，然后再用碎石对于二片石的不平整部分进行填充。

（4）整平宽度为底层方块底宽一边加宽 0.5m，5800 + 2×500 = 6800mm。

由于前趾预留 50mm 沉降量，则前趾处基床的高程为 −7.950m。

由于基床有 0.6% 的倒坡，又前轨距方块前趾 500mm，前后轨距 6800mm，故：前轨高程为 −7.950 + 0.5×0.6% = −7.947m；

后轨高程 −7.947−6.8×0.6% = −7.988m。

（5）分项工程技术负责人或主办技术员（工程师）

交底内容主要包括施工工艺、规范规程要求、质量标准、技术安全措施、施工记录要求和自检要求。

5.

（1）淤泥质土和软塑黏土应选用挖掘型耙头；松散中砂应选用冲刷型耙头。

（2）耙吸挖泥船挖、运、吹施工运转时间小时生产率可按下式计算：

$$W_2=\frac{q_1}{\sum t}=\frac{q_1}{\frac{l_1}{v_1}+\frac{l_2}{v_2}+\frac{l_3}{v_3}+t_3+t_2}$$

$$q_1=\frac{G-\gamma_w\times q}{\gamma_0\times\gamma_w}$$

对于淤泥质土：

$$q=\frac{G}{\gamma_m}=\frac{18000}{1.3}=13846\ (m^3)\ 取12000\ (m^3)$$

$$q_1=\frac{18000-1.025\times12000}{1.63-1.025}=9421\ (m^3)$$

$l_1=17.0km$、$v_1=17.00km/h$、$l_2=17.0km$、$v_2=21.00km/h$、$l_3/v_3=70/60h$、$t_3=(70+30)/60h$、$t_2=7/60h$。

运转周期生产率：

$$W_2=\frac{q_1}{\Sigma t}=\frac{9421}{\frac{17}{17}+\frac{17}{21}+\frac{70}{60}+\frac{70+30}{60}+\frac{7}{60}}=1979m^3/h$$

对于软塑黏土：

$$q=\frac{G}{\gamma_m}=\frac{18000}{1.45}=12414\ (m^3)\ 取12000\ (m^3)$$

$$q_1=\frac{18000-1.025\times12000}{1.72-1.025}=8201\ (m^3)$$

$l_1=17.0km$、$v_1=17.00km/h$、$l_2=17.0km$、$v_2=21.00km/h$、$l_3/v_3=80/60h$、$t_3=(90+30)/60h$、$t_2=7/60h$。

运转周期生产率：

$$W_2=\frac{q_1}{\Sigma t}=\frac{8201}{\frac{17}{17}+\frac{17}{21}+\frac{80}{60}+\frac{90+30}{60}+\frac{7}{60}}=1559m^3/h$$

对于松散中砂：

$$q=\frac{G}{\gamma_m}=\frac{18000}{1.6}=11250\ (m^3)$$

$$q_1=\frac{18000-1.025\times11250}{1.85-1.025}=7841\ (m^3)$$

$l_1=17.0km$、$v_1=17.00km/h$、$l_2=17.0km$、$v_2=21.00km/h$、$l_3/v_3=100/60h$、$t_3=(110+30)/60h$、$t_2=7/60h$。

运转周期生产率：

$$W_2=\frac{q_1}{\Sigma t}=\frac{7841}{\frac{17}{17}+\frac{17}{21}+\frac{100}{60}+\frac{110+30}{60}+\frac{7}{60}}=1323m^3/h$$

（3）耙吸挖泥船单点定位方式吹泥时，驻船水域水深满足挖泥船满载吃水要求，水域宽度不低于 2 倍船长。

（4）基建性疏浚工程，采用单波束测深仪数字化测量的断面抽样比例不得少于 25%，非数字化测量的断面抽样比例不得少于 15%。多波束测深系统的断面抽样数量应按相应的测量比例尺的单波束测深仪数字化测量的抽样数量确定。

综合测试题二

一、单项选择题（共20题，每题1分。每题的备选项中，只有1个最符合题意）

1. 在某土层标准贯入试验中，50击的实际贯入深度为20cm，则该土层的标准贯入击数是（　　）。

A．50　　B．60

C．75　　D．80

2. 下列海流中，属于近岸流的是（　　）。

A．密度梯度流　　B．沿岸流

C．气压梯度流　　D．向岸流

3. 具有加筋、隔离、反滤和防护功能的土工织物是（　　）。

A．编织土工布　　B．机织土工布

C．土工网　　D．非织造土工布

4. 重力式码头预制沉箱混凝土设计强度等级为C30，预制场实际统计混凝土立方体试件的抗压强度标准差为3.0MPa，该混凝土的配制强度应为（　　）。

A．38MPa　　B．36MPa

C．35MPa　　D．33MPa

5. 工程价款变更指示的发出人是（　　）。

A．发包人　　B．代建人

C．承包人　　D．监理人

6. 地下连续墙槽段开挖后应及时清槽和进行泥浆置换，槽底沉积物的厚度不大于（　　）。

A．250mm　　B．200mm

C．350mm　　D．300mm

7. 港航工程混凝土配合比设计中，按耐久性要求对（　　）有最小值的限制。

A．胶凝材料用量　　B．用水量

C．水灰比　　D．细骨料

8. 港航工程大体积混凝土构筑物产生温度应力的原因是（　　）。

A．外界环境温度变化　　B．构筑物承受过大荷载

C．产生温度变形　　D．变形受约束

9．铺面基层水泥稳定材料混合料摊铺时的含水率宜控制在最佳含水率（　　）。
A．±2% 范围内　　B．±2.5% 范围内
C．±3% 范围内　　D．±3.5% 范围内

10．在港航工程混凝土中掺入聚丙烯纤维，主要作用是提高混凝土的（　　）。
A．抗压强度　　B．抗冻性
C．抗氯离子渗透性　　D．抗裂能力

11．港口与航道工程施工安全总体风险评估和专项风险评估等级均分为（　　）。
A．六级　　B．三级
C．四级　　D．五级

12．重力式码头墙后回填土采用陆上施工时，其回填方向（　　）。
A．应由岸侧往墙后方向填筑
B．应由墙后往岸侧方向填筑
C．应由中间向两侧方向填筑
D．无特殊要求

13．关于土工织物软体排护底沉排方向及相邻排体的搭接要求的说法，错误的是（　　）。
A．护岸工程沉排宜采用平行岸线方向进行铺设
B．护岸工程沉排宜采用从河岸往河心方向进行铺设
C．相邻排体施工宜自下游往上游依次铺设
D．搭接处上游侧的排体宜盖住下游侧的排体

14．根据《中华人民共和国港口法》，未经依法批准在港口进行可能危及港口安全的爆破活动的，由（　　）责令停止违法行为。
A．海事管理机构　　B．港口行政管理部门
C．当地公安部门　　D．安全生产监督管理部门

15．下列堆场联锁块铺砌灌砂不饱满的防治措施中，错误的是（　　）。
A．填缝砂必须使用干砂，含水量不得大于 2.5%
B．严格控制细砂的颗粒级配
C．填缝砂填满缝隙后方可进行压实
D．扫砂、压实应交替进行，不得少于 2～3 遍

16. 在相同的环境与外荷载下，预应力混凝土构件比普通混凝土构件有许多优点，但不包括（　　）。

A．截面小、跨度大　　B．抗裂能力强

C．生产工艺简单　　D．节省钢材

17. 采用先张法张拉钢绞线的最大张拉应力不得超过钢绞线极限抗拉强度标准值的（　　）倍。

A．0.7　　B．0.75

C．0.8　　D．0.85

18. 重力式码头墙后回填中粗砂，适用（　　）进行加固密实。

A．爆夯法　　B．真空预压法

C．深层水泥拌合法　　D．振动水冲法

19. 关于水运工程质量检查与检验的程序和组织的说法，正确的是（　　）。

A．检验批的质量由施工单位分项工程技术负责人检验确认

B．建设单位组织相关单位对单位工程进行预验收

C．分部工程的质量由施工单位相关分项工程技术负责人负责组织检验

D．单项工程全部建成后，由监理工程师进行质量核定

20. 下列施工方法中，属于绞吸挖泥船的是（　　）。

A．锚缆横挖法　　B．斜向横挖法

C．扇形横挖法　　D．十字形横挖法

二、多项选择题（共 10 题，每题 2 分。每题的备选项中，有 2 个或 2 个以上符合题意，至少有一个错项。错选，本题不得分；少选，所选的每个选项得 0.5 分）

1. 液性指数说明土的软硬程度，用于确定（　　）。

A．黏性土的状态　　B．黏性土的名称

C．黏性土的单桩极限承载力　　D．黏性土的分类

E．黏性土的承载力

2. 关于现浇重力式结构坞墙施工要求的说法，错误的是（　　）。

A．施工缝以下墙体和坞墙底板的混凝土应间隔浇筑

B．分层施工时的上、下层混凝土浇筑的间隔时间不宜大于 14d

C．坞墙混凝土宜按结构段划分浇筑单元

D．分层浇筑的施工缝应保持水平、顺直

E．分层施工的高度应根据坞墙结构形式、施工条件等综合确定

3. 配制港航工程混凝土可采用（　　）水泥。

A．硅酸盐　　B．矿渣硅酸盐

C．火山灰质硅酸盐　　D．粉煤灰硅酸盐

E．烧黏土质火山灰质硅酸盐

4. 关于港口堆场铺面基层施工要求的说法，正确的有（　　）。

A．采用 12～15t 压路机碾压时，每层压实厚度不应大于 150mm

B．采用 18～20t 压路机碾压时，每层压实厚度不应大于 200mm

C．稳定材料基层不宜在室外平均气温连续 3d 低于 5℃的冬季施工

D．水泥稳定材料混合料摊铺时的含水率宜控制在最佳含水率 ±2% 范围内

E．稳定材料应采用中心站集中拌合法施工，不得采用人工场地上集中拌合

5. 下列抽查指标项中，属于水运工程项目施工工艺及现场安全督查的有（　　）。

A．主要施工船舶　　B．沉降缝止水

C．软土地基加固　　D．基槽和岸坡开挖

E．原材料及产品

6. 对重力式码头基床块石的质量要求有（　　）。

A．微风化

B．无严重裂纹

C．呈块状或片状

D．夯实基床块石的饱水抗压强度≥ 50MPa

E．不夯实基床块石的饱水抗压强度≥ 30MPa

7. 关于浆砌石坝面施工要求的说法，正确的有（　　）。

A．石料的规格、质量应满足设计要求

B．浆砌坝面块石的长边应垂直于坡面

C．块石长边尺寸不宜小于护面层的厚度

D．砌筑时块石宜坐浆竖砌，砌体应表面平整

E．石块间不得直接接触，不得有空缝

8. 目前，在我国预应力混凝土大直径管桩的生产中，采用了（　　）等工艺。

A．高速离心　　B．振动

C．辊压　　D．二次振捣

E．真空吸水

9. 根据《水运建设工程概算预算编制规定》JTS/T 116—2019，属于内河航运二类工程的有（　　）。

A．取水构筑物　　B．混凝土结构水坝

C．土石结构水坝工程　　　　　　　D．护岸工程

E．防洪堤

10．下列项目管理人员安全生产工作职责中，属于项目负责人职责的有（　　）。

A．按规定配足项目专职安全生产管理人员

B．组织制定项目安全生产教育和培训计划

C．组织或者参与拟定本单位安全生产规章制度、操作流程

D．督促落实本单位施工安全风险管控措施

E．督促项目安全生产费用的规范使用

三、实务操作和案例分析题（共 5 题，前 3 题各 20 分，后 2 题各 30 分）

1．某内河高桩梁板码头长度为 273m，宽度为 36m，后方平台宽度为 15m，设计断面如下图所示。码头桩基为 C80PHC 管桩（C 型，标准节长度为 32m），桩长为 42～49m，桩数为 350 根，采用打桩船水上沉桩。码头纵梁、靠船构件和面板均为钢筋混凝土预制构件，横梁、节点为现浇。

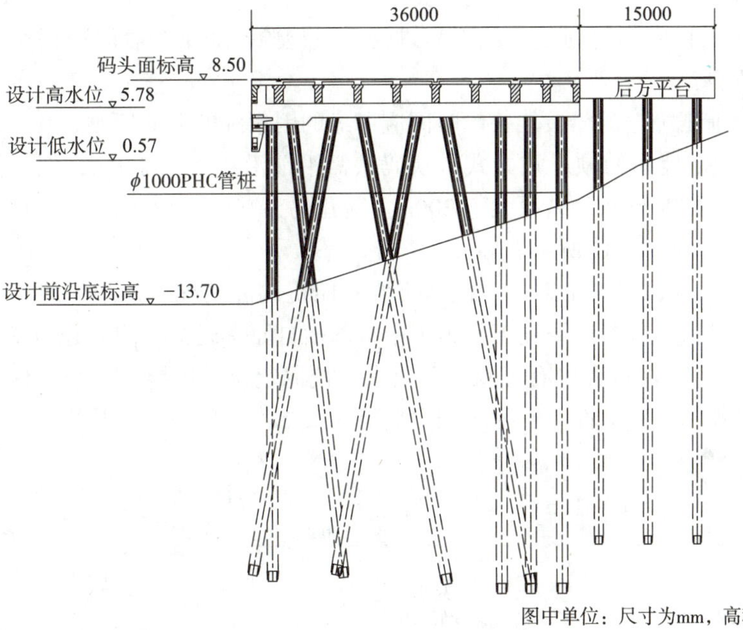

高桩码头断面示意图

施工前，项目部对码头桩进行了试打动力测试，经过查阅规范和动力测试成果分析，选定了桩锤型号，确定锤击拉应力标准值为 9MPa，总压应力标准值为 25MPa；根据《水运工程混凝土码头结构设计规范》JTS 167—2018，C80 混凝土轴心抗拉强度设计值为 2.22MPa，混凝土轴心抗压强度设计值为 35.9MPa，混凝土有效预压应力值为 10.77MPa。

在施工中，项目部按照《水运工程地基基础试验检测技术规程》JTS 237—2017 要求对已沉桩进行了低应变检测，当检测完成 35 根桩时，检测结果为 34 根Ⅰ类桩、1 根

Ⅲ类桩。

问题：

（1）简述本工程码头构件安装前应进行的工作。

（2）验算打桩应力，判断是否满足沉桩过程中控制桩身裂损的要求。（计算结果保留 2 位小数）

（3）低应变法检测桩身完整性类别评价分为哪几类？写出各类桩的完整性评价，完整性属于什么类别的桩是合格桩？

（4）本工程桩基低应变检测比例和数量的下限各是多少？对于本工程检出的Ⅲ类桩有哪些处理方法？

2. 某吹填工程，由于取土区风浪大、运距远、吹填工程量大，选用了“耙吸船—储砂坑—绞吸船—吹填”的联合施工方式。本工程吹填区面积 2.5km²，分为 A、B 两个区域进行吹填，设计吹填工程量 4500 万 m³，围埝总长 7.5km。砂源距储砂坑 35km，所取砂为中砂，本工程选用两艘 3500m³/h 大型绞吸挖泥船将储砂坑的砂吹填到吹填区，选用 12000m³ 自航耙吸挖泥船取砂。

问题：

（1）简述确定储砂坑位置与大小的原则。

（2）本吹填工程应如何划分单位工程进行质量检验？竣工验收时应提交哪些单位工程质量控制资料？

（3）确定自航耙吸挖泥船最佳装舱时间应考虑的因素和遵循的原则是什么？

3. 某有掩护港池内的顺岸重力式方块码头需沿前沿线接长 250m，拟新接长码头的后方为已填筑的陆域场地，纵深大于 200m。新建码头基槽长 260m，其断面以及与原码头的衔接处 D_1 平面如下图所示。

某施工单位承揽了该挖泥工程，根据土质和船机调配情况，采用一组 6m³ 锚缆定位抓斗挖泥船组进行本基槽挖泥施工，施工中将基槽自原有码头一侧起分为一、二作业段，每段长 130m。挖泥过程中有“双控”要求，挖泥定位采用导标，泥土外抛，自检采用水砣测深。技术交底文件中所附的挖泥船组在第二作业段中开挖基槽的示意图如下图所示。

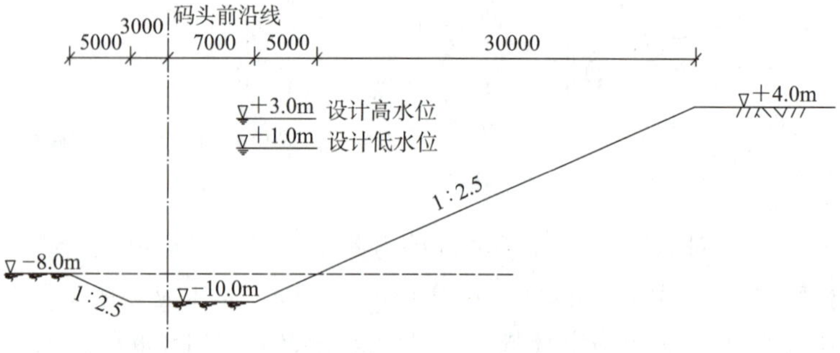

基槽断面示意图 A–A（单位：mm）

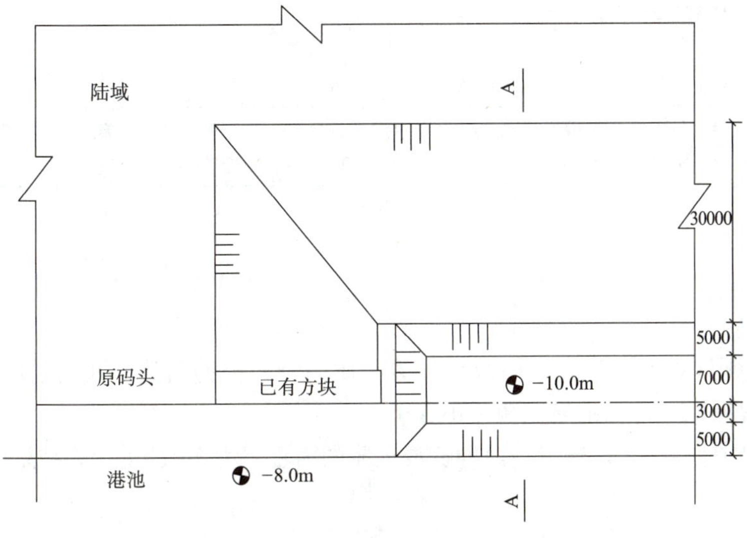

基槽平面示意图（单位：mm）

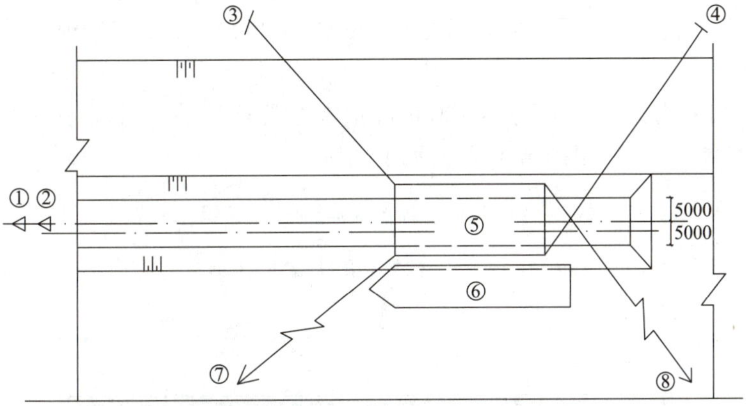

开挖基槽示意图（单位：mm）

问题：

（1）写出技术交底文件中所附的开挖基槽示意图中各编号的设备或设施名称。

（2）画出抓斗挖泥船施工工艺流程图。

（3）基槽挖泥“双控”要求是什么？如何进行“双控”？

4．西南沿海某港口12#～16#港池疏浚工程，施工工期为1年，无备淤深度，疏浚土质为密实中粗砂和强风化岩，疏浚土要求全部吹填到码头后方吹填区，平均吹距2.7km，吹填区面积1.5km^2，围埝总长4.5km，围埝为临时工程，采用抛石结构，围埝顶宽3.0m，外坡设计坡比为1∶2，内坡设计坡比为1∶1.5，内侧铺设土工布倒滤层。该工程所在地区为台风频繁活动地区，平均每年约受1～3次台风或热带低压影响，台风袭击时，风力可达12级以上，常伴有暴雨或大暴雨。

针对工程的特点和土质处理要求，本工程采用大型绞吸挖泥船直接吹填的施工方式，挖泥船排泥管径为ϕ800mm。工程开工前项目部按照相关要求向主管机关递交了发布海上航行警告、航行通告的书面申请。施工期间，为了掌握陆上排泥管线输送砂和风化岩的沿程阻力系数，项目部在陆地选择了长100m的平顺段进行了测试，测试结果和测试期间挖泥船的主要施工参数见下表。

测试数据和施工参数一览表

疏浚土质	绞刀前移距（m）	绞刀切泥厚度（m）	绞刀横移速度（m/min）	生产率（m^3/h）	流速（m/s）	测试段耗用水头（m）
密实中粗砂	1.5	1.3	14.0	1350	4.9	6.42
强风化岩	1.2	0.6	10.0	310	5.3	10.51

问题：

（1）分别计算本工程施工中两种疏浚土质的绞刀挖掘系数，并确定应选用的绞刀型式和刀齿型式。（计算结果取两位小数）

（2）分别计算本工程施工中两种疏浚土质的沿程阻力系数。（计算结果取四位小数，$g=9.8m/s^2$）

（3）写出挖泥船防台锚地选择应考虑的因素。

（4）写出海上航行警告、航行通告书面申请应包括的主要内容。

（5）根据《水运工程质量检验标准》JTS 257—2008，本工程港池疏浚的验收合格标准是什么？

5. 某高桩码头桩基结构采用 ϕ1000mm 预应力混凝土管桩，混凝土强度为 C80，管桩的规格、性能见下表，码头结构断面如下图所示。

管桩规格、性能表

外径（mm）	壁厚（mm）	主筋直径（mm）	数量（根）	混凝土有效预压应力（MPa）	单位重量（t/m）
1000	130	12.6	40	9.46	0.924

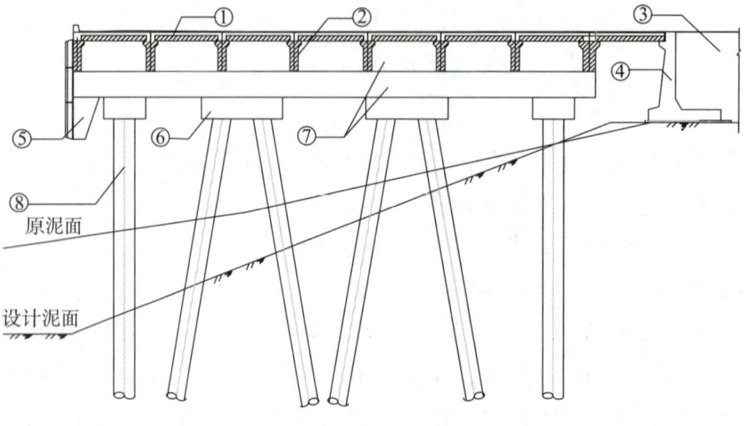

码头结构断面图

正式工程开工前，项目部做了施工部署和安排，进行了桩的试打动力检测，选定了桩锤型号，确定锤击拉应力标准值为 9MPa、总压应力标准值为 25MPa；针对沉桩、桩帽和横梁现浇混凝土、安装梁板三项施工作业，沿码头长度方向划分了三个施工作业区段，施工顺序为一区段、二区段、三区段，为了避免施工干扰、影响施工质量，规定一个施工作业区段在同一时段内只能进行一项施工作业；现场组织了一艘打桩船、一艘起重安装船、一个钢筋模板混凝土施工队；三个作业区段施工内容和相应作业时间见下表，其中现浇混凝土作业时间中已包含其达到设计强度所需时间。项目部精心组织施工，保证了每项施工作业连续施工。

三个作业区段施工内容和相应作业时间

作业区段	一区段			二区段			三区段		
施工内容	沉桩	现浇混凝土	梁板安装	沉桩	现浇混凝土	梁板安装	沉桩	现浇混凝土	梁板安装
作业时间（d）	40	40	20	60	60	40	40	40	20

根据《水运工程混凝土结构设计规范》JTS 151—2011，C80 混凝土轴心抗压强度设计值为 35.9MPa、轴心抗拉强度设计值为 2.22MPa。

问题：

（1）写出码头结构剖面图中各编号的结构名称。

（2）高桩码头预制构件多层堆放层数应根据哪些参数和因素确定？

（3）验算本工程打桩应力，并判断其是否满足沉桩过程中控制桩身裂损的要求。

（4）复制下表到答题卡，用单实线画出本工程三项施工作业的施工计划横道图，并用双实线标示出关键线路。

施工计划横道图

施工内容	作业区段	进度计划（d）					
		40	80	120	160	200	240
沉桩	一						
	二						
	三						
现浇混凝土	一						
	二						
	三						
梁板安装	一						
	二						
	三						

综合测试题二参考答案

一、单项选择题

1. C； 2. B； 3. B； 4. C； 5. D； 6. B； 7. A； 8. D；
9. A； 10. D； 11. C； 12. B； 13. A； 14. B； 15. A； 16. C；
17. C； 18. D； 19. B； 20. A

二、多项选择题

1. A、C； 2. A、B； 3. A、B、C、D； 4. A、B、D、E；

5. A、C、D；　6. B、D、E；　7. A、B、C、E；　8. A、B、C；
9. C、D、E；　10. A、B、E

三、实务操作和案例分析题

1.

（1）码头构件安装前应进行下列工作：

① 测设预制构件的安装位置线和标高控制点。

② 对构件类型编号、外形尺寸、质量、数量、混凝土强度、预埋件、预埋孔等进行复查。

③ 检查支撑结构可靠性及周围模板是否妨碍安装。

④ 选择船机和吊索点。

⑤ 编制构件装驳和安装顺序图，按顺序图装驳和安装。

（2）

① 沉桩验算拉应力：

$\gamma_s\sigma_s = 1.15\times9 = 10.35\text{MPa}$

$f_t + \sigma_{pc}/\gamma_{pc} = 2.22 + 10.77/1.0 = 12.99\text{MPa}$

故满足：$\gamma_s\sigma_s << f_t + \sigma_{pc}/\gamma_{pc}$

② 沉桩验算压应力：

$\gamma_{sp}\sigma_p = 1.1\times25 = 27.5\text{MPa}$

$f_c = 35.9\text{MPa}$

故满足 $\gamma_{sp}\sigma_p \leqslant f_c$，本工程打桩应力满足控制桩身裂损的要求。

（3）

① 低应变法检测桩身完整性划分为 4 类：Ⅰ类—完整桩、Ⅱ类—基本完整桩、Ⅲ类—明显缺陷桩、Ⅳ类—严重缺陷桩或断桩。

② 根据规范规定：低应变法检测结果为Ⅰ类、Ⅱ类桩的是合格桩。

（4）

① 按照技术规程要求，多节桩应检测基桩总数 20%，350×0.2 = 70 根。

② 对于本工程检出的Ⅲ类桩，可根据实际情况进行补强或补桩。

2.

（1）确定储砂坑位置与大小的原则为：应满足绞吸船的输送和施工强度的要求；应选在回淤和冲刷小的地方；储砂坑内外水深应满足所有施工船舶吹填和抛砂施工作业的需要。

（2）本吹填工程应划分为：A 吹填区单位工程、B 吹填区单位工程和围埝工程单位工程共三个单位工程。

竣工验收时应提交的单位工程质量控制资料：测量控制点验收记录、吹填竣工测量技术报告、吹填土质检验资料和单位工程质量检验记录。

（3）确定自航耙吸挖泥船最佳装舱时间应考虑的因素：泥沙在泥舱内的沉淀情况、挖槽长短、航行到抛泥区的距离和航速。

遵循的原则：使装舱量与每舱泥循环时间之比达到最大值。

3.

（1）① 后导标；② 前导标；③ 右前地牛（地龙）；④ 右后地牛（地龙）；⑤ 挖泥船；⑥ 泥驳；⑦ 左前锚；⑧ 右后锚。

（2）

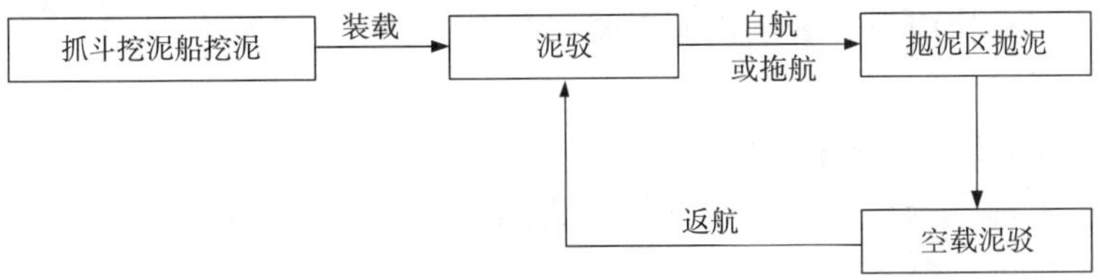

（3）对有"双控"要求的基槽，要求槽底的标高和土质都要满足设计要求。挖泥到设计标高后，如土质与设计要求不符，应继续下挖，直至相应土层出现为止。

4.

（1）绞刀挖掘系数：

密实中粗砂：$K = W \div (60 \times D \times T \times v) = 1350 \div (60 \times 1.5 \times 1.3 \times 14) = 0.82$

强风化岩：　$K = W \div (60 \times D \times T \times v) = 310 \div (60 \times 1.2 \times 0.6 \times 10) = 0.72$

绞刀型式和刀齿型式：

密实中粗砂：直径较小的冠形可换齿绞刀和凿形齿。

强风化岩：锥形可换齿绞刀和尖齿。

（2）沿程阻力系数：

密实中粗砂：$\lambda_m = h_m \div \left(\dfrac{L}{D} \times \dfrac{v^2}{2g}\right) = 6.42 \div \left(\dfrac{100}{0.8} \times \dfrac{4.9^2}{2 \times 9.8}\right) = 0.0419$

强风化岩：　$\lambda_m = h_m \div \left(\dfrac{L}{D} \times \dfrac{v^2}{2g}\right) = 10.51 \div \left(\dfrac{100}{0.8} \times \dfrac{5.3^2}{2 \times 9.8}\right) = 0.0587$

（3）挖泥船防台锚地选择应考虑的因素：

① 水深满足船舶航行和停泊的要求。

② 在施工作业区内或靠近施工作业区的水域。

③ 水域有消除或减弱浪涌的天然或人工屏障。

④ 水域面积满足船舶的回旋距离要求，且周围无障碍物。

⑤ 水域流速平缓，底质为泥或泥沙。

⑥ 便于通信联系和应急抢险救助。

（4）海上航行警告、航行通告书面申请应包括的主要内容：

① 活动起止日期和每日活动时间；

② 活动内容和活动方式；

③ 参加活动的船舶、设施和单位的名称；

④ 活动区域；

⑤ 安全措施。

（5）本工程港池疏浚验收合格标准：设计底边线以内水域无浅点、设计底边线以内水域的开挖范围满足设计要求、开挖断面不小于设计开挖断面、边坡的开挖范围满足设计要求、边坡的开挖坡度满足设计要求。

5.

（1）① 面板；② 纵梁；③ 回填料、土（回填）；④ 挡土墙；⑤ 靠船构件；⑥ 桩帽；⑦ 横梁；⑧ 桩基。

（2）构件强度、地基承载力、垫木强度、存放稳定性。

（3）锤击沉桩拉应力应满足式 1 要求：

$$\gamma_s \sigma_s << f_t + \sigma_{pc}/\gamma_{pc} \qquad \text{式 1}$$

∵ $\gamma_s \sigma_s = 1.15 \times 9 = 10.35$

$f_t + \sigma_{pc}/\gamma_{pc} = 2.22 + 9.46/1.0 = 11.68$

∴ 锤击沉桩拉应力满足式 1 要求。

锤击沉桩压应力应满足式 2 要求：

$$\gamma_{sp} \sigma_p \leqslant f_c \qquad \text{式 2}$$

∵ $\gamma_{sp} \sigma_p = 1.1 \times 25 = 27.5$

$f_c = 35.9$

∴ 锤击沉桩压应力满足式 2 要求。

则打桩应力满足桩身裂损控制要求。

（4）施工进度计划横道图如下图所示。

施工进度计划横道图

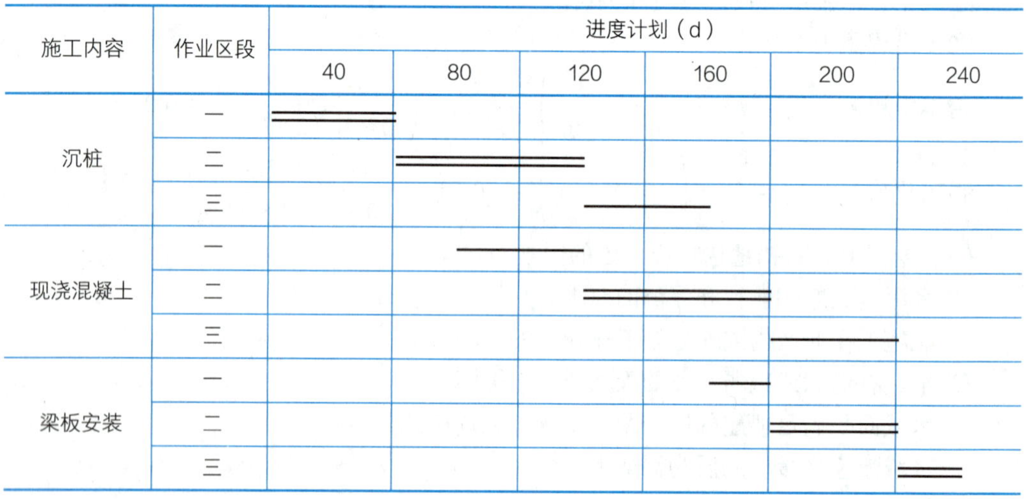

网上增值服务说明

为了给一级建造师考试人员提供更优质、持续的服务，我社为购买正版考试图书的读者免费提供网上增值服务。**增值服务包括**在线答疑、在线视频课程、在线测试等内容。

网上免费增值服务使用方法如下：

1. 计算机用户

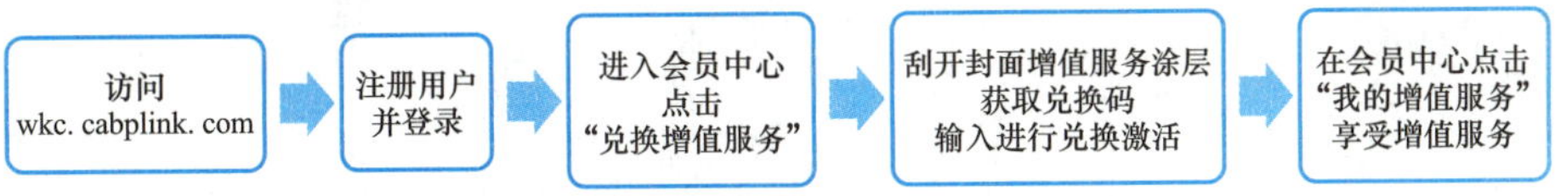

2. 移动端用户

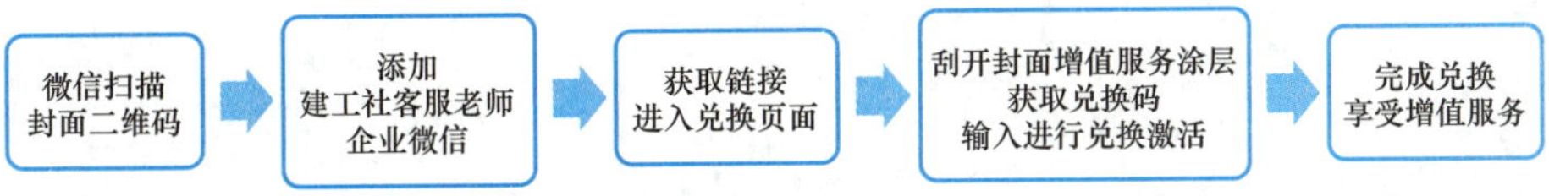

注：增值服务从本书发行之日起开始提供，至次年新版图书上市时结束，提供形式为在线阅读、观看。如果无法通过验证，请及时与我社联系。

客服电话：4008-188-688（周一至周五 9：00—17：00）

Email：jzs@cabp.com.cn

防盗版举报电话：010-58337026，举报查实重奖。

网上增值服务如有不完善之处，敬请广大读者谅解。欢迎提出宝贵意见和建议，谢谢！